図解で早わかり

◆改正対応!◆
相続・贈与のしくみと手続き

<small>弁護士</small> 森 公任／<small>弁護士</small> 森元みのり <small>監修</small>

本書の3大特色

相続の法律と税金の全体像が
短時間でつかめる!
2018年7月成立の相続法大改正に対応。

相続分、遺言、遺産分割、登記、
家庭裁判所の調停など、
基本事項を網羅。

遺産評価から相続税額の計算、
申告、事業承継まで平易に解説。

三修社

本書に関するお問い合わせについて

　本書の内容に関するお問い合わせは、お手数ですが、小社あてに郵便・ファックス・メールでお願いします。お電話でのお問い合わせはお受けしておりません。内容によっては、ご質問をお受けしてから回答をご送付するまでに1週間から2週間程度を要する場合があります。

　なお、個別の案件についてのご相談や監修者紹介の可否については回答をさせていただくことができません。あらかじめご了承ください。

はじめに

　近年、高齢化社会や家族構成の多様化の影響を受けて、相続についての関心が高まり、従来からの相続のしくみは変わりつつあります。税制面については、2015年1月から、相続税の基礎控除額が（5000万円＋1000万円×法定相続人数）から（3000万円＋600万円×法定相続人数）に縮小され、相続税を負担する人の数は以前よりも増えています。

　また、高齢化社会の進展による老老相続の増加という実情を考慮し、高齢となりがちな生存配偶者の生活に配慮する必要性が高まり、2018年には民法の相続法の分野が改正され（自筆証書遺言の方式の緩和については2019年1月13日施行）、生存配偶者の生活基盤を確保するため、配偶者居住権が創設された他、遺産分割における優遇規定などが設けられました。生存配偶者の保護だけでなく、現行法上使い勝手の悪い自筆証書遺言制度の見直しや遺言書の保管制度の創設、預貯金の仮払い制度の創設、相続人以外の親族による介護などの貢献を認める特別寄与料の制度の創設など、現代社会の要請に応じた改正も行われています。

　本書は、相続の法律の基本事項や改正点について、見開きと図解でわかりやすく解説した入門書です。相続問題は、実際に当事者にならなければ、なかなか実感がわからないものです。骨肉の争いが生じるケースを避けるためには、生前贈与や遺言書の作成など、生前からの準備が大きなポイントになってきます。そのためには、相続分や遺産分割、さらには遺留分などについての法律上のルールを把握しておく必要があります。

　本書では、相続が発生した場合の相続分、遺言、遺産分割、登記、遺留分、裁判所での調停などの手続きに加えて、具体的な計算例を交えて、相続税の知識まで、幅広くフォローしています。

　本書を通じて皆様の相続問題のお役に立つことができれば幸いです。

　　　　　　　　　　　　　監修者　弁護士　森公任　弁護士　森元みのり

CONTENTS

はじめに

PART 1　相続の基本ルール

1　人が死亡したとき行う手続き　　10
2　相続とトラブル発生のケース　　12
3　相続・贈与をめぐる新しいルール　　14
4　相続人の範囲　　18
5　相続権を失う場合　　20
6　相続分　　22
7　相続放棄　　24
8　相続の承認　　26
9　特別受益　　28
10　寄与分　　32
11　養子縁組　　36
Column　相続と戸籍　　38

PART 2　遺言・遺贈・遺留分の法律知識

1　遺言の種類　　40
2　遺贈と相続の違い　　42
3　特定遺贈と包括遺贈　　46
4　遺言の効力　　48
5　公正証書遺言の作成方法　　50
6　自筆証書遺言の要件の緩和　　54
7　注意すべき遺言書　　56

8	法律上の形式に反する遺言の効力	60
9	遺言書の検認と遺言保管制度	64
10	遺言の取消し	68
11	遺留分	70
12	遺留分が侵害された場合や遺留分の放棄	74
Column	遺言執行者	78

PART 3　遺産分割のしくみ

1	遺産の範囲	80
2	配偶者の居住権	82
3	相続開始と銀行預金	86
4	預金や株式などの債権の請求と手続き	90
5	死亡退職金などの請求と手続き	92
6	遺産分割前に処分された財産の取扱い	94
7	遺産分割の方法	96
8	遺産分割協議①	100
9	遺産分割協議②	102
10	遺産分割協議書と遺産の目録	104
11	遺産分割後にしなければならない手続き	106
Column	内縁と相続	108

PART 4　相続登記のしくみ

1	相続登記が必要になる場合	110

2	相続登記をめぐるトラブル	112
3	相続登記申請時の提出書類	114
4	登記原因を証明するための書類と登記申請書の準備	116
5	提出用申請書類の整理・補正	120
6	法定相続情報証明制度	122
Column	相続分皆無証明書が必要になる場合	124

PART 5　家庭裁判所での手続き

1	家庭裁判所の利用方法	126
2	遺産分割調停	130
3	遺産分割以外の相続トラブルの解決策	132
4	申し立てる裁判所の違い	134
5	専門家への相談・依頼方法	136
Column	相続回復請求権	138

PART 6　相続財産の評価

1	遺産の分類	140
2	相続財産の対象	142
3	生命保険と相続税	146
4	系譜・墳墓・祭具・遺骸・遺骨や形見と相続	148
5	弔慰金・死亡退職金と相続税	150
6	不動産の遺産分割	152
7	相続財産の評価	154

8	土地の使い勝手から見た評価による修正	156
9	宅地評価額が軽減される場合(小規模宅地等の特例)	160
10	農地や山林の評価方法	162
11	貸地などの評価	164
12	家屋や貸家の評価方法	168
13	私道などの土地の評価額と計算方法	170
14	動産の遺産分割	172
15	株式の評価方法	174
16	預金や生命保険などの遺産分割	178
17	その他の財産の評価	180
Column　セットバックを要する土地の評価額		184

PART 7　相続税・贈与税のしくみと手続き

1	相続税のしくみ	186
2	贈与税のしくみ	188
3	相続税と贈与税の税率	192
4	相続時精算課税制度	194
5	贈与税の計算例	198
6	配偶者控除の特例や教育資金贈与の特例	200
7	相続税額の計算	204
8	課税価格の計算方法	210
9	納付税額の計算	212
Column　相続時精算課税制度を選択するときの注意点		216

PART 8　相続税の申告と相続税対策

1	相続税対策	218
2	相続税・贈与税の申告	222
3	相続税の延納と物納	226
Column	連帯納付制度とはどんなものなのか	228

PART 9　事業承継と相続対策

1	事業承継で自社株式を引き継ぐ意味	230
2	生前贈与の活用	234
3	贈与による事業承継を行う場合の注意点	236
4	相続税の納税猶予特例	238
5	贈与税の納税猶予特例	242
6	納税資金が不足する場合の対策	244
7	相続によらない事業承継	246
Column	税務調査を受けることもある	248

巻末　書式サンプル集

資料	遺言書の作成方法	250
書式	公正証書遺言	251
書式	相続した場合の登記申請書	253
書式	遺産分割協議書	254
書式	相続関係説明図	255
書式	相続分皆無証明書	255

PART 1

相続の基本ルール

PART1-1 相続の基本ルール

人が死亡したとき行う手続き

死亡診断書、死亡届、火葬許可証などの書類が必要

■ 死亡したときはどんな届けが必要なのか

①死亡診断書か死体検案書、②死亡届、③火葬許可証と埋葬許可証といった書類の届けが必要になります。これらの書類がないと、次の手続が進められませんので注意してください。

・死亡診断書か死体検案書の交付

まずは死亡したことを医学的に証明する「死亡診断書」か「死体検案書」の交付を受けます。自宅や病院で容体が急変し、医師に死亡確認をしてもらった場合は、医師に死亡診断書を作成してもらいます。一方、自宅で亡くなった状態で見つかったり、事故に遭った場合などには検死を受けなければなりません。まずは警察に通報し、判断を仰ぐようにしましょう。検死が終わると、死体検案書が作成されます。

・死亡届の提出

死亡診断書か死体検案書には、「死亡届」の様式がついています。届出義務者は、死亡の事実を知った日から7日以内に、必要事項を記載した死亡届を市区町村役場の戸籍係窓口に提出しなければなりません。

・火葬許可申請書の提出と火葬許可証の交付

死亡届の提出時に火葬許可申請書を提出し、火葬許可証の交付を受けます。

・埋葬許可証の交付

火葬終了後、火葬場管理者が火葬許可証に火葬証明印など必要事項を記載したものが埋葬許可証となります。

死亡届について

死亡届に関する手続については、手順に添って行わなければならない。手続が前後したり、期間内に提出しなかった場合には、その後の必要な手続ができなくなるなどの不都合が生じるおそれがある。

通夜や葬儀について

・近親者や知人、会社関係者などへの連絡
通夜や葬儀に出席してほしい人などに対し、電話などで連絡する。
・通夜・葬儀などの打ち合わせ、実施
喪主を決め、会場選定から遺体搬送、祭壇のランク、僧侶の手配、会食の手配など、さまざまなことを葬儀社と打ち合わせた上で実施する。
・火葬の実施
遺体を火葬場へ運び、骨上げをするためには火葬場の予約をとるなどの手続きが必要。最近は葬儀社などが死亡届の提出から火葬場の予約までを代行することが多い。

保険・税金関係の事後処理と必要書類

手続き	必要な書類
生命保険金の支払請求	死亡保険金支払請求書（実印で押印）、保険証券、死亡診断書、死亡した人の戸籍（除籍）謄本、受取人の戸籍謄本、受取人の印鑑証明書、契約印
葬祭費の申請	国民健康保険葬祭費支給申請書、国民健康保険証、死亡診断書、葬祭費用の領収書、印鑑
埋葬料の申請	健康保険埋葬料請求書、健康保険証、死亡を証明する事業所の書類（事業主の場合は死亡診断書）、葬儀費用の領収書、住民票、印鑑
準確定申告	生命保険金や損害保険金の領収書、源泉徴収票、申告者（納税代理人）の身分証明書（運転免許証やパスポートなど）、印鑑

■ 人が死んだら事後処理が必要になる

おもな事後処理としては、次のようなものが挙げられます。

① **公的機関への届出**

市区町村の戸籍係への届出の他、公的年金を受給していた場合は受給を停止するための届出、健康保険証、介護保険証、障害者手帳などの返還が必要です。

② **本人名義の契約の解除や名義変更、未払い料金の精算など**

本人が突然亡くなった場合は家賃や公共料金、クレジットカードなどに未払金が残っている可能性がありますので、それらを精算しなければなりません。また、本人名義の契約を解除したり、名義変更の手続なども必要になります。

③ **遺品整理・住居の明渡し**

形見分けする人に声をかける、残しておけないものを売却または廃棄する場合は業者に依頼する、などの手続をしなければなりません。さらに、住居が賃貸住宅の場合には、速やかに契約解除や明渡しなどを行うことが必要になります。

届出義務者

通常、同居の親族やその他の同居者、家主などの関係者が届出義務者であるが、同居していない親族や届出義務者から依頼された代理人なども届け出ることはできる。

保険金の受給手続きや財産整理

残された財産の整理や、生命保険の保険金などの受給手続きは、重要な事後処理であるため、相続の際に問題が生じないよう、正確に行うことが求められる。

PART1 2 相続とトラブル発生のケース

相続の基本ルール

トラブルが起こりやすいケースを知り、生前から対策を立てておく

■ 相続とは何か

相続とは、簡単に言えば「親の財産を受け継ぐこと」「死亡した人の遺産（財産）を相続人がもらうこと」です。

被相続人とは、相続される人（死亡した人）のことで、相続人とは、財産を受ける人のことです。

もっとも、この場合の財産とは、土地や株など金銭的評価ができるものばかりではありません。被相続人に借金などが残されているときは、これも財産ですから、相続人に受け継がれることになります。ただで財産をもらえるといっても、必ずしも相続人に利益があるとは限らないわけです。

■ 遺産が少なくても相続問題は起こりうる

相続に関するトラブルは、大きく分けて2つあります。

1つは、相続税の税負担が重いことに起因するトラブルです。もう1つは、遺産の分け方をめぐって、遺族間で発生するトラブルです。

相続税は、相続によって財産を引き継いだ人が支払う税金です。その税負担は重く、税率は最高で50％です。税負担の重さは、相続財産の大半が不動産で、かつ、現金や預貯金がないというケースでとくに問題になります。相続税の支払いに充てる金銭が不足するからです。しかし、日本では、相続税をめぐるトラブルは少ないのが実情です。その理由は、遺産が5,000万円（2015年1月1日以降の相続については3000万円）以下だと相続税を支払う必要がないからです。つまり、相続税をめぐる

相続の根拠条文

民法は、「相続人は、相続開始の時から、被相続人の財産に属した一切の権利義務を承継する」と定めている（民法896条）。

遺産をめぐるトラブル①

遺産が不動産のみで、遺産の分配が難しい場合にはトラブルが生じやすい。現金や預貯金であれば、比較的容易に分割できるが、不動産ではそれが難しいからである。たとえば、故人が所有する土地つきの一戸建てに、その故人と同居していた相続人がいるケースが典型例である。

相続をめぐるトラブル

- 被相続人
- 相続人
- 遺産の分け方をめぐり遺族間でトラブルが生じる危険がある
- 相続による遺産の引継ぎ
- 相続税の税負担をめぐりトラブルが生じる可能性がある

トラブルは、遺産が少ない場合には起こらないのです。

一方、遺産の分け方をめぐる遺族間のトラブルは、遺産が少ない場合でも起こりえます。ただし、遺産が300万円以下の場合にはトラブルが起こることはほとんどありません。葬儀費やお墓の購入費に約300万円かかり、その金額を差し引くと遺産を使い切ってしまうからです。

遺産の分け方をめぐるトラブルを防止するため、法律（民法）によって遺産の配分割合が決められています。これを法定相続分といいます。

たとえば、子どもが2人であれば、それぞれ2分の1を均等に遺産を分けるための協議を行うことになります。しかし、子どもの1人がずっと親の介護をしていた、住宅を購入する際に親から援助を受けた相続人がいる、などの事情があると法定相続分による遺産の分配は難しくなります。自分の相続分を少しでも増やそうと主張する人が出てきて、話し合いがまとまらなくなるからです。最近では、親族間の話し合いでトラブルを解決できず、家庭裁判所の調停・審判を利用するケースが増加しています。

遺産をめぐるトラブル②

複数の子どもの中で、一人だけが親を介護していたという場合にもトラブルが起こりやすい。親の面倒を全くみなかった相続人が、法定相続分どおりの遺産の分配を求めたことがきっかけになって、積年の対立が表面化し、トラブルに発展する。

遺産をめぐるトラブル③

被相続人が離婚して、前妻の子と後妻の子がいるケースでもトラブルになりやすい。法律上、前妻の子と後妻の子では、相続分が同じに扱われている。しかし、心情的にはそれでは納得できない各相続人が、自分に有利な分配案を主張してトラブルが起こる。

PART 1　相続の基本ルール

PART1-3 相続の基本ルール

相続・贈与をめぐる新しいルール

相続における生存配偶者の保護が重視されている

■ 相続法改正の全体像

　近年では高齢者社会の進展により老老介護とともに老老相続が増加し、高齢となりがちな生存配偶者の生活に配慮する必要性が高まっています。2018年7月6日に国会で相続法に関する改正法が成立しました。今回の相続法改正は、生存配偶者の保護などにおいて重要な改正が盛り込まれています。

■ 配偶者の保護に関する改正について

　相続法改正では、配偶者を保護する制度（2020年4月1日施行予定）として、以下の2つの規定が新設されました。

・生存配偶者の居住権

　自宅以外に目立った相続財産がない場合、遺産分割に際し、生存配偶者が自宅を引き払わなければならないとすると、大きな負担を強いることになるため、生存配偶者の居住権を配偶者短期居住権と配偶者居住権に分けて、生存配偶者の居住権を認める制度が創設されました。

・遺産分割における配偶者の保護

　従来は、被相続人から、遺贈や贈与によって居住不動産を取得した（特別受益といいます）生存配偶者が、生活資金となる現金や預貯金を相続できなくなり、生活が苦しくなるおそれがありました。つまり、生存配偶者が居住用不動産を遺贈や贈与によって取得すると、その価額が生存配偶者の相続分から控除され、他に相続できる財産が少なくなるおそれがありました。

　そこで、相続法改正では、婚姻期間が20年以上の夫婦の間で

老老介護・老老相続

高齢者が高齢者を介護する老老介護だけでなく、高齢者が高齢者を相続する老老相続が増えている。高齢の配偶者に加えて、高齢の子や兄弟姉妹などが相続人となるケースも増えている。

相続法改正の全体像

「相続法に関する改正法」の成立 → 原則として2019年7月1日施行
（自筆証書遺言の要件緩和については2019年1月13日に施行）

- 配偶者の保護に関する改正
  - **生存配偶者の居住権**
  - **遺産分割における配偶者の保護**
- その他の改正
  - 遺産分割制度の見直し
  - 遺言制度に関する見直し（自筆証書遺言の要件緩和など）
  - 遺留分制度に関する見直し
  - 相続の効力等に関する見直し
  - 相続人以外の親族（特別寄与者）の貢献を考慮する方策

居住不動産（居住建物と敷地）の遺贈または贈与がなされた場合には、その居住用不動産を相続財産から除外することで、生存配偶者は、居住用不動産に関係なく、その他の相続財産を相続することが可能になりました。

■ その他の改正について

今回の相続法改正は、生存配偶者の保護に関する改正以外にも、以下の主要な改正点を押さえておく必要があります。

① **遺産分割制度の見直し**

相続人の利便性を図るため、預貯金の仮払い制度を創設した他、遺産の一部分割に関する明文規定を置き、遺産分割協議が調わない場合は家庭裁判所に一部分割を請求できるとする規定を設けるなど、遺産分割制度も大きく見直されています。

② **遺言制度に関する見直し**

自筆証書遺言の一部について自筆以外の記載を認めるなど、その方式を緩和するとともに、法務局による自筆証書遺言の保管制度（2020年7月10日施行予定）を創設して、遺言制度を利用しやすくするしくみが整えられました。

預貯金の仮払い制度の創設

遺産分割の終了前であっても、相続人が、たとえば被相続人の葬祭費用などとして、預貯金債権の払い戻しを必要とする場面が少なくない。相続法改正により創設された預貯金の仮払い制度により、相続人の法定相続分の3分の1までという制限はあるものの、金融機関から被相続人の預貯金債権の払い戻しを受けることが可能になった意義は大きいといえる。

③ 遺留分制度に関する見直し

　遺贈や贈与により遺留分を侵害された相続人（遺留分権利者）は、自らの遺留分の保護を求め、かつては遺留分権利者が遺贈や贈与が行われた財産自体の返還（現物返還）を請求できました。しかし、相続法改正により、現物返還の請求を認めない代わりに、遺留分侵害額に相当する金銭の支払請求を認めることにしました。これに伴い、遺留分を守るための手段が、かつての「遺留分減殺請求権」から「遺留分侵害額請求権」に名称が変更されました。この他、相続人に対する贈与の取扱いを変更するなど、遺留分の算定方法の見直しも行われています。

④ 相続の効力等に関する見直し

　改正前は、相続人が法定相続分を超えて財産（不動産、動産、債権など）を取得した場合、その取得を第三者に主張するために対抗要件を要するかどうかが必ずしも明らかではありませんでした。相続法改正では、取得方法を問わず、法定相続分を超える財産の取得については、対抗要件を取得しなければ第三者に権利を主張できないことが明文で規定されました。

⑤ 相続人以外の親族（特別寄与者）の貢献を考慮する方策

　従来から、相続財産の維持や増加に貢献を果たした（寄与といいます）相続人は、自身の相続分に、寄与分を加えて相続することが可能です。しかし、寄与分は相続人のみが対象となるため、相続法改正では寄与分とは別に、相続人以外の親族が無償で療養看護や労務の提供により被相続人の財産の維持または増加に貢献した場合に、相続人に対し特別寄与料を請求できるとする規定が設けられました。

■ 小規模宅地等の特例の改正

　事業用の土地や居住用の土地は、生活基盤財産ですから、高額の相続税が課されると大変なことになります。そこで従来から、相続または遺贈により取得した遺産の中に住宅や事業に使

対抗要件
たとえば不動産の譲渡であれば登記、動産の譲渡であれば引渡し、債権の譲渡であれば確定日付（内容証明郵便など）による通知または承諾が対抗要件である。

小規模宅地等の特例や事業承継に関する改正

2018年度税制改正 ▶▶▶▶ 【原則】2018年4月1日から適用
（中小企業の事業承継に関する改正は2018年1月1日以降の相続などが対象）

小規模宅地等の特例の改正 ⇒ 小規模宅地等の特例により相続税が減額されるための要件が厳格化された

事業承継に関する改正
・一般社団法人等の事業承継について、相続税などの課税対象に含められた
・中小企業の事業承継において、相続税などの全額納付猶予などの措置（10年間の特例措置）

われていた宅地等がある場合には、相続税の計算上、その宅地等の評価額の一定割合を減額する特例が設けられています（小規模宅地等の特例）。2018年度の税制改正では、この特例をうまく活用して、相続税の減額を受けようとする人が多かったことから、小規模宅地等の特例の要件が厳格化されています。

■ 事業承継についての改正

2018年度税制改正により、2018年4月1日以降は、一般社団法人等の理事が死亡したことによって発生する相続などについて、一定の場合に、「特定一般社団法人等」として相続税などが課税されるようになりました。かつては個人の財産を、株式会社のような株式の持分の概念がない一般社団法人等に移転させて、相続税などを節税することが可能であったため、このような課税逃れを防止するのが改正の目的です。

その一方で、2018年度の税制改正では、中小企業のスムーズな事業承継を支援する目的で、10年間限定の特例措置を設け、原則として2018年1月1日以降の非上場株式の相続などについて、相続税などの全額納付猶予といった大幅な負担軽減が認められています。

> **一般社団法人等**
> 原則として一般社団法人と一般財団法人を指す。ともに「一般社団法人及び一般財団法人に関する法律」に基づき、営利を目的としない法人として設立された団体である。

PART1

4 相続人の範囲

相続の基本ルール

相続人の範囲は法定されている

■ 相続人になれるかどうかは法律で定められた順位による

　亡くなった人の財産を承継するわけですから、その人の家族や身内など、親族に相続権があるのは当然です。民法は、相続人になれる人の範囲を明確に定めています（範囲内の人を法定相続人ともいいます）。つまり、民法が定めた範囲内の人だけが相続人となり、それ以外の者は相続人には絶対になれません。

　相続人の範囲は、次ページの図のとおりです。配偶者が相続権を有することについては問題ありません。配偶者とは、婚姻届を提出して法律上の婚姻関係にある夫または妻のことです。戸籍上の配偶者であれば常に相続人となります。相続人になるのは相続開始時の配偶者だけで、離婚した元配偶者は相続人には含まれません。

　では、「子と兄弟姉妹とが並んで相続する」ということはあり得るのでしょうか。これについては、順位が定められており、上の順位の者がいるときは、下の順位の者に相続権はないとされています（被相続人の生存中に相続順位にある人を推定相続人といいます）。

　被相続人に子がある場合には、子が相続人となり、たとえ直系尊属がいても、また兄弟姉妹がいてもこれらの者に相続権はありません。被相続人に子がいないときは、直系尊属がいれば相続人となります。兄弟姉妹が相続人になるのは、被相続人に子も直系尊属もいないときに限られます。

　相続人のうち、もう一方の配偶者はどのような立場にあるのでしょうか。民法は、「被相続人の配偶者は、常に相続人とな

内縁の配偶者

相続権がある配偶者とは、婚姻届が出されている戸籍上の配偶者のことである。婚姻届を出していない内縁の配偶者には相続権がない。たとえ長年いっしょに生活し、周りの者が夫婦であると認めていても内縁の配偶者には相続権はなく、戸籍上の配偶者であればどんな冷めた関係にあっても相続権があるということになる。

相続人の順位

第1順位は子であるが、相続開始前に、子が死亡・相続権喪失のときは、子の直系卑属が相続人となる（代襲相続）。
第2順位は直系尊属であり、相続開始前に、父母が死亡・相続権喪失のときは、祖父母が相続人となる。
第3順位は兄弟姉妹であるが、相続開始前に、兄弟姉妹が死亡・相続権喪失のときは、兄弟姉妹の子が相続人となる（代襲相続）。

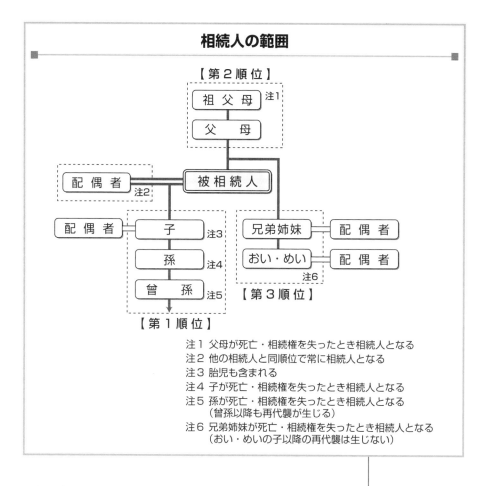

る」と定めています（民法890条）。つまり第1順位の子がいる場合は、子と配偶者とが相続人となり、第2順位の直系尊属が相続人となるときは、配偶者と直系尊属が相続人となり、第3順位の兄弟姉妹が相続人になったときは、兄弟姉妹が相続人となるということです。もちろん、子も直系尊属も兄弟姉妹もいなければ、全財産は配偶者が相続する事になります。

なお、配偶者や血族が同時に死亡した場合は、相続人にはなりません。たとえば、飛行機事故で親子が同時に死亡しても、子は親を相続できませんし、親も子を相続できません。

再婚した場合

被相続人が死亡したときに配偶者であれば、その時点で相続したことになる。配偶者がその後再婚しても相続には影響はない。

PART1 5 相続権を失う場合

相続の基本ルール

相続欠格や廃除がある

■ 相続人となるはずの人が相続権を失うことがある

相続人となるはずであったのに、相続権を失う場合として、相続欠格と相続廃除の制度があります。

① 相続欠格

本来は相続人になるはずの人(推定相続人)でも、法に触れる行為をしたなどの一定の事情があると、相続人になれません。このことを相続欠格といいます。相続欠格に該当した場合は、特別な手続がなくても相続権をすべて失います。相続欠格は遺言よりも強い効力があるので、遺贈を受ける資格も失います。

そして、被相続人の子または兄弟姉妹の相続欠格が確定すると、相続欠格者の子が代わって相続権を得ます。たとえば、被相続人の子Aが相続欠格となった場合、Aの子(被相続人の孫)が相続権を得ます。これを代襲相続といいます。

相続欠格となる事情は、以下のように定められています。

ⓐ 故意に(わざと)、被相続人または先順位あるいは同順位にある相続人を死亡させたり、死亡させようとした(未遂)ために、刑(執行猶予つきも含む)に処せられた者

ⓑ 詐欺・強迫によって、被相続人が相続に関する遺言をし、撤回し、取り消し、または変更することを妨げた者

ⓒ 詐欺・強迫によって、被相続人に相続に関する遺言をさせ、撤回させ、取り消させ、または変更させた者

ⓓ 被相続人の遺言書を偽造、変造、破棄、隠匿した者

ⓔ 被相続人が殺されたことを知って、これを告発、告訴しなかった者

遺贈

遺言によって、遺産の全部または一部を譲与すること。自分が死んだ後、特定の者に財産を与えたいと考えた場合に遺贈が行われる(民法964条)。

代襲相続

本来相続人になるはずだった者が死亡、相続廃除、相続欠格の事情で相続権を失った場合に、その子孫が代わって相続人となること(民法887条2項)。相続放棄の場合は、はじめから相続人でなかったことになるため、代襲相続は生じない。

告発

犯罪の被害者やその親族以外の者が、捜査機関に対して犯罪事実を申告し、犯人の訴追を求めること。

告訴

犯罪の被害者やその親族が、捜査機関に対して犯罪事実を申告し、犯人の訴追を求めること。

相続廃除とは

虐待・重大な侮辱

推定相続人 → 被相続人

- 被相続人に対して虐待をした
- 被相続人に重大な侮辱を加えた
- その他著しい非行があった

↓

家庭裁判所への相続廃除審判の申立て

廃除の審判の確定により、相続権を失う

② 相続廃除

相続欠格ほどの理由がない場合でも、被相続人の意思で相続権を奪う相続廃除という制度があります。相続廃除の対象になるのは、遺留分を持つ推定相続人（配偶者、子、直系尊属）だけで、遺留分を持たない兄弟姉妹は廃除の対象になりません。兄弟姉妹は遺言によって相続させないことができるからです。そして、廃除の請求をするかどうかは、被相続人の自由ですが、相続人としての資格を否定する制度ですから、法的な手続きが必要です。

相続廃除ができるのは、以下の3つの事情がある場合です。

ⓐ 被相続人に対して虐待をしたとき
ⓑ 被相続人に対して重大な侮辱をしたとき
ⓒ その他の著しい非行があったとき

これらの事情に該当するかどうかは、家庭裁判所の審判によって判断されます。家庭裁判所による廃除の審判が確定すると、その相続人は相続権を失います。そして、被相続人の子が相続廃除されたときは、廃除者の子が代わって相続権を得ることは、相続欠格の場合と同じです（代襲相続）。

相続廃除の審判申立て

家庭裁判所への相続廃除の審判を申し立てるには、①被相続人が生前に請求する方法、②遺言書に推定相続人の廃除の意思表示をする方法、の2つがある。②の場合には、遺言執行者が、廃除の審判申立の請求を行う。

廃除の取消し

相続廃除の取消しを請求することも可能である。被相続人の気持ちが変わり、廃除を取り消したい場合には、廃除の取消しを家庭裁判所に申し立てることができる。遺言で相続廃除の取消しを求めることも可能である。家庭裁判所の審判で廃除が取り消されると、相続権は元に戻る。

PART1 6 相続分

相続の基本ルール

遺言のないケースでは法定相続分による

■ 相続分といってもいろいろある

被相続人が死亡したとき、子も親も兄弟姉妹もなく、遺されたのが配偶者1人だけだったという場合には、その人が全財産を相続するだけです。これに対して、相続人が2人以上いる場合には相続分が問題になります。相続分とは、それぞれの相続人が持っている遺産（相続財産）に対する権利の割合をいいます。

相続人が2人以上いる場合、相続分については、被相続人の遺言で定められた割合（指定相続分）が優先し、遺言がなければ民法で定められた割合（法定相続分）に従うのが原則です。

① **指定相続分**

被相続人が、相続人ごとの相続分を自由に決めて（遺留分を侵害しないことは必要です）、遺言で指定した相続の割合のことです。具体的な割合を示さずに、特定の人を遺言で指名して、その人に相続分の決定を一任することもできます。

② **法定相続分**

実際には、遺言のない相続のほうがケースとしては多く、この場合は民法という法律が相続分を定めているので、これに従って相続することになります。これを法定相続分といいます。法定相続分の割合は、次ページの図のようになっています。実際にだれが相続人になるかによって、法定相続分の割合が変化します。

■ 全血兄弟と半血兄弟

法定相続分の例外的な取扱いとして「全血兄弟」と「半血兄

遺言書の作成

相続をめぐる遺族間の争いを防止する有効な手段は、遺言書を作成することである。遺言書を作成すれば、法定相続分とは異なる形で、遺産を分配することが可能になる。

先妻の子と後妻の子がいる場合

たとえば被相続人に先妻と後妻があり、いずれの間にも子がいるとする。先妻の子も後妻の子も、被相続人の子であることに変わりはないので、相続分は均等になる。なお、先妻は生きていても相続時に配偶者ではないので、相続権をもたない。

非嫡出子の相続格差の廃止

従来は、嫡出子と非嫡出子との間に相続分の区別があり、非嫡出子は嫡出子の2分の1の相続分しかなかった。しかし、2013年の民法改正により区別は撤廃され、相続分は均等になった。

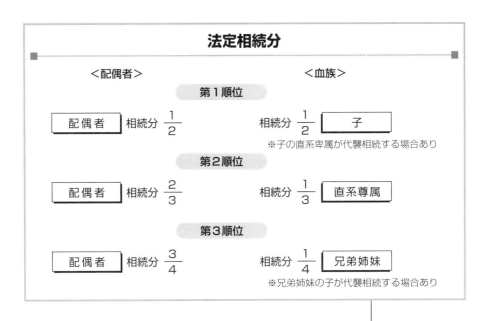

弟」の区別があります。全血兄弟とは、被相続人と父母の双方を同じくする兄弟姉妹をいうのに対し、半血兄弟とは、父母の一方だけが同じ兄弟姉妹をいいます。

この場合の相続分は「全血兄弟：半血兄弟＝２：１」という割合になります。この区別は子が相続人になる場合ではなく、兄弟姉妹が相続人になる場合だけの話ですので注意が必要です。

■ 相続分を指定しても遺留分は減らせない

遺言による相続分の指定は自由ですが、兄弟姉妹以外の相続人には遺言によって影響されない遺留分があります。全体の遺留分は、直系尊属だけが相続人である場合は遺産の３分の１、それ以外の場合は遺産の２分の１です。

つまり、配偶者と子の遺留分は常に２分の１となり、直系尊属の遺留分は相続人の組み合わせによって変わりますが、兄弟姉妹には常に遺留分がありません。遺留分を持つ相続人が２人以上いる場合は、法定相続分に応じて個々の遺留分が決まります。

全血兄弟／半血兄弟の具体例

被相続人からみて、Aは父も母も同じだが、BとCは父の後妻の子であるため、父は同じだが母は異なる場合、Aを全血兄弟と呼び、BとCを半血兄弟と呼ぶ。この場合の相続分は、全血兄弟が２であるのに対し、半血兄弟はその半分の１という割合になる。

PART1 7 相続放棄

相続の基本ルール

相続人は相続を承認することも放棄することもできる

■ 相続する財産にはプラスもマイナスもある

相続財産には積極財産(プラスの財産)と消極財産(マイナスの財産)があります。つまり、土地、預貯金、宝石などのプラスの財産と、借金などのマイナスの財産によって、相続財産が構成されています。たとえば、住宅ローンで郊外に家を買った場合、家とともにローン返済分も相続します。「家は相続するが、ローンはいやだ」というわがままは許されません。「相続する」「相続しない」の選択は自由ですが、相続する以上はプラスの財産もマイナスの財産も相続しなければなりません。

■ 相続するかどうかは選択できる

借金も相続財産ですから、被相続人の死亡によって、相続人は借金も承継します。しかし、数千万円の借金があるような場合であっても、それを背負って、遺族は一生借金地獄の苦しみに耐えなければならないというのは、いささか酷な話です。

そこで、民法は相続財産を受け入れるか否かを、相続人の自由な選択にまかせることにしています。借金も含めた相続財産を受け入れることを相続の承認、借金はもちろん相続財産の受け入れを一切拒否することを相続の放棄といいます。

■ だれかが相続の放棄をすると他の相続分が増える

相続の放棄には、手続上の期限があります。原則として、相続の開始を知った時から3か月以内に、相続放棄をするか否かを決めなければなりません。相続人が未成年者や成年被後見人

制限行為能力者
単独で法律行為(契約など)を行う能力が制限されている人。

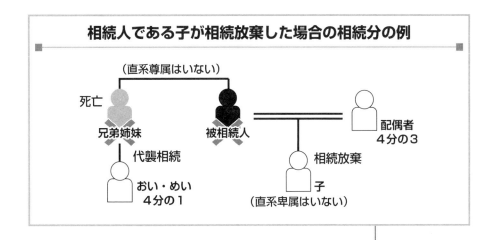

などの制限行為能力者の場合は、その法定代理人が制限行為能力者のために相続の開始があったことを知った時から3か月以内に、相続放棄をするか否かを決めなければなりません。

相続放棄をする場合は、被相続人のすべての財産（プラス分とマイナス分の両方）を放棄します。ただ、相続の放棄をする前後に相続財産を管理する義務が民法で規定されているので、相続を放棄した人は、相続放棄後も新たに相続人となった人が管理を始めるまでは、相続財産を管理する必要があります。

ところで、相続放棄をするか否かは、各相続人の自由ですから、長男は相続の承認、次男は相続の放棄ということもあります。

この場合、相続の放棄は代襲相続の原因となりませんから、被相続人の子が相続の放棄をしても、孫が相続人になることはできません。何人かいる相続人のうち1人が相続の放棄をすると、他の相続人の相続分はその分だけ増えることになります。

また、相続の放棄によって、相続人の順位に変更が生ずることもあります。たとえば、子の全員が相続の放棄をすると、被相続人に子がなかったとみなされますから、直系尊属が相続人になります。直系尊属の全員がすでに死亡していたり、生きていても相続の放棄をすると、今度は兄弟姉妹に相続権が移ります。

法定代理人

未成年者の法定代理人は親権者（原則として父母）、成年被後見人の法定代理人は成年後見人である。

相続放棄の手続き

相続放棄の手続きの際には、「相続放棄申述書」を被相続人の最後の住所地の家庭裁判所に提出する。相続放棄の申述があると、裁判所ではその申述が本人の意思によるものか否かを審理する。真意であることが判明すると、相続放棄が認められる。

PART1 8 相続の承認

相続の基本ルール

財産が多いか債務が上回るかで選択肢が変わることもある

■ 相続承認には単純承認と限定承認がある

相続の承認には単純承認と限定承認という2つの方法があります。まず、被相続人の財産（プラスの財産）と債務（マイナスの財産）の両方を無条件、無制限に承認する場合を単純承認といいます。一般に「相続する」というのは単純承認を指します。単純承認した場合は被相続人の権利義務をすべて引き継ぎます。たとえマイナスの財産であっても、相続分の割合に応じて責任を負うので、相続人には借金などの返済義務が生じます。

なお、以下の3つのどれかにあてはまる場合には、単純承認をしたものとみなされます。

① 相続人が自己のために相続の開始があったことを知った時から3か月以内に、限定承認か相続の放棄をしなかった場合
② 3年以内の建物賃貸借や未登記建物の登記といった行為を除いて、相続人が相続財産の全部または一部を処分した場合
③ 相続人がマイナスの財産を相続しないため、相続の放棄や限定承認をした後に、財産の全部あるいは一部を隠匿する、ひそかに消費する、事実を把握しておきながら財産目録中に記載しないといった不正行為を行った場合

■ 条件つきで相続するのが限定承認

相続によって得た財産（積極財産）の範囲内で被相続人の債務（消極財産）を負担する、という条件つきの相続を限定承認といいます。債務が財産を上回るか、債務が財産を上回るかよくわからないときは、限定承認をするほうが安全です。

限定承認の手続き

限定承認の手続きは、相続の開始があったことを知った時から3か月以内に家庭裁判所へ「相続限定承認申述書」を提出して行う。家庭裁判所で書類が受理されてから5日以内に、債権者や受遺者に相続の限定承認をしたこと及び一定の期間内に請求の申出をすべきであることを公告する必要がある（民法927条）。限定承認をすると、家庭裁判所によって相続財産管理人が選ばれ、清算手続をすべて行う。相続財産管理人には、相続人のうちの1人が選任される。

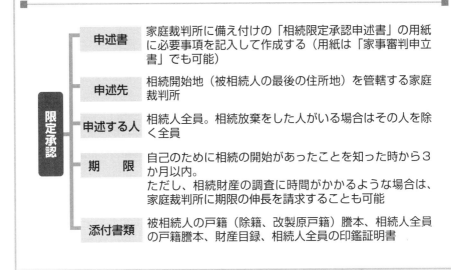

　限定承認は簡単にはできません。相続人の全員がそろって行わなければなりませんし、1人でも「単純承認だ」という相続人があれば、他の相続人も限定承認をすることはできません。

　限定承認においては、相続人が自分の財産から借金返済額の不足分を支払う義務はありませんし、包括遺贈を受けた者も遺産の範囲内で責任を負います。限定承認は、負債額が不明なときなどに申し立てると、予想以上の借金などの債務を返済するリスクを回避できます。ただ、限定承認の場合も、債務はいったん全部引き継ぎます。債務を引き継がない相続放棄とは違い、返済義務や強制執行が認められるものの、その範囲が相続財産に限定されるのです。

　限定承認は、相続人全員が一致して承認しなければなりません。1人でも単純承認する人がいる場合、限定承認は選択できません。ただ、相続人の中に相続の放棄をした人がいる場合は、その人を除く全員が合意すれば限定承認ができます。

包括遺贈
遺産の全部または何分の1という割合で遺贈する方法（民法964条）。たとえば、「Aに全財産の3分の1を、Bに4分の1を与える」あるいは「全財産の30％を○○に与える」というように、遺産に対する比率によって遺贈すること。

強制執行
裁判所や執行官といった公的機関によって、強制的に権利内容を実現する手続。

PART1 9 特別受益

相続の基本ルール

特別受益と扱われる贈与は婚姻・養子縁組・生計資本に限る

■ 特別受益とは

　相続人が被相続人から特別に財産をもらうことを特別受益といいます。特別に財産をもらった相続人が特別受益者です。そして、相続開始時の財産（遺贈を含む）に特別受益にあたる贈与（生前贈与）を加えたものが全相続財産（みなし相続財産）となります（これを特別受益の「持戻し」といいます）。その上で、相続人間の公平性を図るために、全相続財産を基準として具体的相続分を計算します。特別受益を受けた相続人の具体的相続分を計算する際には、特別受益を前渡し分として差し引きます（次ページ図）。

　ただし、被相続人が遺言で特別受益を差し引かないと決めていた場合は、その遺言に従うことになります。このとき、特別受益が遺留分を侵害していれば、遺留分を有する相続人は、特別受益者に対して遺留分侵害額請求を行うことが可能です。たとえば、以下の贈与や遺贈が特別受益として扱われます。

① 　婚姻または養子縁組のために相続人が受けた贈与
② 　生計資金として相続人が受けた贈与
③ 　特定の相続人が受けた遺贈（目的は問わない）

■ 贈与額や遺贈額が相続分を超える場合はどうか

　特別受益にあたる贈与や遺贈が多すぎて、計算上の具体的相続分がマイナスになることがあります。遺留分に反しない限り、この場合は、自らの具体的相続分がゼロになるだけです。

遺贈

遺贈とは、遺言によって、遺産の全部または一部を与えること。自分が死んだ後、特定の者（相続人以外でもよい）に財産を与えたいと考えた場合に遺贈が行われる（民法964条）。

遺留分

兄弟姉妹を除く相続人に認められた法律上最低限相続できる割合のこと（民法1042条）。

生計資金として受けた贈与

たとえば、住宅の購入資金の援助金や特別な学費など、他の相続人とは別に、特別にもらった資金がこれにあたる。ただし、新築祝いなど交際費の意味合いが強いものや、その場限りの贈り物などは含まれない。

特定の相続人が受けた遺贈

遺言によって財産を遺贈された場合、その遺贈を受けた受遺者の相続分から遺贈分が差し引かれる。遺贈されたものは、相続分の中に含まれるからである。

特別受益者の具体的相続分の算定方法

$$\left(\begin{array}{c}\text{特別受益に}\\\text{あたる贈与}\end{array} + \begin{array}{c}\text{相続開始時の財産}\\\text{(遺贈を含む)}\end{array}\right) \times \text{相続分(民法900条～902条)}$$

みなし相続財産
（＝全相続財産） － 特別受益 ＝ 具体的相続分

（設例）

> 被相続人Aの子BCDの3人が相続人として存在し、相続財産が1000万円ある場合で、BがAから200万円の特別受益に当たる生前贈与を受けていた場合、BCD各自の具体的相続分はいくらとなるか。

相続開始時の財産 1000万円	Bの受けた贈与（特別受益）200万円

みなし相続財産

Bの具体的相続分：(200万円＋1000万円) × $\frac{1}{3}$ － 200万円 ＝ 200万

C・Dの具体的相続分：(200万円＋1000万円) × $\frac{1}{3}$ ＝ 400万

■「持戻し免除の意思表示」の推定に関する改正

　被相続人が、自分の死後、残された配偶者が安心して暮らしていけるように、居住用不動産を贈与・遺贈するケースがあります。被相続人から相続人である配偶者が居住用不動産の贈与・遺贈を受けることは「特別受益」に該当します（前ページの②・③に該当します）。そのため、特別受益の基本的な考え方に従えば、配偶者が贈与・遺贈を受けた居住用不動産の価額分を相続開始時点で被相続人が実際に持っていた相続財産に加えるという処理（持戻し）を行い、各相続人の具体的相続分を算出します。つまり、特別受益の持戻しをした上で、それぞれの相続人の具体的相続分を計算します。これは相続人間の公平を図る趣旨ですが、被相続人からの遺贈や贈与によって居住不

動産を取得した生存配偶者が、生活資金となる現金や預貯金を相続できなくなり、生活が苦しくなることが少なくありません。

■ 具体例で考えてみる

たとえば、妻Ａ、子Ｂが相続人の場合で、被相続人から妻Ａへ居住用不動産（評価額2000万円）が贈与され、相続開始時の財産は預貯金2000万円のみとします。ＡＢの具体的相続分を算定する際は、贈与された居住用不動産2000万円も相続開始時の財産に含めて計算しなければならず、「居住用不動産2000万円＋預貯金2000万円＝4000万円」が全相続財産となります。そして、4000万円を法定相続分に応じて分配すると、Ａは2000万円、Ｂは2000万円となる結果、Ａの具体的相続分は特別受益（2000万円）を控除した「ゼロ円」となるので、Ａは預貯金をまったく相続できません（次ページ図）。これでは、居住用不動産を確保できても、その後の生活に支障をきたしかねません。

しかし、生存配偶者は、被相続人の生前、長年に渡りさまざまな点で被相続人に貢献してきました。また、老後の生活保障の一端として、生存配偶者が、被相続人の死亡後も、居住用不動産に安心して使用し続けることができる環境を整えるのが望ましいといえます。そのためには、相続財産の対象から生存配偶者に遺贈・贈与された居住用不動産を外す（持戻しが行われないということ）のが適切だと考えられます。

そこで、2018年の相続法改正では、婚姻期間が20年以上の夫婦の間でなされた遺贈・贈与のうち居住不動産（居住建物とその敷地）については「持戻し免除の意思表示」があったと推定することで、生存配偶者の生活の安全を保障しています。

本来であれば、生存配偶者に遺贈などがなされた居住不動産も、その他の相続財産に追加して（持戻しによって）、相続の対象になるのが原則です。しかし、これにより実際の相続分の計算において持戻しが行われた場合、その居住用不動産の価額

配偶者の保護に関する改正

本文記載の、配偶者に対する居住用不動産の贈与・遺贈に対する「持戻し免除の意思表示」の推定に関する改正は、相続における生存配偶者の保護を目的とする規定である。2018年の相続法改正では、同じ目的から生存配偶者の居住権が新設されている。

配偶者の相続分

2018年の相続法改正に関して、中間試案の段階では、一定の婚姻期間の存在などを要件として、配偶者の相続分を増加させるという改正案も検討されていた。相続における配偶者の保護に関する問題については、さらに保護が強く打ち出される可能性もあり、注視していく必要がある。

が生存配偶者の相続分から控除される結果、前述した妻Aのように、生存配偶者がその他に相続できる財産の価額が少額になる恐れがあります。しかし、居住用不動産を相続財産の対象から外すことが認められると、生存配偶者は、居住用不動産に関係なく、その他の相続財産を相続することが可能になります。

本ケースでも、婚姻期間が20年以上であれば、夫から生存配偶者である妻Aに生前贈与された居住用不動産2000万円の持戻しは不要になり、全相続財産は「預貯金2000万円」となるとともに、特別受益の控除も行われませんので、妻Aは1000万円を相続します。これにより、生存配偶者の最終的な相続財産の取得分が増加しますので、生活の安定が図られるというわけです。

PART1 10

相続の基本ルール

寄与分

寄与分は相続分にプラスされる

■ 財産形成に対する特別な貢献を評価する

相続人には相続分の他に寄与分という取り分があり、相続分に加えられることがあります。寄与分とは、被相続人の財産の維持または増加に「特別の寄与」（財産形成に対する特別な貢献）をした相続人（貢献者）に対して、本来の相続分とは別に、寄与分を相続財産（遺産）の中から取得できるようにする制度です。

寄与分制度は、特別受益者の相続分と同様に、相続分の計算方法を修正して、相続人同士の実質的な公平を図ることを目的としています。

たとえば、配偶者としての貢献や子による親孝行などは、特別の寄与とは認められず、寄与分制度の対象になりません。しかし、被相続人に事業資金を提供したことで被相続人が倒産を免れた場合や、長期療養中の被相続人の看護に努めたことで被相続人が看護費用の支出を免れた場合などは、特別の寄与と認められ、寄与分制度の対象となります。

また、寄与分は相続人だけに認められる制度ですから、相続人でない人には寄与分が認められません。ただし、寄与分とは異なりますが、相続人がいない場合に、貢献者が「特別縁故者」（内縁関係の夫や妻、療養看護に努めた者など、被相続人との間に一定の特別の縁故があった者）に該当するとして、貢献者の申立てを受けた家庭裁判所の審判により、相続財産の一部または全部の取得が認められることがあります。

特別縁故者

本文記載のような、特別縁故者にあたると考えられる者は、必ずしも被相続人の相続財産が分与されるとは限らない。「特別縁故者に対する相続財産分与の申立て」を受けた家庭裁判所の判断により、分与することが相当であるか否かが判断されることになる。

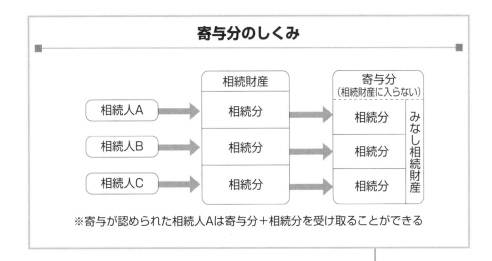

■ 寄与分の具体的な計算方法

寄与分の算出方法は、まず、相続財産の総額から寄与分を差し引いた「みなし相続財産」を決定します。次に、みなし相続財産を相続分に応じて分けて、寄与分は貢献者に与えます（上図参照）。

たとえば、妻と長男、二男、長女の4人が相続人で、相続財産が2000万円、長男の寄与分が200万円である場合は、下記のように、貢献者である長男の相続分は500万円となります。

・みなし相続財産…2000万円－200万円＝1800万円
・妻の相続分………1800万円× 2分の1 ＝900万円
・長女の相続分…（1800万円－900万円）× 3分の1 ＝300万円
・二男の相続分…（1800万円－900万円）× 3分の1 ＝300万円
・長男の相続分……300万円（本来の相続分）＋200万円（寄与分）＝500万円

なお、寄与分の金額をいくらにすべきかについて特段の定めはありませんが、相続財産の総額から遺贈の価額を控除した残額を超えることはできません。

寄与分の決定方法

寄与分は相続人間の協議で決める。協議が調わないときや、協議ができないときは、家庭裁判所が、特別の寄与をした者の請求に基づき、一切の事情を考慮して寄与分を定める。

■ 相続人以外の親族の特別の寄与についての改正

上記のように、相続財産の維持や増加に貢献を果たした相続人は、自身の相続分に寄与分を加えて相続することが可能です。

しかし、寄与分は相続人のみに認められるため、たとえば、相続人の妻（親族）が、夫の両親（被相続人）の療養看護に努めた場合であっても、寄与分として考慮されません。とくに、被相続人の死亡時点で相続人がすでに亡くなっている場合、その配偶者は、被相続人死亡によって、相続人を介して財産を相続することもできませんので、被相続人の療養看護に努めていたときは、ますます不公平感は大きくなっていました。

とくに、次のようなケースにおいて、その不公平感が顕著に表れることになります。父Aが亡くなり、Aには相続人として子Bと子Cがいて、Cの妻DがAの生前の療養看護を担当していたという場合を考えてみましょう。

仮にAの財産が1000万円であったとすると、法定相続分に従うならば、相続人BとCが各500万円ずつを相続します。しかし、日常生活におけるAの世話を見てきたのはDであるにもかかわらず、DはAの相続に関して、何らかの主張ができないのでしょうか。

上記のように、被相続人を献身的に介護したり、被相続人の家業に従事するなどして、被相続人の財産の維持・増加に特別な貢献をした場合は、その貢献を寄与分として考慮して、相続分に上乗せすることが認められます。しかし、寄与分の対象は相続人に限定されることから、たとえ相続人の妻が被相続人を献身的に介護しても、その貢献は寄与分として認められず、本ケースにおけるDは寄与分を主張することができません（ただし、Dの貢献を相続人Cの貢献と考えて、相続人Cの寄与分として認められる可能性はあります）。

こうした不公平な取扱いを是正するため、2018年の相続法改正では、相続人以外の親族が、相続人に対し特別寄与料を請求

> **特別寄与料の請求の法的性質**
> 特別の寄与をしたと考えられる「相続人以外の親族」は、遺産分割協議に参加するわけではない。遺産分割協議が複雑になるおそれがあるため、あくまでも相続人に対する金銭の支払請求権として規定が置かれていることに注意が必要である。

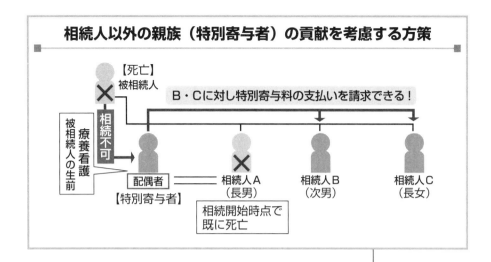

することが認められました。つまり、相続人以外の親族が無償で療養看護や労務の提供により被相続人の財産の維持または増加に貢献したときは、相続人に対し特別寄与料を請求できるとする規定が設けられたということです。

したがって、前述のケースにおけるDのように、相続人でない親族が、無償で被相続人の療養看護等を行って、被相続人の財産の維持・増加に特別の寄与（貢献）をしたと認められる場合には、相続人に対して金銭（特別寄与料）の支払いを請求することが可能になります。

特別寄与料の請求ができるのは「被相続人の親族」です。具体的には、①6親等内の血族、②配偶者、③3親等内の姻族を指しますが、相続人、相続放棄をした者、相続欠格事由に該当する者、相続廃除された者は除外されます。本ケースのDは、③（1親等の姻族）にあたるので、相続人B・Cに対して特別寄与料の支払いを請求できます。また、相続法改正では、当事者間で特別寄与料についての協議が調わない場合は、家庭裁判所に処分の請求（特別寄与料を定める請求）をすることができるという内容の規定も置かれました。

相続人以外の親族

相続人とならない場合の兄弟姉妹は、本文の①に該当するので、特別寄与料の請求ができる。しかし、内縁の配偶者は親族にあたらないので、特別寄与料の請求はできない。

養子縁組

養子は実子と同様に第1順位の相続人となる

■ 養子とは

　自然的な血縁関係がある子のことを実子といいます。これに対して、養子とは、養子縁組という法律上の手続きによって、血縁関係のない者同士が養親と養子の関係を結んだ場合の子のことです。養子縁組の届出をすることで養親子関係が生まれ、養子には嫡出子と同じ身分が与えられます。届出は養親となる者がしても養子となる者がしてもかまいません。養子は原則として養親と同じ姓を名乗り、未成年の養子は養親の親権に服します。相続権も嫡出子と同様に認められます。

　養子縁組には、普通養子縁組（当事者の合意と届出で成立するもの）と特別養子縁組（原則6歳未満の子の福祉を目的に家庭裁判所の審判によって成立するもの）の2種類があります。

　普通養子縁組では、当事者同士が合意していること（縁組の意思の合致）が必要です。合意がなければ養子縁組は無効です。

　養親となる者は成年者でなければならず、自分の尊属や年長者を養子にすることはできません。

　養親が夫婦で成年者を養子とする場合は、夫婦の一方が単独で養子縁組ができますが、他方の配偶者の同意が必要です。養子となる者が夫婦である場合も、夫婦の一方が他方の同意を得て単独で養子縁組ができます。これに対し、養親が夫婦の場合に未成年者を養子とする場合は、配偶者の嫡出子を養子とする場合などを除き、夫婦が共同で養子縁組をすることが必要です。

　未成年者を養子とするには、未成年者の利益を守るため、自己または配偶者の直系卑属を養子とする場合を除き、家庭裁判

嫡出子
法律上の婚姻関係ある父母の子。

特別養子縁組
特別養子縁組の養子となる者は、原則として満6歳未満であることを要する。ただし、満6歳未満から養親となる者に監護されている場合、8歳未満であれば養子になるのが可能である。
一方、養親となる者は、①婚姻している、②原則として夫婦双方で養親となる、③夫婦の一方が25歳以上・他方が20歳以上である、④原則として養子となる者の実父母の同意がある、という要件を充たすことが必要である。ただし、実父母が意思を表示できない場合や、実父母による虐待、悪意の遺棄（故意に子の養育をしない）など、養子の利益を著しく害する事情がある場合は、④の父母の同意は不要である。

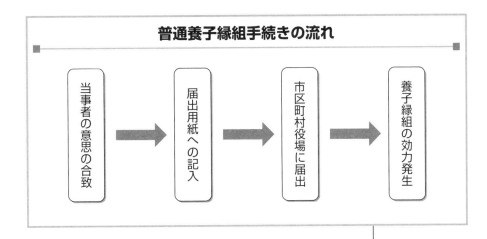

所の許可が必要です。15歳未満の子を養子にする場合は、法定代理人（親権者など）の承諾も必要となります。

■ 養子の相続分は嫡出子と同じ

養子は実子と同様に第1順位の相続人となり、相続分も実子と同じです。連れ子がいる配偶者と再婚した者は、婚姻によっては連れ子との間に親子関係が生じず、連れ子と養子縁組をしなければ、連れ子は自分の相続人となることができません。

普通養子縁組をした養子は、養親と実親の両方の遺産について相続権があります。この意味では、二重の相続権をもっているといえます。これに対し、実親との親族関係を終了させる特別養子縁組によって養子になった特別養子は、養親の遺産の相続権はありますが、実親の遺産の相続権はありません。

孫が祖父母の養子になる場合はどうでしょうか。たとえば、孫が祖父母の養子になり、その孫が子（養子）としての相続権と、孫としての代襲相続権と両方を持つ場合は、二重資格の相続人となり、二重に適法な相続をすることになります。祖父母の養子になっても孫としての資格は失いません。

連れ子との養子縁組

普通養子縁組でも特別養子縁組でも構わない。連れ子が原則6歳未満であれば、特別養子縁組の選択を検討できる。一方、普通養子縁組の場合、連れ子が未成年でも、家庭裁判所の許可が不要である他、嫡出子であれば配偶者の同意を得て単独で縁組ができるが、非嫡出子であれば夫婦が共同して縁組をする必要がある。

代襲相続権の発生するケース

祖父母よりも先に孫の実親が死亡していた場合などがある。

Column

相続と戸籍

　戸籍とは、簡単にいえば、「日本国民であるその人の存在を証明するための制度」です。日本国民は、いったん戸籍に記載されると、その人が死亡するか、他国へ国籍を移すといった事情がない限り、ずっと戸籍とのつき合いが続きます。戸籍には本籍の他、その戸籍に記載されている各人について、氏名、出生年月日、戸籍に入った原因および年月日、実父母の氏名および実父母との続柄などの情報が記載されています（戸籍法13条）。相続が発生した場合に、相続登記や被相続人の預貯金の名義変更などの各種手続きをする際に、被相続人の戸籍が必要になります。その場合、被相続人が出生届によって初めて入籍した戸籍から、その後の婚姻や養子縁組、転籍などで変動しているなど、生まれてから死亡するまでの履歴のすべてがわかる戸籍謄本が必要になります。知らなかったとはいえ、他に認知した子などの相続人がいた場合、その相続人を除いて行った遺産分割協議は、一部の例外を除いて無効になってしまうので注意しましょう。

　また、相続人は、通常は親族同士で確認可能ですが、念のために相続人を確認したいという場合にも、被相続人の戸籍を取り寄せることになります。なお、相続に関する手続きや請求をする場合に、被相続人の戸籍謄本の他、相続人を確認できる範囲の戸籍謄本の提出もいっしょに求められますので、相続人の戸籍謄本も必要です。被相続人・相続人の戸籍謄本は、本籍のある市区町村役場に請求することで取得できますが、郵送で取得を請求することも認められています。

　戸籍の情報が記載された書類には、全部事項証明書（謄本）と個人事項証明書（抄本）があります。全部事項証明書にはその戸籍に入っている人全員の情報が記載されています。一方、個人事項証明書には、特定の個人の情報しか記載されないため、手続に必要な情報が記載された書類を取得するよう注意が必要です。

PART 2

遺言・遺贈・遺留分の法律知識

PART2-1 遺言・遺贈・遺留分の法律知識

遺言の種類

遺言は人の最終意思である

■ 遺言とは何か

　相続といえば、民法が定める法定相続分の規定が原則と考えている人が多いようです。しかし、それは誤解です。遺言による相続分の指定がないときに限って、法定相続分の規定が適用されます。つまり民法では、あくまでも遺言者の意思を尊重するため、遺言に基づく相続を優先させています。

　相続分の指定だけでなく、遺言で遺産の分割方法を指定することや、相続人としての資格を失わせること（相続廃除）もできます。このように、遺言の中でとくに重要な内容となるのは、遺産の相続に関する事柄です。この他、子を認知することや未成年後見人を指定することも、遺言でできる事柄です。

　これらの事柄について書かれた遺言には、「法律上の遺言」として法律上の効果が認められます。しかし、「兄弟仲良く暮らすように」「自分の葬式は盛大にやってくれ」といった遺言を書いたとしても、法律上は何の効果もありません。法律上の効果が認められるのは、民法で定められた一定の事柄について書かれた遺言だけなのです。

■ 遺書にはどんな種類があるのか

　遺言には、「普通方式」と「特別方式」がありますが、一般的には「普通方式」によることになります。普通方式の遺言は、自分でいつでも自由に作成できます。一方、特別方式の遺言は、「死期が迫った者が遺言をしたいが普通方式によっていたのでは間に合わない」といったケースで認められる遺言です。具体

法定相続分
民法で定められた相続分の割合のこと（民法900〜901条）。被相続人が遺言により相続分の指定（指定相続分という）をしていない場合には、法定相続分に基づいて相続がなされる。

相続廃除
遺留分をもつ推定相続人が被相続人を虐待した場合や著しく侮辱した場合に、被相続人の請求または遺言に基づいて家庭裁判所がその推定相続人の相続権を失わせること（民法892条）。

遺言における法律上の効果
法律上の効果が認められるとは、遺言に書いたとおりの効果が生じることを意味する。たとえば、Xが「Aを認知する」との遺言を書いていれば、そのとおりにXA間に親子関係が生じる。反対に、法律上の効果がないとは、遺言に書いたとおりの効果が生じないことを意味する。

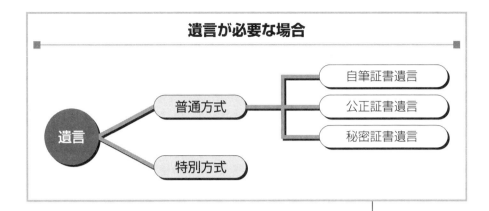

的には、死亡の危急に迫った者の遺言、伝染病隔離者の遺言、在船者の遺言、船舶遭難者の遺言があります。

普通方式の遺言にはさらに自筆証書遺言、公正証書遺言、秘密証書遺言の3つがあります。このうち秘密証書遺言とは、遺言状を封じ、その封書を公証人と証人の前に提出して公証人に一定の事項を書き入れてもらい、証人と遺言者が署名する形式の遺言ですが、実務上秘密証書遺言はほとんど利用されていません。そのため、遺言書を作成する場合には、自筆証書遺言か公正証書遺言によることになります。

① **自筆証書遺言**

遺言者自身が、自筆で遺言の全文、日付、氏名を書き、押印したものです。他人の代筆やワープロで作成したものは無効です。簡単で費用もかかりませんが、紛失や偽造・変造の危険があります。2018年の相続法改正で、遺言書に添付する財産目録は、署名押印を条件に自書が不要となりました（54ページ）。

② **公正証書遺言**

公証人が作成する遺言状です。証人2人の立ち会いのもとで遺言者が口述した内容を公証人が筆記し、遺言者と証人が承認した上で、全員が署名押印して作成したものです。方式の不備を理由に無効になる可能性がほぼないのが長所です。

特別方式による遺言

危急時遺言などの特別方式による遺言には、遺言者本人の口述による遺言を認めるものもあり、本人が署名押印できない場合の特別規定もあり、方式が緩和されている。しかし、遺言の正確性を担保するため、証人の署名押印は必要とされている。

遺言書の検認

遺言書を見つけた場合、勝手に開封せずに、速やかに家庭裁判所に提出して、検認の申立てをする。遺言書の検認は、一種の証拠保全手続で、家庭裁判所が遺言の存在と内容を認定するための手続である。遺言書が遺言者の作成によるものであることを確認し、検認後の偽造や変造を防いで保存を確実にすることができる。

PART2 2 遺贈と相続の違い

遺言・遺贈・遺留分の法律知識

遺言で相続分の指定があればそれに従う

■ 遺言による指定相続分と遺贈

指定相続分とは、被相続人が遺言で指定した相続人間の相続分のことです。相続人への遺贈が特別受益となるのに対し、指定相続分が法定相続分より多くても、その多い分が特別受益として扱われることはないとされています。

これに対し、遺言により遺産を与えるのが遺贈です。遺贈を受ける者を受遺者といい、第三者に遺贈をすることもできますし、相続人に遺贈することもできます。つまり、相続人以外の者には相続分はなく、遺贈があるだけです。

指定相続分も遺贈も遺留分を侵害すると、後で遺留分侵害額請求権（74ページ）の行使を受ける可能性があります。

■ 法定相続分と異なる遺産承継と第三者との関係

遺言は法定相続分に優先することから、原則として、遺言者は自ら望む形で財産を承継させることができます。しかし、相続法改正前は、法定相続分とは異なる割合で遺産が相続された場合、相続人以外の第三者との関係でどのような法律上の効力が生ずるかは、必ずしも明確とはいえませんでした。

2018年の相続法改正では、遺言などにより法定相続分とは異なる遺産の承継がなされた場合に、第三者との間でどのような法律上の効果が生ずるかについて明文規定が置かれました。ここでは、権利の承継を例に見ていきましょう。

① 不動産などの相続財産を承継した場合

相続法改正前は、法定相続分を超えて、不動産などの相続財

特別受益

被相続人から相続人が特別に財産をもらうこと。遺贈と婚姻・養子・生計資本のための贈与が特別受益にあたる。特別受益により得た財産は相続財産とみなされるため、特別受益者は本来の相続分から特別受益分が減らされる。特別受益の額が本来の相続分を超えている場合は、他の財産を相続できない。

相続・遺言・死因贈与・生前贈与

	内容	相続人・受遺者	課せられる税
相続	被相続人の死亡によって財産が移転	一定の身分関係の人が相続人になる	相続税
遺贈	遺言書による財産の一方的な贈与	遺言者が指定した受遺者	相続税
死因贈与	人の死亡を条件とする贈与契約	贈与者が指定した受贈者	相続税
生前贈与	生前に財産を無償で譲渡する贈与契約	贈与者が指定した受贈者	贈与税

産を取得した場合、その取得を第三者に主張するための手段について、取得方法により異なる取扱いをしていました。たとえば、遺言書に「甲不動産をAに遺贈する」と書かれていた場合、特定遺贈にあたるため、登記をしなければ第三者に甲不動産の取得を主張できないとしていました。一方「甲不動産をAに相続させる」と書かれていれば、遺産分割方法の指定にあたるので、登記をしなくても第三者に甲不動産の取得を主張できるとしていました。しかし、これでは遺言の内容を知り得ない第三者の取引の安全を害することにもなりかねません。

相続法改正では、相続財産の取得方法を問わず、法定相続分を超える部分の相続財産の取得については、登記や引渡しなどの対抗要件を備えない限り、第三者に対抗できないことが明記されました。たとえば「甲不動産を相続人Aに相続させる」との遺言書があるのに、他の相続人BがAに無断で第三者Cに甲不動産を売却した場合、AはCよりも先に甲不動産の相続登記を備えなければ、Cに対し甲不動産の所有者が自分だけであると主張できなくなります。

ただし、Aは法定相続分である2分の1の持分については、相続登記がなくても第三者に主張できます。そのため、AがC

遺産分割方法の指定

「甲不動産をAに相続させる」といった遺言は、遺産分割方法の指定であるが、これを「相続させる趣旨の遺言」と呼ぶことがある。相続法改正により、相続させる趣旨の遺言によっても、法定相続分を超える相続財産の取得であれば、対抗要件を備えないと第三者に主張できないことになる。

に対して甲不動産の単独所有を主張できなければ、甲不動産はAとCの共有（持分は各2分の1）となります。

② **債権を承継した場合**

法定相続分を超える債権を承継した場合は、「債務者に対する対抗要件」と「第三者に対する対抗要件」のいずれも備える必要があります。たとえば、被相続人がAに対し1000万円の金銭債権を持っていた場合で、相続人B・CのうちBが遺言によりこの金銭債権を単独で取得したとします。相続法改正前は、相続による債権の承継についても通常の債権譲渡と同様に考えられるとして、共同相続人全員を譲渡人とする債務者に対する譲渡通知が必要とされていました。つまり、相続人B・CからAに対して譲渡通知を送る必要がありました。

相続法改正では、相続により債権を承継した相続人が、遺言や遺産分割の内容を明らかにして債務者に通知したときは、相続人全員が債務者に譲渡通知をしたとみなすという明文規定が置かれました。これにより、Bが遺言の内容を明らかにしてAに通知すれば、B・Cが譲渡通知をしたとみなされます。

■ 遺贈について

遺贈とは、遺言による財産の贈与のことです。遺言の制度は、被相続人の生前における最終意思を法律的に保護し、死後にその意思の実現を図るために設けられています。

財産の多少にかかわらず、人はだれしも自分の死んだ後のことが気になりますし、自分の思いどおりになってもらいたいと願うものです。しかし、生前に財産分けを口にするのはかえってトラブルになることもありますし、生前に伝えたくないこともあります。そこで、民法は遺言の制度を設けたわけです。

遺言といっても、死の間際になって家族を呼び寄せ「自分が死んだら、こうしろ、ああしろ」と口頭で指示しても、法律的には何の効果もありません。民法が定めた一定の方式を備えた

義務を承継した場合

被相続人が負っていた借金などの債務（相続債務）について、遺言書で承継の割合が指定されていた場合、相続法改正では、相続債権者（相続債務の債権者）の承諾がない限り、相続分の指定がなされた場合であっても、相続債権者は、法定相続分に応じて、各相続人に対して債権を行使できることが明文化された。

確定日付による対抗要件

債権を承継した場合、本文記載の例で、BがAに対する通知を確定日付のある証書（内容証明郵便など）によって行うことで、第三者への対抗要件も同時に備えることができる。

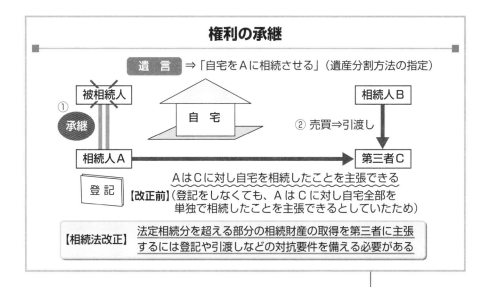

遺言を行った場合にだけ、法律上の効果が与えられます。

遺言への記載事項は、相続財産の処分に関することがほとんどです。財産を与える人（遺言をした人）を遺贈者といい、財産をもらう人を受遺者といいます。遺贈は遺贈者から受遺者への財産の贈与ですが、人の死亡を原因として財産を取得する点では相続と同じですから、受遺者には贈与税ではなく相続税が課税されます。

■ 受遺者は遺贈者が自由に決める

受遺者はだれでもかまいません。遺贈者が自由に決めればよいのです。妻や子といった相続人はもちろん、相続権のない孫や兄弟、血縁関係のない第三者でもかまいません。また、会社など法人に対して遺贈をすることもできます。ただし、遺贈をする際には、遺留分に注意しなければなりません。遺留分を侵害した財産処分は、後日、遺留分侵害額請求権が行使され、かえってトラブルが生ずる恐れがあります。

遺留分

兄弟姉妹を除く法定相続人に決められた法律上最低限相続できる割合のこと（民法1042条）。
被相続人の財産により生活をするという相続人の期待を保護するために、法定相続分の2分の1の財産は、相続人が入手することが保障されている。

遺留分侵害額請求権

遺留分が侵害されたとわかったときに、遺贈や贈与を受けた相手方に、遺留分の回復を請求すること（民法1046条）。
遺留分侵害額請求をするかどうかは、各相続人にまかせられている。被相続人の意思を尊重したいと考える相続人は、遺留分侵害額請求権を行使しないことになる。

PART 2 遺言・遺贈・遺留分の法律知識

特定遺贈と包括遺贈

特定の物や額を与えるのが特定遺贈、割合で分割するのが包括遺贈

■ 遺言に指定がある場合には分割協議は不要である

指定分割とは、遺言の指定どおりに遺産を分割することです。この場合は、方式違反などで遺言が無効とならない限り、遺言による指定に従います。以下のように、遺贈には特定遺贈と包括遺贈とがあり、遺言の内容によっては、遺産分割協議が必要になることがあります。

① 特定遺贈の場合

「不動産はAに、株式はBに」というように、遺産のうち特定の財産を与える遺贈のことを特定遺贈といいます。特定遺贈の遺言がある場合は、被相続人が死亡して相続が開始された時点で、指定されたとおりに財産が遺贈されたことになります。

遺言による指定により被相続人の財産がすべて相続人や第三者の手に渡れば、遺産分割協議は必要ありません。しかし、一部の財産に対する指定しかなければ、残りについては遺産分割協議が必要です。その際、特定遺贈がなされた分（遺贈額）は特別受益として扱われる点に注意しなければなりません。

② 包括遺贈の場合

遺産を割合で分割する方法を包括遺贈といいます。たとえば、「Aに全財産の3分の1を遺贈する」「Aに全財産の30％を遺贈する」というように、遺産に対する比率によって遺産分割の方法を指定する遺贈です。すべての遺産を1人に遺贈していれば、遺産分割協議は必要ありません。しかし、通常は指定された割合に従って、遺産の中の何をどのような形で取得するのかを、遺産分割協議をして決める必要があります。

遺言が無効となる場合

本文記載の方式違反に加えて、他人に脅されて遺言書を書いたなど、遺言が遺言者の意思によらない場合も遺言が無効になる。方式違反の例には、自筆証書遺言について、氏名の自書や押印がない、財産目録以外をワープロ書きしているなどがある。

特定遺贈と債務の負担

特定遺贈によって財産を取得する特定受遺者は包括遺贈とは異なり、遺言で指定された財産を取得する権利が発生するだけで、債務についてはとくに指示がない限り負担する義務はない。

	遺贈の概要
内容	遺言による財産の一方的な贈与
受遺者	遺贈者が自由に決定可（受遺者との合意は不要）
受遺者の死亡	受遺者が被相続人よりも先に死亡 → 遺贈は無効
遺贈の放棄	特定遺贈の場合、被相続人の死亡後ならいつ放棄しても可。包括遺贈の場合、受遺者となったことを知った時から3か月以内であれば放棄可。

　包括遺贈で財産を取得する者を包括受遺者といいます。包括受遺者は相続人と同一の権利義務を持ちますから、相続人以外の包括受遺者も含めて遺産分割協議が行われます。包括受遺者が参加しない遺産分割協議は無効です。さらに、包括受遺者は遺贈の比率分の借金も引き受けることになります。

■ 包括遺贈の放棄は3か月以内にする

　包括受遺者は相続人と同一の権利義務を持ちますから、相続分という一定の割合を持つ相続人と立場上は同等です。このため、包括受遺者は財産だけでなく借金があった場合はそれも承継します。しかし、相続放棄ができるのと同じように、包括遺贈も放棄することが可能です。

　包括遺贈の放棄の手続は相続放棄と同じです。つまり、包括受遺者となったことを知った時から3か月以内に、家庭裁判所に放棄を申し出なければなりません。包括遺贈の対象である財産を処分したり隠匿すると、単純承認したとみなされ、放棄ができなくなります。これに対し、特定遺贈の場合は、被相続人の死亡後であれば、いつ放棄してもかまいません。遺贈の放棄は遺言者の死亡時点から効力を生じます。遺贈の放棄が認められた財産の扱いは、遺産分割協議で話し合われます。

受遺者の死亡

受遺者が被相続人よりも先に死亡していた場合や、事故などで被相続人と同時に死亡した場合は、その受遺者への遺贈は無効になり、受遺者の子にも代襲相続の権利は生じない。そして、遺贈される予定だった財産の扱いは、遺産分割協議で話し合われる。
ただし、遺言者が遺言書に受遺者が死亡した場合の相続分まで指定していた場合は、その遺贈は有効になる。

PART2 遺言・遺贈・遺留分の法律知識

4 遺言の効力

法的な強制力を持つのは10項目ある

■ 遺言できる内容は

遺言は法定相続分よりも優先されますが、その他にも以下の事項を遺言により行うことができます。

① 財産処分

遺留分を持つ相続人（遺留分権利者）がいる場合は、その者の遺留分を侵害できませんが、遺産を特定の相続人にすべて相続させたり、相続人以外の第三者にすべて遺贈したりという遺言は可能です。

② 相続廃除・相続廃除の取消し

相続廃除とは、被相続人の意思により、相続人になるはずの者（推定相続人）の相続権を失わせることです（21ページ）。いったん決まった相続廃除の取消しも可能です。遺言によって相続廃除やその取消しの請求を行うこともできます。

③ 認知

認知とは、非嫡出子との間に法律上の親子関係を創設することです。遺言によって認知することも可能です。

④ 後見人・後見監督人の指定

子が未成年者の場合、被相続人が信頼している人を後見人や後見監督人に指定できます。これは遺言によって指定できますが、指定できるのは、最後に親権を行う人だけです。

⑤ 相続分の指定または指定の委託

相続人の相続分は民法で決められていますが（法定相続分）、遺言によってだけ相続分の変更が可能です（指定相続分）。ただし、この場合も遺留分の規定に反しないことが求められます。

法定相続分
民法で定められた相続分の割合のこと。被相続人が遺言により相続分の指定（指定相続分という）をしていない場合には、法定相続分に基づいて相続がなされる。

遺留分を侵害する遺言
遺留分を侵害する遺言も有効であるが、遺留分権利者は遺留分侵害額請求権を行使することができる。

非嫡出子
婚姻届が提出されていない男女間に生まれた子のこと。内縁の夫婦間に生まれた子があてはまる。非嫡出子について、母との親子関係は分娩により当然に生じるが、父との親子関係は認知がなければ生じない。

遺言できる行為

①	財産処分	⑥	遺産分割方法の指定・その委託
②	推定相続人の廃除・取消	⑦	遺産分割の禁止
③	認知	⑧	相続人の担保責任の指定
④	後見人・後見監督人の指定	⑨	遺言執行者の指定・その委託
⑤	相続分の指定・その委託	⑩	遺留分侵害額請求権の行使方法の指定

※信託（信託法3条2項）や財産の拠出（一般法人法158条2項）も可能です。

相続分の変更の指定を第三者に委託することも可能です。

⑥ 遺産分割方法の指定または指定の委託

遺産の分割方法について、あらかじめ遺言で指定をしておくこともできます。第三者への指定の委託も可能です。

⑦ 遺産分割の禁止

遺産分割をめぐりトラブルになりそうな場合は、被相続人の死後5年以内に限って遺産分割を禁止することができます。

⑧ 相続人相互の担保責任の指定

相続人は、他の相続人に対して、お互いに公平な分配を行うために、その相続分に応じて担保責任を負います。この相続人の負う担保責任を遺言によって変更することができます。

⑨ 遺言執行者の指定、または指定の委託

遺言では、遺産の登記など手続きが必要となるため、遺言の内容を確実に実行するための遺言執行者の指定ができます。

⑩ 遺留分侵害額請求権の行使方法の指定

贈与・遺贈が遺留分を侵害する場合は、遺留分権利者が遺留分侵害額請求権を行使することができますが、遺贈の行使方法を遺言によって指定することが可能です。

> **担保責任**
> ある相続人の相続財産に数量不足や一部滅失などの問題があった場合に、他の相続人が相続分に応じて負う責任のこと。遺言によって担保責任の範囲を制限することや、担保責任を負わないことを定めることができる。

PART2 5
遺言・遺贈・遺留分の法律知識

公正証書遺言の作成方法

証人2人の立会いが必要である

■ 公正証書遺言を作りたいときは

公正証書遺言は、遺言者が公証人に対して、直接遺言を口述して遺言書を作成してもらいます。公正証書遺言は、その原本が作成時から20年間または遺言者が100歳に達するまでのどちらか長い期間、公証役場で保管されます（実際は遺言者が120歳に達するまで保管する公証役場が多いとされています）。

公正証書遺言の作成は、まず証人2人以上の立会いの下で、遺言者が遺言の趣旨を公証人に口述します。遺言者に言語機能の障害がある場合は、通訳または筆談によって公証人に伝えます。公証人はその口述を筆記し、遺言者と証人に読み聞かせ、または閲覧させます。そして、遺言者と証人は、正確に筆記されていることを承認した上で、署名押印します。最後に、公証人が正しい方式に従ったものであることを付記して、署名押印します。遺言者が署名できないときは、公証人はその事実を付記して署名に代えることもできます。なお、公正証書遺言に押印する印鑑は、実印でなければなりません。

この方式では、遺言者は遺言の趣旨を公証人に口述し、署名するだけです。しかも口述するのは遺言の趣旨だけでよいのです。細かいことを全部述べる必要はありませんし、文章になるように述べる必要もありません。

■ 公正証書遺言作成の準備について

公正証書遺言の作成を依頼するときは、遺産のリスト、不動産の所在・地番・家屋番号などの必要資料を準備します。

公正証書遺言と秘密証書遺言の違い

ともに公証役場での手続が必要という点で共通するが、公正証書遺言の場合、立ち会った証人に遺言の内容を知られるのに対し、秘密証書遺言の場合、遺言の内容を秘密にできる点が大きな違いである。ただし、秘密証書遺言は遺言の内容を公証人が確認しないので、公正証書遺言に比べて遺言が無効となるリスクが高い。

公正証書作成の実際

一般的に公証人は、あらかじめ公正証書遺言の下書きを用意しているので、作成当日にはこれを参考にして遺言書を作成する。
完成した公正証書遺言は、公証役場に保管されるが、遺言の正本1通は遺言者に渡される。遺言書を作成した公証役場で請求すれば、必要な通数の謄本をもらえる。

公正証書遺言を作成するための資料

遺言者本人を確認するための資料
- ① 運転免許証と認印
- ② パスポートと認印
- ③ 住民基本台帳カード（写真つき）と認印
- ④ 個人番号カードと認印
- ⑤ 印鑑証明書と実印

①②③④⑤のいずれかを用意する（原則は⑤）

＋

公正証書遺言の作成に特有の資料
- 遺言者本人の印鑑証明書
- 遺言者と相続人との続柄がわかる戸籍謄本
- 財産を相続人以外の人に遺贈する場合には、その人の住民票
- 遺産に不動産が含まれる場合には、登記事項証明書または固定資産評価証明など

遺言の作成を公証役場に依頼する時点では、証人の同行は不要です。証人の氏名と住所を伝えるだけで大丈夫です。証人は作成日に公証役場に行くだけですが、本人確認などのため、当日は住民票の写しと認印を持参しましょう。

■ 公正証書遺言作成の際に注意すること

公正証書遺言を作成する際は、嘱託先、証人、遺言内容、遺留分などに注意することが必要です。

① どこの公証人に嘱託するのか

遺言者自身が公証役場に行き、公正証書遺言を作成してもらう場合は、どこの公証役場の公証人に嘱託してもかまいません。

ただ、遺言書の作成を思い立つときには、遺言者の体が自由にならないケースがよくあります。そのときは、自宅や病院まで公証人に出張してもらうことになります。このように出張してもらう場合は、公証人が所属する法務局の管内に管轄が限定されています。なお、出張してもらう場合は事前の打ち合せが必要ですし、出張分の費用もかかります。

> **内容をメモしておく**
> 方式にとらわれない自由なメモでかまわないので、遺言者本人のメモ程度のものを残しておくべきである。
> 本人が公正証書と同じ意思を持っていたことが確認できるようなものであれば、それでかまわない。録音データをCDに収録したものでもよい。

② 証人を用意しておく

　公正証書遺言を作成するには、証人が2名立ち会わなければなりません。「証人」と聞くと、何か後で面倒なことが起きるような印象を受けますが、作成時にただ立ち会ってもらうだけです。証人は印鑑を持参します（認印でもよい）。証人はだれでもなれるわけではなく、未成年者、相続人になるであろう人（推定相続人）、推定相続人の配偶者・直系血族などは、証人になることができません。利害関係がなく思慮分別のある成人に、遺言の作成について証明してもらうためです。

③ 必要な書類を用意しておく

　身分関係や財産関係を証明するための書類を事前に用意しておきましょう。

・本人性を証明する

　遺言者本人であることを証明するために、実印と3か月以内に発行された「印鑑証明書」などを用意します。

・遺言の内容を明らかにする

　遺言の内容には相続人や受遺者、財産が登場します。それらの存在を明らかにするための書類も、事前に用意しておかなければなりません。具体的には、相続人や受遺者の「戸籍謄本」や「住民票」を用意します。また、相続財産については、「財産目録」を作成しておきましょう。不動産については、登記事項証明書を法務局（登記所）で交付してもらっておきます。

④ 遺言すべき内容を決定する

　遺言として法律上の効力を持つのは、法律上の身分関係や財産関係の事項に限られます。具体的には、だれにどの財産を（または財産をどのような割合で）相続させるか、遺贈するか、だれが遺言を実行するのか、といった内容です。

　法律上の効力がある遺言の内容は限定されているので、不明な場合は弁護士などの専門家と事前に相談するとよいでしょう。

⑤ 「相続させる」「遺贈する」という記載

手数料算定のための資料も用意する

公証人に支払う手数料は、相続される財産の価値によって決まる。そのため、不動産などの固定資産評価証明書（市町村役場で交付を受ける）などを準備しておく。

住民票

正式には「住民票の写し」という。「住民票の写し」の持参を求められたときは、市町村役場などから交付を受けた「住民票の写し」の書面をそのまま持参しなければならない。

遺言すべき内容

「兄弟仲良くするように」といった倫理的な訓示は、法律上の効力を持たない。つまり、遺言の関係者を拘束する効力がない。
遺言をするに至った感情や事情は、直ちに法律上の効力を持たないが、不明確な遺言の内容を確定する上で意味を持つこともあるので、簡潔に記載しておくとよい。

遺言の証人になれない人

1. 未成年者
2. 推定相続人、受遺者、推定相続人や受遺者の配偶者や直系血族
3. 公証人の配偶者や4親等内の親族、公証人の書記や使用人

　遺産をだれかに譲る場合、そのだれかが相続人であれば、原則として「相続させる」と表現します。相続人以外であれば、相続させることができないので「遺贈する」と表現します。

　たとえば、Aさんが、遺言で「六甲の別荘を敷地・建物ともにBに相続させる」と表現した場合には、これにより遺産の分割方法を指定したことになるので、遺産分割協議を経ることなく、六甲の別荘はそのままBのものとなります。

⑥　**遺留分**

　兄弟姉妹以外の相続人には「遺留分」といって、最低限相続できる割合が法律で保障されています。ただ、遺留分を侵害する遺言がなされたとしても、遺言自体は有効です。遺留分を侵害された者は、「遺留分侵害額請求権」を行使して、侵害額に相当する金銭の支払いを請求できるからです。

　もっとも、紛争の火種を残さないように、公証人とも相談して、遺留分に配慮した遺言をしておいた方が無難でしょう。

⑦　**遺言執行者**

　公正証書遺言の中でも、相続財産を管理し、遺言の執行を行う「遺言執行者」を指定できます。遺言の執行をスムーズにするために、信頼できる人物や弁護士などの専門家を指定しておくと安心でしょう。

遺留分侵害額請求権

遺留分が侵害されたときに、遺贈や贈与を受けた相手方に、侵害された遺留分相当額の金銭の支払いを請求すること（民法1042条）。たとえば、被相続人の唯一の財産が第三者に遺贈されたとすると、遺留分権利者（兄弟姉妹以外の相続人）は、その第三者に対して金銭の支払いを請求することになる。
ただし、遺留分侵害額請求権を実際に行使するかどうかは、各遺留分権利者の意思にまかせられている。

遺言執行者の権限

2018年の相続法改正により、遺言執行者が、遺言執行者であることを示してした行った権限内の行為が、相続人に対して直接に法律上の効力が生じるなど、遺言執行者の権限が明確化されている。

自筆証書遺言の要件の緩和

PART2 6
遺言・遺贈・遺留分の法律知識

財産目録については署名押印を条件に自書でなくても認められることになった

■ 自筆証書遺言の要件の緩和について

　自筆証書遺言においてもっとも重要なのは、記載内容が遺言者の真意であるということを、どのように保証するのかという点です。そのため、厳格な方式の下での作成が要求されます。具体的には、自筆証書遺言は、全文・日付・氏名を自書し、これに押印することによって作成することが要求されています。パソコンなどによる自筆証書遺言の作成は認められておらず、自筆証書遺言の作成に際しては自書能力が必要になります。しかし、判読不能な部分は無効となることから、せっかく自書（手書き）で遺言書を作成しても、その効力について争いが生じるケースも少なくありません。

　とくに自筆証書遺言は死期が差し迫った状況で作成されることが多いことから、そうした中で全文自書を要求する相続法改正前の制度は、その形式的要件（有効となるための方式）が厳しすぎるとの指摘がなされていました。

　2018年の相続法改正においては、改正前よりも比較的容易に自筆証書遺言を作成できるように、形式的要件を緩和する方向で改正が行われています。

　遺言書において、ある財産を特定の人に相続させ、または遺贈するためには、その財産を特定することが必要です。たとえば、土地の場合には、可能であればその土地の所在、地番、地目、地積といった事項を記載して特定した方が正確です。また、銀行預金の場合には、銀行名だけでなく、支店名、口座の種類（普通または当座）、口座番号、口座名義人などを記載して特定

従来の自筆証書遺言の問題点

相続法改正前の自筆証書遺言の全文について自書が要求される点に対しては、本文記載のように、遺言書の効力の面で問題がある他、特に遺産となるべき財産がたくさんある場合に、遺言者に相当大きな負担がかかることが指摘されていた。

自筆証書遺言の方式の緩和

改正前	改正法
すべての事項について自書が要求されていた	①財産目録を別紙として添付する場合は、自書でなくてもよく、パソコンなどで入力しても有効である ②第三者の代筆や、登記事項証明書、通帳のコピーなどを添付してもよい ③財産目録が複数ページに及ぶ場合や両面にある場合は、すべてのページに署名押印が必要である

した方が正確です。

相続法改正では、これらをすべて自書することは非常に煩雑であることから、財産目録を別紙として添付する場合は、その財産目録への署名押印を条件として自書を不要とし、他人による代筆やパソコンによる入力の他、登記事項証明書や通帳の写しを添付しても有効と扱われることになりました。

つまり、相続法改正では、自筆証書遺言を遺言事項と財産目録とに分けて、遺言事項（全文・日付・氏名）については、改正前と同じく自書を要求することにしました。一方、財産目録（添付書類）については、自書を不要とすることで形式的要件を緩和しました。

ただし、自書によらない財産目録が複数ページに及ぶ場合は、すべてのページに署名押印が必要です。これは形式的要件が緩和されることで、偽造や変造が容易になることを懸念しての措置です。

なお、自書によらない財産目録の内容を変更（追加・除除・訂正）する場合は、遺言者が変更場所を指示し、その内容を変更したことを付記し、これに署名押印しない限り、変更の効力は生じないとする規定が置かれています。

> **財産目録が両面に記載された場合**
> 財産目録が1枚の書面の表裏の両面に記載（コピー）されている場合は、両方に署名押印が必要である。署名押印が片方だけのときは、形式的要件を満たさず、遺言が無効となるので注意が必要である。

PART 2　遺言・遺贈・遺留分の法律知識

PART2 7 注意すべき遺言書

遺言・遺贈・遺留分の法律知識

日付は遺言書の絶対要件である

■ 遺言書の代筆は認められるのか

　自筆証書遺言については、遺言者本人の自筆であることが絶対条件ですから、代筆は一切認められません。たとえ署名が遺言者本人によるもので、押印が実印であったとしても、他の箇所が他人の手によって書かれていれば、その遺言は無効となります。遺言者本人が委任したものだとしても無効です。

　自筆証書遺言は、添付資料を含め、すべてを自筆しなければならないと考えておく必要があります。ただし、2018年の相続法改正により、財産目録は全ページへの署名押印を条件に自筆以外でもよいことになりました（54ページ）。自筆による遺言であることが証明されなければ、その遺言は無効です。また、自筆かどうかが争われた場合は、作成時の状況、遺言内容の合法性、筆跡などを総合的に判断します。

■ 遺言書の文字が判読できないとき

　遺言書が判読できない状態としては、遺言書の破損・摩滅により文字がうすれて物理的に読めない場合と、書き方が乱筆で文字自体が読みにくい場合の2つの状態が考えられます。

　遺言書の文字が判読できない場合、それが遺言者の意思による破棄であれば、その破棄された部分については遺言が取り消されたとみなします。汚れなどの原因により判読不可能となっている場合は、その箇所は無効となります。

　これに対し、遺言者以外の相続人や受遺者による意図的な破棄であるときは、その人は相続欠格（民法891条5号）とされ、

介添えによる遺言

自筆で遺言を書く意思はあっても、病気のために文字がうまく書けず、他人に介添えをしてもらって書いた、といった場合は、介添えの程度によって、遺言が有効かどうか判断される。介添えがあくまでも遺言者が文字を書くためのものであり、しかも遺言の内容に介添人の意思が介入した形跡がない場合は、遺言が有効とされる。

相続欠格

本来相続人となるはずだった者（推定相続人）に、故意に被相続人などを殺害したなどの、一定の欠格事由が生じた場合に、当然に相続人になる資格を失うこと（民法891条）。

遺言書を書くときの注意点

- 法律上の形式に従って書く
- 用紙は自由
- 筆記用具も自由
  自筆証書ではワープロ使用や代筆などは不可（財産目録を除く）
- 使用文字は漢字・ひらがな・カタカナ・ローマ字のすべてがOK
- 人名や動産・不動産など遺産の記載は正確に
- 相続人名簿と財産目録を作る
- 意思能力を立証できる資料を用意する

遺産を受け取る権利を失いますが、破棄された部分は遺言としての効力は失われずに有効のままとなります。

相続人が遺言書の文字を判読できないときや、遺言書が破棄されたとき、さらには「くせ字」で文字が判読困難であるときなどには、筆跡鑑定が必要になる場合も考えられます。

摩滅・汚損している文字については、科学的鑑定方法もあります。ただし、まったく判読できない遺言は、遺言者の意思表示が完成していないものとして無効とするしかありません。

もっとも、直ちに無効と結論づけることなく、作成時の状況や遺言者の真意から、可能な限り判読するよう相続人間で協議することが基本です。しかし、協議が調わなければ、家庭裁判所での調停・審判を試み、それでも結論が出ない場合は、訴訟を提起して裁判所に判断してもらうべきでしょう。

■ 日付の記載がないときは

自筆証書遺言においては、遺言書の全文を自書した上で、日付、氏名を自書して押印しなければなりませんが、その際に記入する日付は実際に存在する特定の日を表示する必要がありま

筆跡鑑定

筆跡から本人が書いたものかどうかを判断する作業のこと。訴訟で争いになった場合に裁判所によって筆跡鑑定人が選任されることもある。ただし、裁判所は筆跡鑑定を絶対視していない。
筆跡鑑定で争いが生じたときは、相続人間の協議により、一定の結論を出して妥協するケースもある。

す。遺言書に日付の記載が要求されるのは、遺言を作成した時点でその遺言者に遺言するだけの能力があったかどうかを判断するポイントになるからです。

遺言書に記載する日付は「平成○年○月○日」という具合に、明確な年月日を用います。元号でも西暦でもかまいませんし、漢数字でも算用数字でもかまいません。

なお、「平成○年○月吉日」のような書き方は、「吉日」という記載では日付を特定できないため無効とされます。「平成○年の誕生日」や「満60歳の誕生日」という書き方であれば、年月日を特定できるので有効です。日付は遺言の正当性を証明するための絶対要件ですから、平成×年×月×日ときちんと書くのが一番よいでしょう。

> **数字の表記**
> 「二十三」でも「二三」でもよく、「十」「拾」「10」のいずれの書き方でも認められる。

■ 遺言の年月日が間違っているときは

原則として遺言に記載された年月日が遺言の月日ですが、明らかに月日が間違っているケースもあります。たとえば、「2月30日」というように暦に存在しない日付の表記です。

次に、たとえば明治7年などというように事実上あり得ない古い日が記載されている場合です。さらに、たとえば遺言者が手術中であったというように、その日に遺言者が遺言を書くということがありえない場合もあります。

遺言に年月日の記載が要求されるのは、手形などにおける技術的要求とは異なり、最終的な真意確認のためです。したがって、遺言に記載された内容や趣旨に照らし合わせて、日付が誤記であることが明白であり、特定の年月日の記載があると認められる場合には、その遺言は有効であると判断される可能性もあります。最高裁の判例では、手術日に内容を書いておいて、後日、日付だけを遡らせて書いた遺言について有効であるとしたケースがあります。

遺言者が複数見つかった場合の取扱い

ホチキスなどで端をとめる → 綴目に契印をしておくと確実

■ 遺言書が2通見つかったときはどうしたらよいのか

　遺言書が数通ある場合であっても、それぞれの遺言書は有効です。たとえば、遺産分割における不動産の扱いについての遺言を書いて、その遺言書とは別にその他の財産の分割について書くというケースなどが考えられます。

　法律的に正しく作成されている遺言書であれば、いずれの遺言書も有効です。ただし、相互に内容の矛盾がみられる場合、矛盾している部分については、新しい日付の遺言書が有効になります。

　しかし、遺言書が2通見つかったが、その2通の作成日が同じであれば、時刻でも書かれていない限りどちらが新しい遺言書であるのかがわかりません。この場合、内容について矛盾する部分については、両方の遺言書が無効とされる可能性もあります。もっとも、遺言が無効となるのは矛盾する部分についてだけですから、当然に遺言全体が無効となるとは限りません。

　さらに、1通は公正証書遺言でもう1通は自筆証書遺言という場合も考えられます。この場合も効力は作成日の前後によります。公正証書遺言だからといって、後から自筆証書遺言を作っても取り消せないということではありません。きちんと法律上の形式などを備えていれば、後から作成する遺言書がどんな方式であっても、前にした遺言を取り消すことができます。

遺言書が2通作成される場合
遺言書が2通作成されるおそれがある場合には、本文記載のケース以外にも、それぞれ相続人別に遺言書を書く場合や、遺言者の気が変わって新しく書き直したが、前の遺言書を破棄していなかった場合などが考えられる。

PART2 8 遺言・遺贈・遺留分の法律知識

法律上の形式に反する遺言の効力

遺言は必ず遺言者の意思によらなければならない

■ DVDやビデオテープなどに記録した遺言

本人が登場して遺言内容を述べた動画や音声は、遺言として認めてもよさそうです。しかし、これは遺言の法律上の形式を満たしませんので、DVDやビデオテープなどに動画や音声を記録した遺言は、法律上の効力をもつ遺言となりません。

ただ、本人の自発的意思による遺言であることがわかるように、病床での遺言作成の模様を録画してDVDなどに記録しておくということでしたら、後日のトラブルを予防する効果があるでしょう。また、遺言内容を述べた動画や音声をDVDなどに記録しておけば、第三者に遺言書が破棄されても、遺言書が存在したことや、その内容についての証拠になることもあります。

■ 障害のある人がする遺言について

公正証書遺言は、従来、遺言者から公証人への口述、公証人による読み聞かせが厳格に要求されていたため、障害者にとっては非常に不便な制度でした。そこで、平成11年の民法改正により、遺言者の聴覚・言語機能に障害がある場合には、手話通訳か筆談で公証人に伝えること、公証人による内容の確認は通訳か閲覧の方法ですることが認められるようになりました。

また、点字機による自筆証書遺言は認められませんが、秘密証書遺言の場合は、点字機によることもできます。ただし、内容を点字で記載する場合でも封紙への署名は必要です。これに対し、全盲の遺言者であっても、普通の文字で自筆証書遺言を書くことができれば有効です。

動画や音声による遺言

遺言の内容は最終的に書面にしなければならないので、書面でない遺言は法律上の形式（方式）を満たさず無効となる。自筆証書遺言の場合は、全文・氏名の自書などの法律上の形式を満たさないことになる。

無理に書かされた遺言

遺言は遺言者の真意によることが必要なので、真意でなかった場合（強迫・詐欺により書かれた遺言など）は無効である。
そして、無理に書かせた者が相続人・受贈者である場合には、書かせた者は相続欠格者となり、相続や遺贈を受ける権利を失う。
遺言者が気を失っていたり病気のため、判断能力や手を動かす能力がないのに、手を取って無理に書かせた遺言は、本人が書いたとは言えないので無効となる。書かせた者は遺言の偽造者として相続欠格者になる。ただ、現実的には無理に書かされたことの立証は非常に困難である。

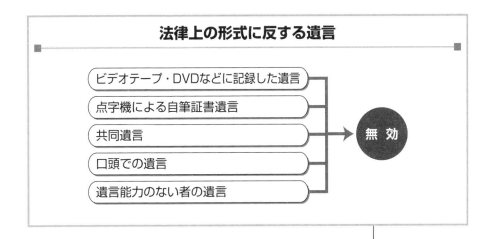

■ 共同遺言は認められるか

　共同遺言とは、2人以上の者が、1つの遺言書によって遺言をすることです。共同遺言は禁止されていますので（民法975条）、夫婦がお互いの自由意思に基づいているとしても、2人で1つの遺言書によって遺言することはできません。

　そもそも遺言というものは、遺言をする本人の真意が大切なのです。ましてや夫婦でない者同士が共同遺言をするというのは、弊害が大きいでしょう。

　財産をどのように処分するかについて、夫婦で相談をして決めるのは自由ですが、遺言書は別々に書く必要があります。別々に書くのであれば同じ日に作成してもかまいません。

　最高裁の判例では、夫婦が共同名義で作成した遺言書で、妻がその作成に何ら関与しておらず、その内容も妻の財産には一切触れていないものについて、夫だけの遺言とみなされたケースがあります。ただし、どの程度の内容であれば共同遺言でなく、単独の遺言とされるかは明確でありません。

共同遺言の弊害

2人以上が同じ遺言書に遺言をしてしまうと、どの部分がだれの遺言であるのかを特定することが困難になる。そうすると、遺言者の死後に、遺言の内容をめぐってトラブルが生じかねない。

■ 口頭による遺言の効力は

　遺言が有効に成立するためには、民法が定めた方式（法律上

の形式）に従って作成する必要があります。単に遺言者が口頭で述べただけのものは、有効な遺言ではありません。

ただ、遺言者が口頭で述べて成立する遺言もあります。たとえば、公正証書遺言は、遺言者が署名できないときは、公証人がそのことを付記することで有効に成立します。また、特別方式による遺言には、遺言者の口述を認めるものもありますし、署名押印ができない場合の特別規定もあります（証人や立会人の署名押印は必要です）。民法が定めた方式に従って作成されれば、その遺言は原則として有効となります。

■ 遺言書の改ざん

遺言書を訂正することができるのは、遺言者本人だけです。

遺言者以外の人が遺言書を改ざんしたとしても、その改ざんした部分は無効です。そのため、遺言書が改ざんされても、もとの遺言書自体は有効で、改ざんされていないものとして扱われます。改ざんは遺言者の意思ではないわけですから、遺言が取り消されることはありません。

相続人が被相続人の遺言を改ざんした場合、相続人は相続の開始時点に遡って相続人の資格を失います。

遺言者本人による訂正であっても、訂正前後の筆跡が違って見えるようであれば、改ざんしたと疑われる可能性もありますので、なるべく訂正はしないほうがよいでしょう。さらに遺言書の保管には、細心の注意を払う必要があります。

■ 遺言書に押す印鑑は実印がよい

遺言書の押印は、実印を使用しなければならないという制限はありませんし、拇印でもよいと考えられています。ただ、被相続人本人の指で押印したかどうかの判読が難しく、トラブルになりやすいため、できれば実印を押しておくべきでしょう。

遺言者の死後、遺言書に押印がないのを知った者が印鑑を押

最終的には書面にする
公正証書遺言は、遺言者の口述を公証人が書面にすることで成立する。特別方式による遺言のうち遺言者の口述を認める方式でも、証人が書面にしなければならない。最終的には書面化が必要で、遺言者の口頭だけでは遺言が有効にならない。

遺言書の改ざん
遺言書を改ざんするのは、遺言書の変造または偽造にあたる。これを相続人が行うと相続欠格者となるので、相続人の資格を失う。偽造はゼロからウソの物を作り出すこと、変造は既存の物を加工してウソの物に作り変えることである。

拇印
印鑑の代わりに親指の腹部に朱肉などをつけて、押すこと。

実印
市区町村への印鑑登録により印鑑証明書の交付を受けることができる印鑑。

遺言書の訂正・改ざん

```
遺言者自身による訂正
        ↓
   訂正後の遺言が有効
```

遺言者以外の者による改ざん

```
        ↓
   改ざん後の遺言は無効
   （改ざん前の遺言が有効）
```

すと、遺言書を改ざんしたと扱われるとともに、印鑑を押したのが相続人の場合は相続欠格者になりかねません。遺言書にきちんと押印がなされているかどうか確認すべきです。

■ 署名だけで印が押されていなかったときは

公正証書遺言については、法律のプロである公証人が作成に関与しますので、遺言者の署名があって押印がない、ということは通常考えられないといえるでしょう。しかし、自筆証書遺言などについては、署名をしても押印を忘れるといったケースも十分にありえます。しかし、作成した遺言書には押印が必要不可欠ですから、押印のない遺言は無効になってしまいます。

なお、押印の種類には、その使用する印鑑によって、実印、三文判（認印）などいくつかありますが、法律上は使用する印鑑についてとくに指定はありません。しかし、遺言者の意思を正しく伝えるためにも、上記のとおり、遺言書に使用する印鑑は実印を使うようにすべきです。

その他、拇印による押印については、一応有効なものと扱われていますが、本人の指で押印したかどうかの立証が難しいので、避けたほうがよいでしょう。また、サインのような手書きのものは、押印としてはまったく認められません。

不正行為を行った場合

遺言書を発見した相続人が、自分に有利になるように、遺言書の削除、書き換え、隠ぺいなどの不正行為をした場合は、相続欠格者となるので、相続人の資格を失う（20ページ）。一方、遺言書を提出しなかったり、検認以前に勝手に遺言を執行したり、検認を受けずに開封していた場合は、相続欠格者とはならないが、5万円以下の過料に処せられる。

外国人も押印が必要となるか

最高裁の判例には、外国人である遺言者の押印を欠く自筆遺言証書を有効としたケースがある。しかし、これは日本語をほとんど話さず、日本人との交流もほぼない外国人のケースなので、一般化することはできない。外国人も遺言書には押印をしておくのがよい。

PART2　遺言・遺贈・遺留分の法律知識

PART2 9 遺言書の検認と遺言保管制度

遺言・遺贈・遺留分の法律知識

封印された遺言書は、家庭裁判所で相続人など立会いの下で開封するのが原則

■ 遺言書を勝手に開封できるか

被相続人が死亡したときは、まず遺言書の有無を確認します。遺言書を見つけたとして、封印がしてある場合は勝手に開封しないで、家庭裁判所で相続人またはその代理人の立会いの下で開封しなければなりません。この場合、遠隔地その他の事情でその全員または一部が立会いに出席できないとしても、開封の手続きをすることはできます。

なお、封印されている遺言書を勝手に開封した場合であっても、遺言書の内容が無効になるわけではありません。遺言書の開封前の状況が不明確になるおそれがあるだけです。ただ、遺言書を勝手に開封した場合は5万円以下の過料に処せられます。

■ 家庭裁判所による遺言書の検認

遺言書の検認とは、家庭裁判所が遺言の存在と内容を認定するための手続きのことで、一種の証拠保全手続きです。検認手続きは遺言の有効性を左右するものではありません。検認手続きは遺言書が遺言者の作成によるものであることを確認するもので、検認後の偽造や変造を防ぎ、遺言書の保存を確実にすることができます。検認は、たとえば自筆証書遺言などの場合において、民法が定める方式に従っているか否かを判断する上で、必要なすべての事実を調査するという役割も果たします。

偽造や変造が行われるおそれがない公正証書遺言と呼ばれる方式に基づいて遺言書を作成している場合を除き、すべての遺言書について検認手続きを経る必要があります。

遺言書の有無の確認について

遺言書について、被相続人から相続人が何も聞かされていない場合であっても、弁護士や司法書士などに託されている可能性もあるため注意が必要である。

遺言の確認

危急時遺言（死亡危急者や船舶遭難者の遺言）に関しては、遺言の確認という手続が必要になる。これは検認とは異なり、遺言書が遺言者の作成によるものかを判断するだけでなく、遺言者の真意に基づき行われたものであるのかまで判断するのが特徴である。
なお、遺言の確認を受けた遺言書についても、被相続人の死亡後は、遺言書の検認の手続きが必要である点に注意を要する。

遺言書の検認

遺言の種類	検認手続きの要否
自筆証書遺言	必要
秘密証書遺言	必要
公正証書遺言	不要

※相続法改正後は、法務局に保管された自筆証書遺言については検認手続きは不要。

　遺言書の保管者、または遺言書を発見した相続人は、遺言書の検認を請求しなければなりません。保管者や相続人が、遺言書の提出を怠り、検認の手続きを経ずに遺言を執行したときは、5万円以下の過料に処せられます。また、遺言書の提出を怠ったことや、検認の手続きを遅滞したことにより、相続人や利害関係人が不測の損害を受けた場合は、損害賠償責任が生じることもあります。

■ 遺言書の検認の手続きの流れ

　遺言書の検認手続きは、遺言者の最後の住所地を管轄する家庭裁判所に、遺言書の検認を請求することから始まります。

　検認を請求するときは、家庭裁判所備え付けの「遺言書検認申立書」に「相続人等目録」を添付して提出します。請求を受けた家庭裁判所は、相続人その他の利害関係人に対して検認の期日を通知します。検認を行う当日は相続人やその代理人の立会いが求められますが、これは立会いの機会を与えるためであって、検認の要件とはされていません。検認を受けるためには、次の3つの条件を満たしていなければなりません。
① 申立人は、遺言書の発見者か保管者であること
② 申立てに必要な「申立人の戸籍謄本」「遺言者の除籍謄本」「相続人全員の戸籍謄本」「受遺者の戸籍謄本」などの書類と

検認手続きの必要書類

①遺言者の出生時から死亡時までの戸籍（除籍、改製原戸籍）謄本、②相続人全員の戸籍謄本、③遺言者の子（代襲相続人を含む）で死亡している者の出生時から死亡時までの戸籍（除籍、改製原戸籍）謄本、の3つが最低限必要である（③は該当者がいなければ不要）。その他、相続人がだれになるかによって必要書類が変わるので、事前に必要書類を確認して準備することが必要である。

印鑑が用意されていること

③ 申立てが相続開始後遅滞なく行われたものであること

通知された検認を行う当日に、発見者や保管者が遺言書を持参します。そして、相続人、代理人、利害関係者の立ち会いの下で遺言の内容が確認されると、検認調書が作成されます。

家庭裁判所での検認手続きが終了すれば、検認済証明書の交付を申請します。相続登記などの相続財産の名義変更を申請する際には、遺言書に検認済証明書を添付する必要がありますので、必ず交付を申請するようにしましょう。

検認手続きを経ても、遺言書自体の正当性が判断されるわけではありませんから、遺言書の内容に不服がある場合は、裁判で争うこともできます。また、遺言書を発見した相続人が、自分に有利になるように削除したり書き換えた（改ざんした）場合や、隠ぺいなどの不正行為を行った場合は、相続欠格に該当するため、相続人としての資格を失います。

■ 自筆証書遺言保管制度の創設について

2018年の相続法改正前の規定では、自筆証書遺言の場合、検認手続きが必要であるという負担が大きい他、公正証書遺言のように遺言書を保管する制度がないため、紛失や偽造・変造のおそれが高いことが問題とされていました。また、相続人が遺言書の存在を把握しないまま遺産分割協議が成立し、後に遺言書が発見されたことでトラブルになるケースもあります。

これらの問題を是正し、自筆証書遺言の利用を促進するため、2018年の相続法改正では、自筆証書遺言を保管する制度を新たに創設することになりました。つまり、自筆証書遺言の原本を法務局で保管する制度が創設されます。これを自筆証書遺言保管制度といいます。具体的な手続きの流れは以下のようになります。

① **遺言者による遺言書の保管など**

遺言者は、遺言者の住所地か本籍地または遺言者が所有する

検認が済んでいない遺言書
検認の手続きが済んでいない遺言書（公正証書遺言を除く）では、相続登記や預貯金の名義変更などの手続きが行えない。

導入時期
自筆証書遺言保管制度は、遅くとも2020年7月までに導入される予定である。

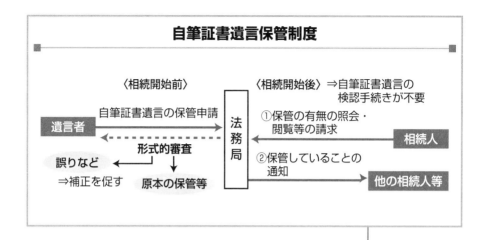

不動産の所在地を管轄する法務局に、自筆証書遺言の原本を無封状態で持参し保管申請をします。

申請を受けた遺言書保管官（法務局の担当官）は、遺言書の形式的審査を行い、誤りがあれば補正を促し、誤りがなければ原本を保管するとともに画像データ化して保存します。遺言者はいつでも保管された遺言書の閲覧と返還を請求できます。

② 相続開始後の相続人等による手続き

相続開始後になると、相続人等（相続人、受遺者、遺言執行者）は、法務局に対し、遺言書が保管されている法務局の名称等を証明する書面の交付請求ができます（これにより遺言書の保管の有無を照会することになります）。さらに、相続人等は、保管されている遺言書の閲覧と、遺言書の画像データ等の証明書の交付請求ができます。

法務局は、相続人等に対し遺言書の閲覧をさせたり画像データ等の証明書を交付した場合や、第三者請求により遺言書の閲覧をさせた場合は、他の相続人等に対し遺言書を保管していることを通知することになります。

なお、自筆証書遺言保管制度を利用した自筆証書遺言は、家庭裁判所による遺言書の検認手続きが不要になります。

原本の交付請求は不可

相続人等は、法務局に保管されている遺言書の原本の閲覧は請求できるが、原本それ自体の交付請求はできない。

PART2 10 遺言の取消し

遺言・遺贈・遺留分の法律知識

遺言は遺言者だけが取り消せる

■ 遺言を取り消したいとき

　遺言の取消しは遺言によって行います。ただ、日付の新しい遺言は古い遺言に優先しますから、この場合は取消しの遺言をする必要がありません。その他、遺言者が遺言書を破棄したら、遺言を取り消したことになります。書面が偶然に破れたとか、他人が破ったとかいう場合は、ここにいう破棄にはあたらず、遺言があったことを証明できれば、遺言は有効なままです。

　遺言が取消しとなる場合は、次の3つに分かれます。遺言の取消しをさらに取り消すことは、原則としてできません。

① **前の遺言と後の遺言とが矛盾するとき**

　前の遺言と異なる内容の遺言書を作れば、後の遺言が優先しますから、前の遺言は取り消したとみなされます。

② **遺言と遺言後の行為が矛盾する場合**

　別の遺言書を書かなくても、前の遺言の対象になっている目的物を売ってしまえば、遺言を取り消したとみなされます。遺言者が故意に遺贈の目的物を破棄したときも同じです。

③ **遺言者が故意に遺言書を破棄したとき**

　遺言者が遺言書を故意に破棄すれば、破棄した部分について遺言を取り消したとみなされます。

　上記のとおり、遺言の取消しをさらに取り消すことは、原則としてできません。たとえば、遺言の目的物を売ってしまった結果として、遺言が取り消された場合（上記②の場合）において、その後、その売買契約が取り消されたとしても、一度取り消された遺言の効力は回復しません。

例外的に遺言の効力が回復するケース

本文記載のとおり、売買契約が取り消されたとしても、一度取り消された遺言の効力は回復しないのが原則である。しかし、その売買契約が詐欺や強迫を原因として取り消された場合は、例外的に遺言が取り消されなかったものとして扱われる。

遺言内容の変更

遺言書の種類	目的	方法
自筆証書遺言	加入・削除・訂正	遺言書に直接書き込んで変更
	取消	●遺言書の破棄 ●遺言内容を取り消す遺言書を作成
公正証書遺言	加入・削除・訂正	遺言内容を変更する遺言書を作成
	取消	遺言内容を取り消す遺言書を作成
秘密証書遺言	加入・削除・訂正	遺言内容を変更する遺言書を作成
	取消	遺言書の破棄

■ 遺産分割後に見つかった遺言書

　遺産分割後に遺言書が見つかったときは、原則として分割無効になります。また、相続人が遺言書を隠匿していた場合は、相続欠格による相続人の変化が生じ、これによる分割無効の問題も生じます。以下、いくつか特殊な場合を考えてみます。

① 　認知の遺言

　遺産分割後であれば分割無効とならず、認知された子から相続分相当の価額賠償が請求されるのが原則です（113ページ）。

② 　相続廃除またはその取消しの遺言

　家庭裁判所の審判確定により、遺産分割に加わる相続人が変わるわけですから、分割無効になります。

③ 　単独包括遺贈の遺言

　受贈者の単独取得となりますから、分割無効になります。以後は分割の対象がなくなり、再分割の必要はありません。

④ 　特定遺贈の遺言

　遺贈の対象となった財産は分割の対象外となりますから、その限度で分割無効になります。また、分割全体に影響が及べば、分割の全体が無効となります。

相続欠格
本来相続人となるはずだった者（推定相続人）に、本文記載の遺言書の隠匿など、一定の欠格事由が生じた場合に当然に相続人になる資格を失うこと（民法891条）。

単独包括遺贈
遺産の全部または何分の1という割合を遺贈する方法を包括遺贈という。単独包括遺贈は遺産の全部を1人に遺贈することである。ただし、単独包括遺贈は遺留分侵害の問題を生じさせ、受贈者が遺留分侵害額請求権の行使を受ける場合がある（74ページ）。

特定遺贈
遺産のうち特定の物や特定の額を与える遺贈のこと。

PART2 11
遺言・遺贈・遺留分の法律知識

遺留分

妻と子が相続人である場合の総体的遺留分は２分の１である

■ 遺留分とは何か

遺言による相続分の指定や遺贈、さらに生前贈与は、被相続人（遺言者）の自由ですが、すべての財産を被相続人が勝手に他人に譲渡するようなことがあれば、残された相続人の生活や相続への期待が守られません。そこで、兄弟姉妹以外の相続人（遺留分権利者）には、遺言によっても影響を受けない、法律上決められている最低限の相続できる割合が保障されています。これを遺留分といいます。

遺留分権利者全体に保障された遺留分（総体的遺留分）は、直系尊属だけが相続人の場合は相続財産の３分の１、それ以外の場合は相続財産の２分の１です。遺留分権利者が複数いる場合は、法定相続分に基づいて各人の遺留分（具体的遺留分）を決めます。

遺留分を算定する場合、その算定の基礎となる財産（基礎財産）を確定することが必要です。基礎財産は「相続開始時の財産（遺贈された財産を含む）＋生前に贈与した財産－借金などの債務」という計算式により求めます。

ただし、「生前に贈与した財産」は、相続人以外の人に対する贈与か、相続人に対する贈与かによって、遺留分の算定の基礎となる財産に含まれるか否かの判断基準が異なります。

■ 遺留分算定方法の見直しについて

相続法改正前は、遺留分算定の基礎財産に関して、贈与については、贈与の相手方を区別せず、①相続開始前の１年間にし

遺贈

遺言によって、遺産の全部または一部を譲与すること。自分が死んだ後、特定の者に財産を与えたいと考えた場合に遺贈が行われる（民法964条）。
相続人であってもそれ以外の者であっても、原則としてだれでも遺贈を受けることができる。

遺留分算定の基礎となる財産

死亡時の相続財産（※遺贈された財産を含む） ＋ 贈与した財産の価額（※計算に含める財産には一定の制約がある（本文参照）） － 債務の全額 ＝ 遺留分算定の基礎となる財産

た贈与と、②相続開始の1年前の日より前にした当事者双方が遺留分権利者に損害を与えることを知った上での贈与を算入すると規定していました。

しかし、①については、相続人以外の人に対する贈与だけに適用されるとし、相続人に対する贈与は、特別受益にあたるものであれば、贈与の時期を問わず算入するのが最高裁の判例の考え方でした。

たとえば、被相続人Aの相続人が妻Bと子Cであった場合、相続開始時の財産は0円ですが、Aは30年前に1000万円を生計の資本としてCに贈与しており、相続人以外のDには400万円を遺贈していたとします。相続法改正前は、30年前の贈与も特別受益であれば基礎財産に含めるので、Bの遺留分は「(1000万円＋400万円)×1/4＝350万円」となります。

遺留分は「遺贈→贈与」の順に減殺する（差し引く）ので、Bが遺留分の侵害を主張した場合、Dは50万円しか取得できません。

しかし、30年前のCへの贈与が特別受益に該当せず、基礎財産に算入されないとすれば、BとCはそれぞれ「400万円×1/4＝100万円」の遺留分を侵害されたことになるので、双方が遺留分を主張したとしても、Dは200万円を取得できることにな

特別受益

被相続人の生前に相続人が特別に財産をもらうこと。婚姻や養子縁組のために受けた贈与や、生計資金として受けた贈与があてはまる。特別受益により得た財産は相続財産とみなされるため（みなし相続財産）、特別受益を受けた者は、本来受けられる相続分から特別受益分を減らされる（民法903条）。また、特別受益分が本来の相続分を超えている場合は、他の財産を相続できなくなる。

ります。

　このような考え方では、被相続人が何十年も前に行った相続人に対する贈与の価額が基礎財産に算入されるかどうかによって、相続人以外の受遺者・受贈者が返還すべき財産の範囲が大きく変わるため、法的安定性が害される危険性がありました。

　そこで、2018年の相続法改正では、遺留分算定の基礎財産に算入される相続人に対する生前贈与の範囲を限定する規定が置かれ、相続人に対する贈与は、原則として「相続開始前の10年間にした特別受益となる贈与」に限定することが明文化されました。これにより、前述の事例で30年前のCへの生前贈与は、遺留分算定の基礎財産から除かれます（ただし、相続開始の10年前の日より前の当事者双方が遺留分権利者に損害を与えることを知った上での特別受益にあたる贈与に該当する場合は、30年前でも遺留分算定の基礎財産に算入されます）。

　また、負担付贈与がなされた場合、遺留分算定の基礎財産に算入するのは、その目的の価額から負担の価額を控除した額となります。さらに、不相当な対価による有償行為がなされたときは、当事者双方が遺留分権利者に損害を与えることを知っていた場合に限り、不相当な対価を負担の価額とする負担付贈与がなされたとみなします。

　以上をまとめると、遺留分侵害額を求める計算式は以下のようになります。

> ・遺留分額＝「遺留分算定の基礎財産の額」×「総体的遺留分」×「遺留分権利者の法定相続分」
> ・遺留分侵害額＝「遺留分額」－「遺留分権利者が受けた特別受益の額」－「遺留分権利者が相続で取得した積極財産の額（遺贈分を含む）」－「遺留分権利者が相続により負担する債務の額」

損害を与えることを知った贈与

遺留分権利者に損害を与えるのを知った上での贈与は、1年または10年より前であっても、例外的に「生前に贈与した財産」に含まれる。

具体的には、相続人以外の人に対する贈与は、相続開始の1年前の日より前にした、当事者双方が遺留分権利者に損害を与えるのを知った上での贈与が含まれる。

相続人に対する贈与は、相続開始の10年前の日より前にした、当事者双方が遺留分権利者に損害を与えるのを知った上での特別受益にあたる贈与が含まれる。

不相当な対価による有償行為

たとえば、被相続人であるAが、本来100万円の価値がある物を、Bに1万円という著しく廉価で売却する行為があてはまる。この場合、「1万円」を負担の価額とするAからBへの負担付贈与があったとみなすことにしている。

ケース別で見る遺留分

	配偶者	子	直系尊属	兄弟姉妹
①配偶者と子がいる場合	$\frac{1}{4}$	$\frac{1}{4}$		
②子だけがいる場合		$\frac{1}{2}$		
③配偶者と父母がいる場合	$\frac{1}{3}$		$\frac{1}{6}$	
④父母だけがいる場合			$\frac{1}{3}$	
⑤配偶者だけがいる場合	$\frac{1}{2}$			
⑥配偶者と兄弟姉妹がいる場合	$\frac{1}{2}$			0
⑦兄弟姉妹だけがいる場合				0

■ 受遺者等が相続債務を消滅させる行為をした場合

被相続人の事業を承継するため、債務を含めてすべての財産を承継した特定の相続人に対し、他の相続人が遺留分侵害額請求権を行使したとします。

たとえ特定の相続人がすべて承継することになっても、相続債権者は、各相続人に対し法定相続分に応じた相続債務の弁済を請求できるため、遺留分権利者も相続債務を負っています。

2018年の相続法改正では、財産を承継した受遺者等（受遺者や受贈者）が相続債務を弁済するなどによって相続債務を消滅させた場合、受遺者等は、消滅した相続債務額の限度で、遺留分権利者に対し、遺留分侵害額請求権の行使により負担した金銭債務の消滅を請求できることが規定されました。

PART2 12

遺言・遺贈・
遺留分の法律知識

遺留分が侵害された場合や遺留分の放棄

侵害された遺留分に相当する金銭支払請求が可能である

■ 遺留分侵害額請求とは

　遺留分が侵害されたとわかった場合、遺留分権利者は、遺贈や贈与を受けた相手方に対し、侵害された遺留分に相当する金銭の支払いを請求することができます。これを遺留分侵害額請求といいます。なお、遺留分権利者が遺言どおりでよいと考えるのであれば、遺留分侵害額請求をしなくてもかまいません。

　遺留分侵害額請求の方法はとくに決まりはなく、遺留分を侵害している受遺者や受贈者に対して、遺留分侵害額請求権を行使することの意思表示をすれば足ります。遺留分侵害額請求は、まず遺贈について行い、それでも遺留分の侵害が解消されない場合は贈与（生前贈与）について行います。贈与については「後の贈与」（一番新しく行われた贈与）から順番に、遺留分の侵害が解消されるまで、金銭の支払いが行われます。

■ 遺留分侵害額請求権の消滅

　遺留分侵害額請求権の行使期間は、原則として1年間です。この「1年間」の計算については、相続が開始したことおよび遺留分を侵害する贈与や遺贈があったことを知った日から数え始めます。ただし、相続開始または遺留分を侵害する贈与や遺贈を知らずにいたとしても、相続開始日から10年を経過したときは、遺留分侵害額請求権が消滅します。

　このように、行使期間の経過による時効消滅を防ぐため、まず配達証明付内容証明郵便で請求します。その場合、遺留分を侵害している受遺者や受贈者の全員に送付します。そして、裁

内容証明郵便による遺留分侵害額請求の文例

遺留分を侵害されている遺留分権利者が、受遺者（遺贈を受けた者）や受贈者（贈与を受けた者）に対して、たとえば、「父の遺言書は私の遺留分を侵害するものであり、私は遺留分権利者として貴殿に対して本書をもって遺留分侵害額の請求をいたします」といった文面の配達証明付内容証明郵便を送付することになる。

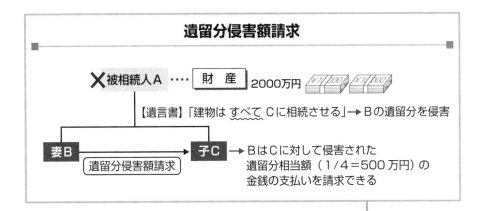

判外の交渉が困難な場合は、行使期間を経過する前に、家庭裁判所の調停や、訴訟の提起といった裁判上の手続きを通じて請求することが必要です。

■ なぜ遺留分減殺請求権が見直されたのか

たとえば、次の事例を考えてみましょう。夫Aが死亡し、Aには妻Bと子Cがいた場合、Aの財産として建物（2000万円相当）だけがあるときは、法定相続分に従うと、相続人であるBとCは、建物を持分2分の1ずつの割合で持ち合い、共有関係に入ります。しかし、Aが生前に「建物はすべてCに相続させる」という内容の遺言を遺していた場合、Aの死後、建物はすべてCが相続します。この場合、Bは、Aの死後に受け取ることができたはずである建物の2分の1の持分を、Aの遺言によって侵害されたとみることができます。

相続法改正前は、遺留分減殺請求権を行使すると、遺贈や贈与は遺留分を侵害する限度で失効し、原則として減殺された（差し引かれた）限度で、その財産は遺留分権利者に帰属することになっていました。前述した事例では、Bが遺留分減殺請求権を行使すると、建物について4分の1（Bの個別的遺留分が4分の1だからです）の持分を取得し、残り4分の3の持分

> **遺贈や贈与の失効**
> 相続法改正前の遺留分減殺請求権を行使すると、遺留分を侵害する限度という制約はあるが、遺贈や贈与の効力が失われる、つまり遺贈や贈与がなかったことになると扱われていた。そのため、遺留分権利者は、受遺者や受贈者に対して財産の返還（現物返還）を請求することが可能であった。

をもつCとの間で共有関係に入ります。

　ところが、相続法改正前の遺留分減殺請求権は、相続財産が不可分な不動産などである場合、当然に不動産などの所有権について相続人同士の共有関係に入ることを強制します。そのため、事業用の不動産を相続する場合などに、単独の相続人（後継者）が事業を継続するのに支障が生じるといった不都合が指摘されていました。

　そこで、2018年の相続法改正では、遺留分減殺請求権を「遺留分侵害額請求権」に改め、金銭による解決を図ることにしたわけです。つまり、相続法改正後の遺留分侵害額請求権の行使については、これを行使しても遺贈や贈与が失効することはなく、受遺者や受贈者に対し、遺留分侵害額に相当する金銭の支払いを請求できるにとどまるわけです。

　そのため、前述した事例でBが遺留分侵害額請求権を行使しても、建物の所有権はCの単独所有のままで、Cは、Bに対して、Bの遺留分侵害額相当である500万円の金銭支払義務を負担するにとどまります。これにより、権利関係が複雑になることもありませんし、Cが建物を用いてAの事業を承継する場合も、スムーズに手続きを進めることができます。

■ 相続開始前の遺留分の放棄

　相続人は、被相続人の生前であっても、遺留分を放棄することもできますが、その場合は家庭裁判所の許可が必要です。

　たとえば、自分の死後、配偶者に主要な財産を残したいと思った場合、相続人になる見込みの人たちと話し合い、遺留分を放棄してもらう方法があります。遺留分を放棄してもらうと、遺留分の侵害が明らかな遺言を作成しても、その遺言のとおりに自分の財産を行き渡らせることが可能になります。

　被相続人の生前に遺留分を放棄する場合は、遺留分権利者が自ら家庭裁判所に「遺留分放棄許可審判申立書」を提出して、

遺贈や贈与が失効しない

相続法改正前の遺留分減殺請求権とは異なり、遺留分侵害額請求権を行使しても、遺贈や贈与の効力は失われない、つまり遺贈や贈与は有効なままである。この点から、受遺者や受贈者に対して財産の返還（現物返還）を請求することを否定し、金銭の支払いを請求できるにとどめることにした。

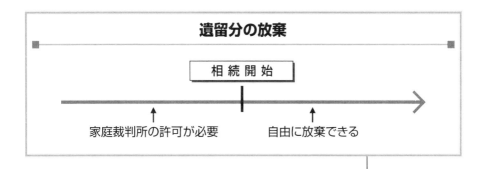

遺留分放棄の許可を得なければなりません。被相続人の生前に自由な遺留分の放棄を認めると、被相続人や他の相続人から強制的に遺留分を放棄させられるおそれがあります。そのため、遺留分の放棄が本人の真意に基づくものであるか、相続人の利益を不当に害するものでないか、などを家庭裁判所で審理してもらうことにしています。

申立書が提出されると、家庭裁判所は審問期日に放棄を申し立てた本人の出頭を求め、審判官（裁判官）が真意を審問します。具体的には、遺留分とその放棄についての質問があります。そして、放棄が遺留分権利者の自由意思によるものかどうかや、放棄する理由などについて質問があります。

そして、放棄の理由が妥当と判断されれば、遺留分放棄の許可の審判があり、審判書が交付されます。遺留分放棄の許可の審判に異議を申し立てることはできません。

■ 相続開始後の遺留分の放棄

相続開始後は、遺留分を自由に放棄することができます。遺留分放棄の方法について特段の規定はありませんので、遺留分を放棄することを遺産分割協議の場で表明しても有効です。

ただし、相続財産（遺産）の存在など事実関係に関する誤った認識や、他の相続人による作為的な偽りなどがあれば、遺留分の放棄を含め、遺産分割協議の効力が問題になる場合があります。

> **遺留分放棄の理由の妥当性**
> 放棄の申立てをした者が、被相続人や他の相続人から、相当額の贈与を受けた、遺留分放棄の見返りに相当額の贈与を受けた、などの事情がある場合に、遺留分放棄の理由の妥当性が認められやすくなる。

Column

遺言執行者

　遺言執行者は、遺言の内容を実現するため、遺言の執行に必要な一切の行為をする権利義務を有する人のことで、相続財産の管理や処分などに関する権限を持っています。遺言執行者は、遺言によってのみ指定することができます。相続人や法人も遺言執行者になる資格がありますし、2人以上を遺言執行者として指定することも可能です。遺言執行者は相続人全員の代理人とみなされます。この点を明確にするため、2018年の相続法改正では、遺言執行者がその権限内で遺言執行者であることを示してした行為は、相続人に対して直接にその効力が生じることが明記されました。

　遺言執行者は、遺言内容の執行に向けて任務を開始したら、できるだけ早く、相続人に遺言の内容を通知しなければなりません。遺言執行者がいる場合、相続人には遺言の執行権がなく、遺言内容を執行しても無効になります。遺言執行者が任務を怠った場合、家庭裁判所は、遺言執行者を解任するか、新しい遺言執行者を選任します。一方、遺言執行者が自ら辞任する場合は、家庭裁判所の許可が必要です。遺言執行者の報酬は、遺言で定めておくべきですが、報酬の定めがない場合は家庭裁判所が定めます。

　遺言において、①非嫡出子の認知、②相続人の廃除とその取消を行う場合には、必ず遺言執行者を指定しなければなりません。①については届出の手続きを行うこと、②については家庭裁判所への申立てを行うことができるのは、遺言執行者に限定されるからです。

　①または②の遺言があるのに、遺言執行者が指定されていなければ、利害関係人（相続人など）が、家庭裁判所に遺言執行者の選任を申し立てます。その他、遺言執行者に指定された者が、遺言執行者になるのを拒否した場合も、同じく家庭裁判所に遺言執行者の選任を申し立てることができます。

PART 3

遺産分割のしくみ

PART3
1 遺産分割のしくみ

遺産の範囲

分ける対象となる遺産が問題になることもある

■ 遺産の調査が必要な場合もある

相続が起きたとき、遺産がどれだけあるか被相続人から生前に知らされていないことがあります。たとえば、相続人の1人だけが有利な遺言書を作ってもらっており、他の相続人は遺産についてわからない場合も考えられます。このような場合は、まず税務申告を調査します。遺産を把握している者は、相続税を申告する際に、申告書に相続財産目録を添付する必要があるからです。相続税の申告は、相続人全員が申告書に押印して共同申告することが必要ですから、申告書への押印の際、遺産内容を確認できます。ただし、これは遺産が一定額以上で、相続税申告が必要な場合の確認手段です。

もし、押印の際に遺産内容がよく確認できなかったときには、家庭裁判所に遺産分割の調停または審判を申し立て、その手続きの中で相続税の申告書の写しを相続税申告をした相続人に請求しましょう。しかし、家庭裁判所は、基本的には「当事者にわからないものは、裁判所にもわからないので、遺産探しはしない」というスタンスなので、調停や審判の手続きで遺産探しをするのは難しく、基本的に自力で遺産を調査する必要があります。

■ 遺産の範囲をめぐって争われることもある

遺産を分ける前に、分ける対象となる遺産はどれなのか、つまり遺産の範囲について争うことがあります。動産や無記名債権など名義がはっきりしないものについては争いが起こりがち

遺産の内容を調査する方法

個人が遺産の内容を調査するため、不動産については、名寄せ台帳（固定資産課税台帳）を閲覧謄写する方法がある。預貯金や証券については、相続人として思い当たる銀行・証券会社に行って、相続人として開示請求をする方法がある。

無記名債権

証券上に権利者の名前が書かれていないもの。無記名の商品券、入場券、乗車券などがあてはまる。

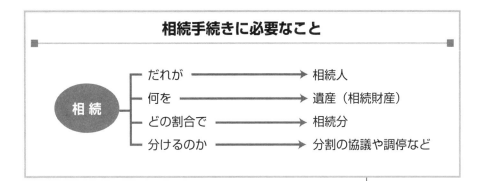

ですし、不動産の所有権について争うこともあります。

たとえば、第三者と債務の有無や土地の所有権について争っていた場合、訴訟や調停で解決し、解決後初めて遺産として分割する対象になります。このような争いは第三者に限らず、相続人同士の争いとなる場合もあります。税金対策で被相続人以外に名義変更していた場合は、土地が遺産か特定の相続人の所有物かが争いになることもあります。

このような遺産の範囲について遺産確認の訴訟が起きた場合は、後述する遺産分割はできません。暫定的な分割をして、後で最終的に分割する方法もありますが、家庭裁判所の調停や審判によるときは、遺産の範囲について結論が出てから分割手続きに入ることになります。

なお、家庭裁判所も遺産分割の審判をする際は、ある財産が遺産かどうかを判断することがあります。しかし、それはあくまで審判をするための目安であり、遺産を確定させるものではありませんから、最終的には訴訟で争うことになります。

そして、遺産確認の訴訟が起きた場合、相続人がいったん遺産分割の審判の申請を取り下げるか、家庭裁判所が遺産分割の調停や審判の期日を無期延期することで、訴訟の結果を待つことになります。遺産確認の訴訟では、共同相続人全員が原告または被告として当事者にならなければなりません。

遺産分割

共同相続の場合（相続人が複数いる場合）において、相続人の共有となっている遺産を各相続人の相続分に応じて分割して、それぞれの相続人の単独財産とすること（民法906条）。原則として、遺産分割は相続人全員の合意によって、自由にその内容を決定できる。遺産分割の効力は、相続開始の時点に遡って生じる（同法909条）。

PART3 2 配偶者の居住権

遺産分割のしくみ

配偶者居住権と配偶者短期居住権の２つが創設された

■ 不動産と配偶者の居住権

　被相続人の不動産が、被相続人とその配偶者（生存配偶者）が同居していた住居（建物とその敷地）であった場合には、配偶者の居住権をめぐって、かつてから以下のような問題が生じていました。たとえば、Aが死亡した時に、Aには相続人として妻Bと子Cがいたとします。そして、Aの遺産がA所有の住居のみで、Aの生前はAとBが同居していたとします。

　このとき、Aが遺言をしていないため、Aの遺産について遺産分割協議の手続きを始める場合、相続開始時（Aの死亡時）から遺産分割協議の終了時まで、妻Bはこれまでと同様に、住居に住み続けることが可能でしょうか（事例ⓐ）。反対に、Aが遺言をしており、その遺言で「Aの死後、A所有の住居は子Cに与える」という意思を明確にしていた場合、Bはそれまでの生活の基盤であった住居から、Aの死後すぐに退去しなければならないのでしょうか（事例ⓑ）。

　これらの問題について、2018年の相続法改正では、配偶者の居住権を長期的に保護するための「配偶者居住権」と、短期的に保護するための「配偶者短期居住権」が創設されました。

■ 配偶者の居住権を長期的に保護（配偶者居住権）

　改正前においても、前述の事例ⓐの妻Bが、Aの死後行われる遺産分割協議において、住居の所有権を取得するという方法がありました。しかし、一般に不動産は高額ですので、妻Bが住居を相続した場合、その他に預貯金や現金などの住居以外の

改正前の生存配偶者の居住権

2018年相続法改正前は、被相続人が意思を示していなければ（本文記載の①にあたる）、被相続人の死後、遺産分割が終了するまでの間、生存配偶者が無償で住居を使用し続けることができるという内容の合意が成立していたものとして扱われていた。

しかし、被相続人が生前から、自己の死後、生存配偶者による住居の使用を拒否する意思を明示していた場合（本文記載の②にあたる）、生存配偶者の生活の基盤である住居を保護する方策がないという問題が生じていた。

遺産があっても、相続分の関係から、これを相続することが困難になる可能性がありました。

そこで、2018年の相続法改正によって、長期間にわたり生存配偶者の居住権を保障する制度が整備されました。その制度を配偶者居住権といいます。

① 配偶者居住権の内容

配偶者居住権の具体的内容は、生存配偶者が、相続開始時に居住していた被相続人所有の建物（居住建物）を対象とし、その居住建物を無償で使用収益できる権利を与えることです。配偶者居住権の存続期間は、原則として終身の間ですが、遺言または遺産分割の定めで、終身より短い期間とすることができます。

② 配偶者居住権の成立要件

配偶者居住権を成立させるためには、原則として、以下のいずれか1つを満たしていることが必要です。遺産分割協議は相続人全員の合意が求められるため、生存配偶者に居住権を与えようとするならば、死因贈与契約や遺言によって、生前に配偶者居住権を確保する措置を講じておくのが重要です。

配偶者居住権と用法遵守義務など

配偶者居住権が認められた生存配偶者は、居住の目的や建物の性質により定まった用法に従って居住建物を使用収益する義務などを負う（用法遵守義務）。また、配偶者居住権は登記をすることで、第三者に権利を主張することが可能である。しかし、配偶者居住権は、原則として配偶者の死亡により消滅する不安定な権利であるため、この権利を第三者に譲渡することはできない（譲渡禁止）。

- 居住建物の所有者は他の相続人に決定しても、配偶者に配偶者居住権を取得させる遺産分割協議が成立した
- 被相続人と生存配偶者の間に、被相続人死亡後、生存配偶者に配偶者居住権を取得させるとの死因贈与契約があった
- 生存配偶者に配偶者居住権を取得させるとの遺言があった

③ **配偶者居住権を取得した生存配偶者の権利義務**

上記の要件を満たすと、生存配偶者は配偶者居住権を取得し、配偶者居住権の財産的価値に相当する金額を相続したものとして扱われます。これにより、居住建物の所有権を取得するより低額の財産的価値を相続したものとして扱われることから、配偶者居住権以外の財産（預貯金や現金など）を相続することも可能になります。

■ 配偶者の居住権を短期的に保護（配偶者短期居住権）

2018年の相続法改正では、被相続人の生前の意思にかかわらず、最低でも相続開始時から6か月間は、生存配偶者の居住権が保障されるとする規定が盛り込まれました。これを配偶者短期居住権と呼んでいます。配偶者短期居住権に基づき、生存配偶者の居住権が保障される期間については、相続人間で居住建物の遺産分割が必要となる場合か否かによって異なります。

① **配偶者短期居住権の内容**

配偶者短期居住権の具体的内容は、生存配偶者が、相続開始時に被相続人所有の建物に無償で居住していた場合に、仮に相続や遺贈に関する遺言などによって居住建物の所有者が決まっていても（生存配偶者以外が所有者である）、その所有者が配偶者短期居住権の消滅を申し入れた日から6か月が経過する日までの間、無償で居住建物を使用できます。

② **配偶者短期居住権を取得した場合**

配偶者居住権とは異なり、配偶者短期居住権は、遺産分割協議により最終的に居住建物の所有権が決定されるまでの暫定的

配偶者短期居住権の内容

本文の記述は居住建物の遺産分割が不要となる場合（遺言によって所有者が決まっているとき）である。
これに対し、相続人間で居住建物の遺産分割が必要となる場合（遺言がないので所有者が決まっていないとき）は、遺産分割によってだれが居住建物の所有者になるのかが決まった日か、相続開始時から6か月が経過する日のうち、どちらか遅い日までの期間、生存配偶者は居住建物を無償で使用できる。

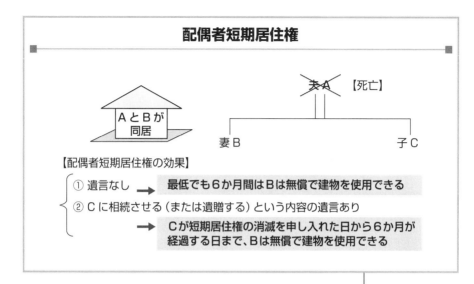

な措置という意味合いが強いため、生存配偶者は自由に居住建物を使用してよいわけではなく、居住の目的や建物の性質により定まった用法に従って使用しなければならない（用法遵守義務）などといった、責任を負います。また、生活の基盤である居住建物に居住する権利を暫定的に保護するという趣旨から、配偶者短期居住権を第三者に譲渡することもできません（譲渡禁止）。

以上から、相続法改正の下では、前述した事例ⓐの場合には、遺産分割協議が終了するまで、あるいは、早期に遺産分割協議が終了した場合であっても相続開始時から6か月が経過する日までの期間、妻Bは無償で、夫Aと生前から同居してきた居住建物を使用できます。

また、事例ⓑのように、遺言によって夫Aが自らの死後は土地・建物を子Cに使用させる意思を明確に持っていたとしても、子Cが妻Bに対して配偶者短期居住権の消滅を申し入れた日から6か月が経過する日までの間、妻Bは無償で居住建物の使用を継続できます。

PART3

3

遺産分割のしくみ

相続開始と銀行預金

金融機関は、預金者の死亡を知った時点で口座を凍結する

■ 本人の預金口座と引き出し

　金融機関にお金を預けている人が死亡し、その事実を金融機関が知ると、口座凍結をするため、相続人が勝手に預貯金を引き出せなくなります。金融機関が預金者の死亡を知る前に、相続人が葬儀代などとして預貯金（預金・貯金）を引き出してしまうケースもあります。しかし、後述するように、遺産分割協議などにより預貯金がどの相続人に帰属するのかが確定し、口座凍結が解除されるまでは、預貯金を引き出すことは許されず、遺産分割協議を行う前提として、被相続人の預金額や相続人による引き出しの有無を確認しなければなりません。

　これらの確認は一見難しそうですが、相続人は、金融機関に対して、被相続人名義の口座について、①残高証明の発行請求、②取引履歴の開示請求が可能です。残高証明（①）は、口座のある支店に請求すれば、その支店にある被相続人の全口座分について残高証明を発行してもらえます。これにより、被相続人の預金額の把握が可能となる他、相続人が把握していない口座が見つかることもあります。取引履歴（②）は、過去数年分の取引の状況が開示されるため、これを見れば預貯金の不正な引き出しがあるかどうかを確認できます。

　残高証明の発行や取引履歴の開示は、相続人が1人で行うことができます。残高証明の発行請求は、金融機関所定の残高証明発行依頼書に必要事項を記載して行います。添付書類は、被相続人の死亡を確認できる戸籍謄本または除籍謄本、相続人であることを確認できる戸籍謄本、相続人の印鑑証明書などです。

預金が引き出せない理由

都会では、銀行が預金者の死亡を知る前に、ATMで葬儀代を引き出してしまうケースもあるが、地方では難しい。地方では、新聞に死亡記事が掲載されるため、銀行が預金者の死亡を把握している場合もある。

除籍謄本

除籍（婚姻や死亡などによって戸籍に載っている人すべてが除かれてしまった戸籍）に記載されている全員を証明する書類のこと。

預貯金の引き出しとおもに必要な書類

手続き	おもに必要な書類
銀行預金の引き出し	故人の戸籍謄本又は除籍謄本、戸籍謄本（法定相続人全員のもの）、印鑑証明書（法定相続人全員のもの）、故人の実印、故人の預金通帳、預金通帳の届出印、故人のキャッシュカード、見積書など、身分証明書
郵便貯金の引き出し	故人の戸籍謄本又は除籍謄本、法定相続人の同意書、故人の貯金通帳、貯金通帳の届出印、故人のキャッシュカード

■ 口座凍結解除をするには

　口座凍結を解除するための条件のひとつとして、①遺産分割協議を完了させることが挙げられます。この方法によるときは、被相続人が残した全遺産について、相続人全員で話し合って、だれがどの遺産を手に入れるのか決める必要があります。

　もう一つの条件として、②預貯金の分割方法だけを先に決めてしまうことが挙げられます（遺産の一部分割）。相続人全員の協力があれば、比較的短期間で行うことができます。2018年の相続法改正により、遺産の一部分割が可能であることが明確にされました。

　①または②により預貯金の分割方法が確定した場合、被相続人の出生から死亡までの連続した戸籍謄本および除籍謄本、相続人全員分の戸籍謄本、相続人全員分の印鑑証明書などを用意して、金融機関に対し口座凍結解除の申請を行います。

■ 預貯金の仮払いを認める制度

　2016年12月の最高裁大法廷決定で、預貯金債権については、不動産・動産・現金と同じように、相続開始と同時に相続分に

> **最高裁**
> 最高裁判所の略称。最高裁判所はわが国の頂点に位置する裁判所で、その判断は「判例」として大きな影響力を持つ。

2016年12月最高裁大法廷決定以前の取扱い
本文記載の最高裁大法廷決定より前の判例は、預貯金については、相続開始により当然に各相続人に分割されるという立場であった。そのため理論上は、各相続人が自己の相続分について、金融機関に預貯金の払い戻しを請求することが可能であった。
しかし、金融機関が本来の相続分より多くの金額を払い戻してしまうリスクがあることから、銀行実務上の運用として、遺産分割協議が終了するまで、基本的に預貯金の払い戻しには応じないという取扱いが行われていた。

応じて当然に分割されることはなく、遺産分割の対象となるとの判断が下されました。つまり、一部の相続人による預貯金の払戻請求には応じない、という従来からの金融機関の運用を、最高裁が追認したということができます。しかし、これでは、緊急の払い戻しの必要が生じた場合に、相続人全員の協力が得られなければ、一切の払い戻しを受けることができないという不都合があります。

そこで、2018年の相続法改正では、遺産分割の終了前であっても、預貯金債権の一定額を相続人に払い戻すことを認める仮払い制度を整備しました。具体的には、①家庭裁判所の保全処分を利用するための要件の緩和と、②金融機関で各相続人が単独で払い戻しを受ける制度の新設が挙げられます。

① **家庭裁判所の保全処分を利用するための要件の緩和**

家事事件手続法には、遺産分割の審判・調停の申立てがあった場合において、相続人の急迫の危険を防止するため必要があるときは、家庭裁判所が必要な保全処分を命じることができるとする規定があります。この規定に基づいて、家庭裁判所は、預貯金の仮分割の仮処分（預貯金の仮払い）を命じることが可能ですが、従来は、この要件が厳しすぎることが問題でした。

そこで、2018年の相続法改正では、預貯金の仮分割の仮処分を認めるための要件を緩和する規定を追加しました。具体的には、家庭裁判所は、ⓐ遺産分割の審判・調停の申立てがあった場合に、ⓑ相続債務の弁済、相続人の生活費の支弁などの事情で、遺産に属する預貯金債権を行使する必要があると認めるときは、ⓒ遺産分割の審判・調停の申立てをした人またはその相手方の申立てにより、ⓓ他の相続人の利益を害しない限り、遺産に属する預貯金債権の全部または一部を仮に取得させることができます。

仮分割される金額は家庭裁判所の判断にゆだねられていますが、原則として遺産の総額に申立人の法定相続分を乗じた額の

> ### 預貯金の仮払い制度
>
> 預貯金債権 ⇒ 遺産分割の対象に含まれることから、遺産分割前は預貯金の払い戻しは受けられないのが原則である。
>
> 遺産分割前に預貯金の払い戻しを受けるための制度（仮払い制度）
>
> 【家庭裁判所の保全処分を利用】
> 　家庭裁判所へ遺産分割の審判または調停を申し立てる→家庭裁判所は、申立人や相手方が預貯金債権を行使する必要性を認めたときは、預貯金債権の全部または一部につき、預貯金の仮分割の仮処分を命ずる→金融機関は仮処分の内容を確認し、仮処分で認められた範囲内で払い戻しを行う
>
> 【裁判所外で各相続人が単独で払い戻しを受けられる方法】
> 　各相続人は「相続開始時の預貯金債権の額×1/3×自らの法定相続分」かつ「金融機関ごとに法務省令で定める額」を上限として、直接金融機関の窓口で払い戻しを請求できる

範囲内になると考えられています。ただし、仮分割の仮処分を利用するには、上記のⓐにあるように遺産分割の審判・調停を申し立てる必要があるため、時間や費用がかかるというデメリットがあります。

② **金融機関で各相続人が単独で払い戻しを受ける方法**

　預貯金の仮分割の仮処分しか認められなければ、緊急に払い戻しを受ける必要性が生じた場合に、一切の払い戻しを受けられず、相続人の大きな負担になります。

　2018年の相続法改正では、各相続人が、裁判所の判断を経ずに、直接金融機関の窓口で、一定額の預貯金の払い戻しを受けることができるとする制度が新設されました。具体的には、払い戻しを希望する相続人は、「相続開始時の預貯金債権の額×3分の1×自らの法定相続分」かつ「金融機関ごと（複数の口座があれば合算する）に法務省令で定める額」を上限として、単独で払い戻しを受けることができます。

> **一定額の預貯金の払い戻し**
>
> たとえば、被相続人の口座にある預貯金債権の額が300万円、相続人の法定相続分が2分の1であるとする。このとき、相続人が被相続人の口座から引き出せる額の上限は50万円となる。

PART3-4 遺産分割のしくみ

預金や株式などの債権の請求と手続き

金融機関への請求ではいろいろな書類をそろえる

■ 銀行預金などの名義変更の方法は

被相続人の預金口座は、原則として遺産分割協議が終了するまで凍結されます。そのため、遺産分割が確定した後で、被相続人名義の口座の名義変更や解約の手続をしなければなりません。

名義変更の手続は、金融機関に備え付けの名義変更依頼書で申請します。所定事項を記入して、被相続人や相続人の戸籍謄本、相続人の印鑑証明書、被相続人の預金通帳または預金証書や届出印などを添付書類とともに提出するのが一般的です。また、遺産分割の状況によっては、以下のような書類が必要となることもあります。

① 遺産分割協議書（遺産分割協議に基づく場合）
② 調停調書謄本または審判書謄本と審判確定証明書（家庭裁判所の調停または審判に基づく場合）
③ 遺言書または遺言書の写し（公正証書遺言以外の場合は「検認調書謄本」）

■ 株式は証券会社で変更手続をする

株式を相続した場合、株主の名義を変更しないと、配当金の支払いや株主優待が受けられませんから、できるだけ早く名義変更の手続をします。なお、次のように上場株式と非上場株式では、手続が違います。

① 上場株式の場合

被相続人名義の証券会社の口座（古い株券の場合は特別口座）から相続人名義の証券会社の口座に、株式の移管（振替）

遺言書の検認

遺言書の存在や内容を確認する手続きのこと（民法1004条）。相続人が遺言書を発見した場合には、家庭裁判所で遺言書の検認を受ける必要がある。検認は、遺言の方式が適切かどうかを確認する手続きである。検認の手続きをせずに遺言書を開封した場合には、5万円以下の過料に処される（同法1005条）。

特別口座

発行会社が株主のために銀行などの金融機関に株主名で開設する口座。

株式を相続した場合の手続き

上場会社	被相続人から相続人への株式の移管（振替）	証券会社に下記のものなどを提出する ① 取引口座を移管するという内容の念書 ② 相続人全員が移管に同意したことの承諾書 ③ 相続人全員と被相続人の戸籍謄本 ④ 相続人全員の印鑑証明書
	株式の発行会社の株主名義の書き換え	上記の手続きに基づいて証券会社が代行する
非上場会社	株式を引き継ぐ当事者間で、譲渡したことを示す書類を作成する	

を申請する必要があります。そのため、相続人は事前に証券会社に口座を開設する必要があります。口座振替の手続きに必要な書面として、被相続人および相続人全員の戸籍謄本、相続人全員の印鑑証明書などを提出しなければなりません。

② **非上場株式の場合**

非上場株式の名義変更は、株式の発行会社に対し、被相続人から株式を相続したことを示す書類を提出するのが原則です。手続きについては発行会社に問い合わせることが必要です。

■ **その他の債権の請求方法**

遺産分割で貸金などの債権を取得するときは、回収の見込みが重要です。民法では他の相続人が相続分に応じて債務者の資力を担保することになっていますが、事後の担保請求（債務者の代わりに返済を請求すること）は一般に困難です。

相続人が訴訟を起こして、自分が相続した貸金などの返済を請求する場合も、相続を証明する各種書類の提出は必要ですが、債権譲渡の手続きは不要です。

債権譲渡

債権をその同一性を変えることなく第三者に移転すること（民法466条）。たとえば、AがBに対して金銭債権を有していた場合に、AがCに金銭債権を譲渡すること。債権譲渡をした場合には、譲渡人から債務者への確定日付のある通知が必要になる。

PART3 5 死亡退職金などの請求と手続き

遺産分割のしくみ

疑問があればどのような規定となっているか会社に問い合わせる

■ 死亡退職金がもらえる場合

死亡退職金とは、被相続人が在職中に死亡した場合の被相続人の退職金です。退職金は給料と異なり、必ずもらえる性質のものではありません。外資系・中小企業では、退職金の制度のない会社も多くあります。

退職金請求権が権利となるには、普通は就業規則や退職金規程、その他の会社の規程に退職金の支払が定められているか、雇用契約にそれが定められていなければなりません。また、退職金の制度はあっても、懲戒解雇の場合は退職金が出ないのが普通です。単に年限が足りないため出ないこともあります。

このように退職金は、必ずしも当然の権利となっているわけではないのですが、会社が規則や規程を定めている場合には、これに該当すれば退職金請求権は雇用されていた労働者(被雇用者)の権利です。死亡したことによる退職金は、退職金規程の定めによって、遺産となる場合と、ならない場合があります。遺産となる場合は、相続人が相続分に応じて取得します。遺言で相続人や分け方を指定することもできます。

■ 死亡慰労金・年金としてもらえる場合もある

被雇用者の死亡の場合に、退職金でなく遺族に対する死亡慰労金や年金が出されるという社内規程もあり得ます。就業規則などの社内規程で、受領権者(受取人)が指定された場合は、死亡慰労金や年金が遺産ではなく、受領権者の独自の権利となります(保険金受取人の指定がある場合と同じです)。

退職金の法的根拠

労働者の退職にともなって、勤務していた企業からその者に支給される金銭のこと。労働基準法などの法律において、確かな定義づけはないが、会社が就業規則や退職金規程などで退職金の支給について定めており、支給条件が明らかにされている場合には、退職金は労働者にとって重要な労働条件として保護されるべきものとなる。退職金の法的性質としては、①一定期間の勤務に対する会社からの慰労、②一定期間の勤務に対する賃金の後払い、③退職後の生活保障などが考えられ、個々のケースごとに判断する。

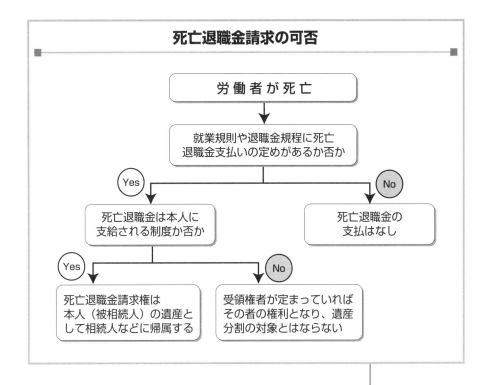

　指定する受領権者については、遺族の生計を維持するため、配偶者・遺児とする場合が多いようです。

　退職金が死亡の有無にかかわらず、本人に支給される制度の場合には、死亡後は遺産となり、可分債権として相続分に応じて各相続人が支払請求権を相続するのが原則ですが、遺言により特定の相続人が相続したり、第三者が遺贈を受けたりする場合もあります。しかし、死亡慰労金や年金として受領権者が定まっていれば、その受領権者の権利であり、遺産ではないので相続の問題にはなりません。

　通常は社内規程などにより退職金などの金額を算定して支払うことになり、相続人としては手続きが不要の場合が多いと思われますが、書類などが必要な場合もあり、いずれにしろ会社の担当者と話し合っておくことが大切です。

退職慰労金の受領権者

事情の変化により、本人が遺言で他人を退職慰労金の受領権者（受取人）としてしまうケースや、消費者金融の担保として退職慰労金を充ててしまうケースも考えられる。
そのため、あらかじめ配偶者や子を受取人として指定しておくことが大切である。

PART3 6 遺産分割のしくみ

遺産分割前に処分された財産の取扱い

遺産分割前に処分された遺産も遺産分割の対象となる場合がある

■ どんな場合に問題になるのか

相続人が複数いる場合、遺産分割によって各相続人が相続する具体的な財産が確定するまで、遺産（相続財産）は相続人全員の共有になります。共有とは、各相続人が、相続分に応じた持分の割合によって、それぞれの遺産を所有している状態のことです。もっとも、一部の相続人が、遺産分割前に、共有状態にある相続財産の一部または全部を売却するなど処分した場合、相続法改正前の実務では、処分された財産は相続財産から逸失し、遺産分割の対象から除外するという取扱いがなされていました。具体例で見ていきましょう。

相続人が子A、B、Cの3人のみで、遺産総額が3000万円であった場合、通常であれば、A、B、Cはそれぞれ1000万円の遺産を相続することができます。ところが、Aが遺産分割前に勝手に900万円相当の遺産を売却したとします。

相続法改正前は、遺産分割の対象となる財産は、相続開始時に被相続人が所有していた財産で、かつ、遺産分割時に実際に存在する財産と考えられていたため、処分された財産は遺産分割の対象から除外されていました。前述した事例では、Aが遺産900万円を処分すると、遺産分割の対象となる財産は2100万円となります。そのため、B、Cは各700万円の遺産しか相続できないのに対し、Aは700万円に加えて、先に処分した900万円もあわせて相続することになり、不公平な結果となります。

2018年の相続法改正では、このような相続人間の不公平を解消するため、遺産分割前に処分された財産の処理について明文

遺産分割前に処分された財産に関する民事訴訟

相続法改正前は、遺産分割前に財産を処分した相続人に対して、他の相続人がその処分の対価（売却代金など）の支払いを請求する民事訴訟を起こすことが可能だと考えられていた。しかし、民事訴訟で勝訴判決を得られる保証はなく、民事訴訟で勝訴しても、その勝訴した相続人自身の相続分について支払いを請求できるだけで、処分された財産に相当する金額のすべてを遺産に戻すことはできないという問題点があった。

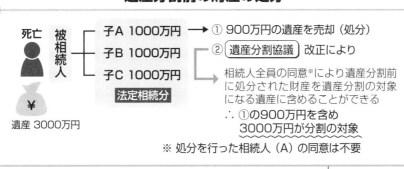

の規定を置きました。

■ 財産の処理について

2018年の相続法改正では、遺産分割前に処分された財産の処理について、次の2つの規定を設けました。

① 遺産分割前に遺産に属する財産が処分された場合であっても、相続人全員の同意により、当該処分された財産が遺産分割時に遺産として存在するものとみなすことができる。

② 相続人の1人または数人によって、遺産分割前に遺産に属する財産が処分されたときは、①の「相続人全員の同意」について、当該処分をした相続人の同意は要しない。

前述した事例では、遺産分割前に財産を処分したAの同意は不要であるため（②）、BとCが同意すれば、Aが勝手に処分した900万円を遺産分割の対象となる財産に含めることができます。その結果、遺産分割の対象となる遺産の総額は3000万円となり、これを法定相続分に応じて3等分すると、各1000万円を相続することになります。Aはすでに900万円を遺産の売却によって取得しているため、遺産分割においてAが実際に相続できる遺産は100万円にとどまります。これに対し、BとCは各自1000万円ずつを相続できます。

> **遺産分割前に処分された財産の処理に関する改正の法的効果**
>
> 2018年の相続法改正により、本文記載のように遺産分割前に処分された財産の処理方法が規定されたことで、実質的に特定の相続人が行った、遺産分割前の財産の処分がなかったのと同様の効果を得ることができる。

PART3 7 遺産分割の方法

遺産分割のしくみ

個々の相続人の事情を考慮して分割を決める

■ 遺産分割は全部でも一部でもできる

　遺産全部を一度に分割することを全部分割といいます。これに対して、遺産の一部を分割するのが一部分割です。たとえば、特定の遺産だけを売却して支払期限が迫った債務の支払いにあて、残りの遺産については後で時間をかけて解決するといったケースが考えられます。

　このように、以前から実際には多く行われていた一部分割について、2018年の相続法改正では、遺言で一部分割を禁じていない限り、相続人全員の協議によって、いつでも遺産の一部分割をすることができると明文化されました。一部分割をした後の残りの遺産についても、さらに一部分割することが可能です。

　ただし、被相続人の意思を無視することはできませんから、被相続人が一部分割を遺言で禁じていた場合は、例外的に一部分割をすることが認められません。

■ 分割の方法には4つある

　遺産を分割する方法には、いくつかありますが、代表的なのは、現物分割、代償分割、換価分割、共有分割です。

① 現物分割

　現物分割とは、各相続人が個別に取得する財産を決める方法です。相続人それぞれの受け取りたい財産が決まっている場合や、財産の形を変えたくない場合、また分割する財産の価値がほぼ同じである場合には、有効な方法です。具体的には、配偶者が不動産Aを、次女が不動産Bを受け取るといった具合に分

事故の損害賠償と遺産分割の問題点

死亡事故の場合の損害賠償請求については、死亡事故の損害賠償以外の遺産分割を一部分割として先にして、死亡事故の損害賠償については後の分割協議にまわすか、あるいは損害賠償額の分割の割合だけを決めておいたほうがよい。
なお、不法行為による損害賠償請求権は、原則として損害と加害者の両方を知ってから3年以内に行使しないと時効で消滅する。

遺産分割協議の成立まで

遺産分割の協議が成立するまでは、分割方法にかかわらず、遺産は相続人全員の共同所有の状態となる（共有）。その間の遺産の管理は、相続人が相続分に応じた多数決によって共同管理を行う。管理費用は、遺産の中から支払うこともできる。

分割の方法

現物分割	各相続人が個別に取得する財産を決める方法
代償分割	1人が遺産の現物を相続し、残りの相続人に相続分に相当する現金を支払う方法
換価分割	遺産の一部または全部を売却して現金に換え、各相続分に応じて配分する方法
共有分割	遺産の一部または全部を相続人全員で共有する方法

割します。価格が一致しないときは、現物分割では相続分に応じて分割するのは難しくなります。しかし、その場合も当人たちの合意があれば問題ありません。

② 代償分割

1人（または数人）が価値の高い遺産の現物を相続し、残りの相続人に対しては、各々の相続分に相当する超過分を現金で支払う方法を代償分割といいます。

この場合は、現物を相続する人に相当の資産（支払能力）がないと実行できませんので、代償分を支払うだけの資産がない場合には向いていません。なぜなら、ほとんどの遺産を現物で相続した相続人は、相続分よりも多く受け取った分を自分の資産で支払わなければならないからです。

代償分の支払いは一括払いが基本ですが、分割払いとする方法もあります。分割払いとする場合は、あらかじめ現物を相続する相続人に支払能力が備わっていることを確認しておかなければなりません。

なお、遺産分割協議で合意される場合には、このような代償分割は何ら問題がありません。実際には、相続人が住んでいる居住用家屋、農地、商店など細分化が適当でないものについて、

代償分割が行われるケース

代償分割は、遺産の大部分が現在も稼動中の工場や農地であり、後継者にそれを相続させたい場合などに利用される方法である。

代償分割による遺産分割が行われることはよくあります。

③ 換価分割

換価（価額）分割とは、相続財産の一部、あるいは全部を売却して現金に換え、各相続人の相続分に応じて分割する方法です。耕作中の畑など現物分割が適当でない場合や、現物を分割すると価値が下がる場合などはこの方法によります。お金であれば1円単位まで細分化できますから、換価分割をすれば、相続人同士の公平を図りやすくなるという利点があり、現物分割をすることが難しい場合などに有効な方法です。

④ 共有分割

共有分割は、遺産の一部または全部を相続人全員が共同で所有する方法です。たとえば、不動産の共有分割をしたいという場合には現物を分割する必要がなく、手続だけですむ利点があります。しかし、たとえば、共有名義の不動産を売却する際に、共有者全員の同意を必要とするなど、共有分割後はさまざまな制約を受けるという難点があります。また、共有者の1人が共有物分割請求（民法256条）をした場合には、再び分割を協議して、協議がつかなければ裁判（訴訟）になってしまうという難点もあります。

■ 遺産分割が禁止される場合もある

相続人は、相続開始後に、原則としていつでも遺産を分割することができます。ただし、次のような場合には、遺産の分割が禁止されることがあります。

① 遺言による遺産分割の禁止

被相続人が、遺言によって、遺産の一部、あるいは全部の分割を禁止している場合には、遺産分割が禁止されます。ただし、遺言による分割の禁止期間は5年が限度とされています。

② 協議による遺産分割の禁止

相続人全員が合意した場合にも分割が禁止されます。

換価分割のデメリット
換価分割を行うと、相続財産をそのままの形で利用できなくなる。また、土地や建物を売却すると、相続人の全員に「譲渡による所得税と住民税」がかかり、その分は相続財産が目減りしてしまう。

共有
数人が1つの物（共有物）を共同して所有すること（民法249条）。各共有者が共有物に対して持つ所有権の割合を持分（共有持分）という。
共有者の1人がその持分を放棄したり、相続人がいない状態で死亡したときは、特別縁故者がいる場合を除き、その持分は他の共有者に帰属する。また、自らの持分は自由に処分することができる。

遺言による分割禁止期間
被相続人は、遺言で、相続開始の時から5年を超えない期間を定めて、遺産の分割を禁ずることができる（民法908条）。

遺産分割が禁止されるケース

- 遺言による分割の禁止
- 協議による分割の禁止
- 審判による分割の禁止

禁　止

③　審判による遺産分割の禁止

相続人の資格や遺産の範囲などをめぐり係争中だというような場合には、家庭裁判所が定める一定の期間は、遺産の一部または全部の分割が禁止されます。

■ 遺産分割に期限はないが相続税に注意する

民法には、遺産分割について、いつまでに行わなければならない、という期限の定めがありません。「いつでも、その協議で、遺産の分割をすることができる」と定めるだけです。

このため、「相続から10年も経つが、いまだに遺産分割をしていない」「自分の土地は、20年も前に死んだ祖父名義になっている」といったケースも出てくるのです。

しかし、相続税がかかるほどの財産がある場合は、そんな気楽なことは言っていられません。相続税には、「配偶者は法定相続分まで相続しても相続税はかからない」という特典がありますが、この特典は、相続税の申告期限までに遺産分割が決まらないと受けられないのです。

したがって、通常の場合は、被相続人の死亡から相続税の申告期限までに遺産分割を行うことになります。また、遺産分割を行う場合は、その前提として、遺産の範囲を正確に把握し、その価額（価格）も算定しなければならないことは当然です。

配偶者の税額の軽減

被相続人の配偶者が遺産分割や遺贈により実際に取得した遺産額が、次の①・②の金額のどちらか多い金額までは、配偶者に相続税はかからない。
① 1億6000万円
② 配偶者の法定相続分相当額
つまり、1億6000万円までは配偶者に相続税がかからないため、俗に「配偶者には相続税がかからない」と言われる。

PART3 8 遺産分割協議①

遺産分割のしくみ

協議がまとまらないときは家庭裁判所に調停や審判を申し立てる

■ 遺産分割とは何か

被相続人の財産が相続人に承継される時期は、相続開始の時とされています。基本的には、個々の相続財産を、各相続人が相続分という割合で互いに持ち合っている状態となります。

まず、遺産分割のおおまかな流れを見ておきましょう。遺産が預貯金債権を除いた可分債権（分割可能な債権のこと）である場合は、遺産分割の手続きを経ることなく、当然に相続分に応じて分割されます。借金などの債務も同じように相続分に応じて分割されます。ただし、相続人全員の同意があれば、相続分に応じて分割されず、遺産分割の対象となります。

しかし、遺産が可分債権だけの場合はほぼありません。通常は遺産に不動産、動産、現金、預貯金債権など、そのままでは分割できないものが含まれています。また、営業用財産などのように、機械的に分割すると価値が損なわれる場合もあります。

このような場合は、遺産分割の手続きによって、特定の相続人が特定の不動産や動産などを所有することに決めます。

相続人が1人の場合を除けば、どのような相続財産が残されていて、どの相続人が、どの相続財産を相続するのかを、相続人全員が参加する遺産分割協議で話し合う必要があるのです。

また、相続人が未成年者の場合、原則的には親権者（父母）が法定代理人として遺産分割協議に参加しますが、親権者も相続人であるときは、両者に利害の対立が生じるため、親権者は代理人になることができません。この場合は、家庭裁判所に申請して、特別代理人を選任してもらうことが必要です。

胎児の相続権

相続の場面では胎児はすでに生まれたものとみなされるので、被相続人の死亡時に妻の胎内に胎児がいた場合、生きて産まれたことを条件として胎児は相続人になる。死産の場合は胎児の相続権が生じないことになる。
配偶者でない者（母）の胎児も同様に相続人になるが、胎児は父から認知を得なければ父の相続人にならない。認知とは、法律上の親子関係を設定する行為である。しかし、母との法律上の親子関係は分娩により当然に生じるので、胎児は生きて産まれれば母の相続人となる。

可分債権と不動産・動産などとの違い

たとえば、100万円の売買代金債権は、簡単に分割することができるので、これを可分債権という。
しかし、建物（不動産）、作業機械（動産）などは、物理的な分割は困難である。そのため、遺産分割（または遺言）によって、建物全体、作業機械全体を特定の相続人が所有する（複数人の共有でもよい）ことに決める必要がある。

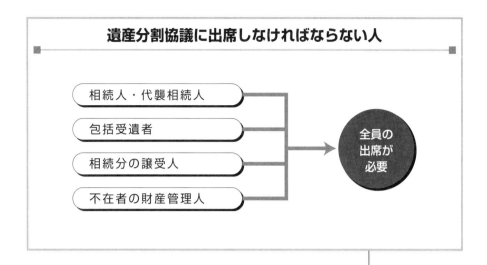

■ 相続人の合意があれば遺産配分は自由

　法定相続分とは、民法という法律で定めた遺産に対する持分の割合であり、遺産配分の基準となるものです。しかし、遺産分割協議において、どのように遺産を配分するかは相続人の自由です。必ずしも法定相続分に従うべきものではありません。

　もちろん、相続争いなどで、遺産分割の協議がまとまらないときのための家庭裁判所の調停や審判では、法定相続分（または特別受益や寄与分が考慮された相続分）が基準となります。

■ 協議が成立しなければ家庭裁判所に判断してもらう

　遺産分割について協議が成立しなければ、家庭裁判所の調停または審判によることになります。協議や調停では相続人の意向が反映されますが、審判の場合は家庭裁判所が強制的に遺産配分を決めることになります。審判においては、相続分の割合は変更できませんが、各相続人の実情にあった遺産配分を決定します。遺産にはいろいろなものがあり、分割については複雑な事情もあるので、それぞれの事情に応じた判断が行われます。

遺産分割と法定相続分

遺産分割は、法定相続分または遺贈を含む指定相続分に従って行うのが原則である。ただし、当事者全員の同意があれば、法定相続分や指定相続分と異なる割合で分割することは自由である。

胎児がいるときの遺産分割協議

胎児がいる場合の遺産分割の方法についてはとくに決まりはない。考え方としては、大きく分けて、①胎児が生まれるまでは遺産分割協議もその審判もできないという立場と、②遺産分割はできるが、死後認知の場合に準じて、生まれてから事後の価額（価格）により支払うという立場がある。

PART3 9 遺産分割協議②

遺産分割のしくみ

遺産分割協議は相続人全員参加でしなければならない

■ 遺産分割協議のしかた

　ここでは実際の遺産分割協議を見ていきましょう。遺産分割協議をどのように行うのかについて、法律上の決まりはとくにありません。全員が集まって協議をしてもよいですし、電話や電子メールなどで連絡を取り合って協議しても問題ありません。ただし、遺産分割協議は相続人全員が参加することが必要で、1人でも遺産分割協議に参加していなければ無効になります。

　遺産分割協議は多数決でなく、参加者全員の合意により成立します。遺産分割協議の結果は、参加者全員がわかるようにすればよいですが、通常は遺産分割協議書という書面を作成します。不動産の登記手続きなどで必要だからです（104ページ）。

■ 相続辞退の方法もさまざま

　法定相続分や指定相続分と違う割合による遺産分割をしても、参加者全員が協議して納得した分割であれば問題ありません。遺産分割協議はいったん成立するとやり直しはできませんので注意しましょう。ただし、すべての参加者全員の合意があれば、いったん成立した遺産分割協議を解除する（合意解除する）ことができるとするのが最高裁の立場です。

　相続人が相続を辞退したい場合は、相続開始を知った時から3か月以内に相続の放棄をしますが、この期間を過ぎても相続分の放棄はできます。相続分の放棄をする場合は、遺産分割協議書に「相続分なし」と記載することもありますし、自ら「相続分がないことの証明書」（相続分皆無証明書）を作成し、法

遺産分割への参加者

遺産分割協議に出席するのは、相続人だけとは限らず、包括受遺者も出席する必要がある。さらに、代襲相続人や認知された子も相続人として出席する必要があり、全員出席してはじめて協議が成立する。

行方不明者がいる場合

参加すべき相続人などに行方不明者がいる場合は、家庭裁判所に申し出て不在者財産管理人を選任してもらい、その不在者財産管理人が参加することで遺産分割協議を行うことができる。ただし、不在者財産管理人が遺産分割協議に参加する際は、家庭裁判所から権限外行為許可を得ておくことが必要である。

遺産分割協議が無効となる場合

公平に遺産分割をするため、一部の相続人などが参加していない遺産分割協議は無効となり、再度遺産分割協議をし直さなければならない。戸籍謄本などで、相続人をしっかりと確認しておく必要がある。

務局（不動産の登記手続きの場合）や金融機関に提出することもあります。その他、特定の相続人に相続分を譲渡することで、遺産分割の手続きから脱退できます。

■ **遺産分割協議の成立により遺産の分割は確定する**

遺産分割協議が成立した時に遺産の分割が確定し、相続の時点に遡って遺産の分割が有効になります。被相続人が死亡した時点から相続が開始され、遺産全体について相続人の共有状態が生じます。その後、遺産分割協議が成立し、各相続人に分割されれば、共有の時期はなかったことになるのです。

ただし、共有状態が続いている間に、その共有持分権を第三者に譲ったという場合には、譲渡を受けた第三者の権利を害することはできないとされています。さらに、遺産分割協議の際に強迫や錯誤があった場合を除き、特別受益や寄与分について後から申し出ることができない点にも注意が必要です。

強迫
害悪を示して人を怖がらせ、一定の意思を表示させるよう仕向けること。

錯誤
表意者自身が契約など（法律行為）の重要な部分について思い違いをしているにもかかわらず、表示と真意（本心）との食い違いに気づいていない場合のこと。

PART3 10 遺産分割のしくみ

遺産分割協議書と遺産の目録

「遺産分割協議書」を作成する

■ 遺産分割協議書は登記手続などで必要となる

法律上、遺産分割協議書の作成義務はありませんが、後日の争いを避けるための証拠として作成しておくべきです。相続による不動産の登記手続や相続税の申告の際などに、遺産分割協議書を添付して手続きをすることにもなるからです。相続人同士が遠隔地に住んでいる場合は、協議案を転送し合い、同意後に署名押印することも可能です（押印は実印で行います）。

■ 遺産分割協議書の作成手順

最初に遺産の内容を明確にするための遺産目録を作成し、この遺産目録を参照して、遺産分割協議書に各相続人への分割の内容を記入していきます。合意による一部分割は有効ですが、その場合は一部分割であることを明示します。後日、遺産が発見されたときは別途協議する、という合意もしておいたほうがよいでしょう。一部分割であるのを明示しないと、全部の遺産を対象にしていない遺産分割協議であるとして、その協議が無効になることもありますから正確に作成しましょう。

遺産分割協議書は、相続人全員の署名と実印の押印が必要です。相続人の人数分だけ作成し、それぞれが自分の印鑑証明書といっしょに保管します。作成のポイントは以下のとおりです。
① だれが何をどれだけ相続するのかを明確に記します。不動産の場合は、登記事項証明書の記載をそのまま転記します。
② だれが遺産目録外の何を代償として、だれにいつまでに支払うのかを記します。違反がある場合の処置も記します。

包括受遺者も署名押印する
包括受遺者がいる場合は、その人も遺産分割協議の参加者なので、相続人とともに遺産分割協議書に署名押印する必要がある。相続人には、代襲相続人や認知された子も含むことに注意。

目録外の代償
特に代償分割（97ページ）をする際に、遺産の現物を承継する相続人が、これを承継しない相続人に支払うお金のことを指す。

遺贈
遺言によって、遺産の全部または一部を与えること。自分が死んだ後、特定の者に財産を与えたいと考えた場合に行われる（民法964条）。相続人もそれ以外の者も、原則としてだれでも遺贈を受けることができる。

遺産目録の記載事項・形式・添付書類

①	相続する財産（相続の内容を明記）	⑤	住所（住民票や印鑑証明書の通りに）
②	代償の支払（目的物及び違反への処置）	⑥	有価証券など（金額・枚数）
③	遺贈（負担者及び処理方法）	⑦	特記事項（法的意味を明確にして）
④	書式（署名以外はワープロで作成可）	⑧	署名、押印（実印で）、印鑑証明書

③ 第三者に対する遺贈がある場合は、だれがいくら負担し、どのように処理するかを明記します。

④ 書式は自由です。署名以外はワープロで作成した文書でもかまいません。訂正がある場合は、訂正箇所の欄外に全員が訂正印を押します。複数ページの書面になれば契印が必要です。

⑤ 現住所と住民票上・印鑑証明書上の住所が異なるときは、現住所と住民票上の住所を分けて記載します。

⑥ 預金、預り金、株券などは、事前に金額、株数を確認します。場合によっては、遺産分割協議書に押印すると同時に、金融機関の請求書など専用書類へも押印し受領者を確定させます。

⑦ 遺産分割協議書には、①〜⑥の事項以外にも特記事項を記入してかまいませんが、問題にならないように、それが法的にどんな意味をもつのか明確にしておきましょう。

⑧ 参加者全員が署名し、印鑑証明書を添付します。押印は印鑑証明を受けた実印で行います。署名はサインでも記名でも有効ですが、押印は実印でする必要があります。作成枚数は参加者各1通分です。作成後は各自で保管します。

⑨ 相続登記手続の際には、法務局に提出する申請書に、遺産分割協議書と印鑑証明書の添付が必要です。

契印
1つの文書が複数ページにまたがる場合に押す印。

実印
市区町村への印鑑登録により印鑑証明書（印鑑登録証明書）の交付を受けている印鑑のこと。実印を押した場合と認印を押した場合とで法的効力が異なるわけではない。しかし、実務上は、重要な取引において実印が用いられることが多く、登記の場面などでは印鑑証明書の交付が求められることがある。

記名
当事者の直筆ではなく、ゴム印やワープロの印字や、第三者によって氏名・名称が記載されること。

PART3 11 遺産分割のしくみ

遺産分割後にしなければならない手続き

預金、株式については名義変更が必要

■ 相続したものを自分のものにする

遺産分割協議がまとまり、各相続人の相続分が確定したとしても、その後の手続きが必要です。たとえば、家や土地の不動産は所有権の移転登記が必要になりますし、動産は他人がもっていれば、引き渡してもらわなければなりません。

銀行預金、株式などについては、新しい所有者への名義変更や口座振替が必要です。これらは義務ではありませんが、名義変更や口座振替をしなければ、その財産の新しい所有者になったことを客観的に証明できなくなります。

■ 共同相続人が不動産の名義変更に応じないとき

遺産分割協議がすでに終わっているのに、不動産の所有権移転登記（名義変更）に必要な書類の交付や申請書への押印を拒む相続人もいます。この場合は、それらの書類に不備があれば、訴訟などで名義変更手続きを求めることになります。とくに書類に不備がなければ、実印が押された遺産分割協議書に印鑑証明書を添付して登記申請手続きを行うことができます。

■ 遺産分割協議はやり直すことができるか

相続人全員の合意に基づく遺産分割協議は、いったん成立すれば全員を拘束する効力が生じ、やり直しを主張することはできません。たとえ協議成立後に相続人の債務不履行があっても、協議の解除は認められないというのが最高裁の立場です。義務を履行しない相続人に対しては、協議で決定したことを要求し

遺産分割後の手続きについて

本文記載の遺産分割後に行う、名義変更などの各種手続きについて、特に期限は定められていないが、その後の手続きをスムーズに進めるためには、できるだけ早めに済ませる必要がある。

遺産分割協議書作成の効果

本文記載のように他の相続人が不動産の名義変更に応じない場合などに、遺産分割協議書が確実に作成されていれば、調停や訴訟における手続きが容易で、時間もかからないというメリットがある。

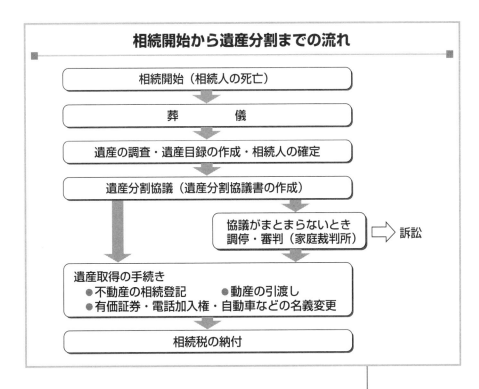

ていく他はないのです。ただし、税務署は遺産の再分割を認めていないので、再分割をすると新たに譲渡所得税や贈与税の負担が発生することに注意を要します。

　また、相続人でない者を加えた協議、相続人の一部を参加させない協議、包括受遺者がいる場合にその人を参加させない協議はすべて無効ですから、再び協議を行うことになります。

　さらに、遺言書の発見により新たに相続人の認知が生じた時は、各人の相続分が変更されます。ただし、他の相続人によって遺産分割が成立した後に認知された子による遺産分割の請求は、相続分に相当する価額の支払いを請求できるだけです。しかし、本来相続人になりえなかった人（親や兄弟姉妹）が遺産を取得していた場合には、認知された子から請求があれば、遺産を相続人に返還しなければなりません（113ページ）。

遺産分割につき利益が相反する場合

①親権者（または後見人）も相続人であるとき、②複数の未成年者がいて親権者か後見人が共通であるときの2つである。
これらの場合、親権者か後見人は、家庭裁判所に未成年者の特別代理人の選任を請求する義務がある。義務を果たさずに利益が相反する代理行為があったときは無効となり、子は成人後に無効を訴えることができる。

Column

内縁と相続

　夫婦同然に生活をしていて婚姻（結婚）の意思もあるが、婚姻届は出していないという状態を内縁といいます。「事実婚」と称して婚姻届を出さずに生活する夫婦も増えていますが、これも一種の内縁関係です。婚姻届を出していない以上、相続などの場面において法律上の婚姻とは区別して扱われます。

　民法は、相続の場面において、相続人となる人の範囲を定めており、「配偶者」および「子（胎児を含む）・直系尊属・兄弟姉妹の血族相続人」に大別しています。配偶者とは、法律上の婚姻関係にある夫または妻のことです。そのため、内縁の配偶者は、たとえ長年いっしょに生活し、周りの者が夫婦と認めていても、相続分は認められません。また、2018年の相続法改正で新設された配偶者居住権も、対象は法律上の配偶者のみです。同様に、新設の特別寄与料の制度も、一定の親族が対象になるため、親族ではない内縁の配偶者は対象外です。

　ただし、被相続人に相続人がいない場合、特定の条件に該当すると、内縁の夫（妻）が被相続人の財産を譲り受けることが認められるケースがあります（特別縁故者への財産分与など）。

　たとえば、借地借家法36条は、内縁の夫婦で居住していた賃貸アパートなどの借家権について規定しています。借家人である内縁の夫（妻）が死亡した場合、この人に相続人がいなければ、何ら問題なく同居していた内縁の妻（夫）が借家権を承継できるとするものです。しかし、内縁の夫に正妻との間の子など、借家人に相続人がいる場合は、借家権も相続人が相続することになりますが、内縁の配偶者が借家権を承継できないと居住権も失うため、住居から出ていかなければなりません。これは内縁の配偶者にとって酷であるため、同居していた内縁の配偶者は、相続人が相続した借家権を援用し、家主に対し引き続きその建物に居住する権利を主張できるとするのが最高裁の立場です。

PART 4

相続登記のしくみ

PART4 1 相続登記が必要になる場合

相続登記のしくみ

不動産を相続した場合に登記申請を行う

■ 相続登記はどんな場合にするのか

どんな場合に相続による所有権移転登記を申請することになるのかを考えてみましょう。不動産の所有者が死亡した場合、その不動産の持ち主が不在となるため、相続登記という相続人に対する名義変更の手続きが必要です。具体的には、以下のような場合に、死亡者（被相続人）から相続人に対する相続を原因とした不動産の所有権移転登記を行います。

① 相続財産のうち、土地や建物などの不動産の所有権について、共同相続人が法定相続分のとおり相続して共有することになった場合

② 相続人全員で遺産分割協議をした結果に従って、あるいは被相続人が残した遺言書の内容に従って、特定の不動産の所有権を、特定の相続人が相続したり、法定相続分とは異なる割合で相続することになった場合

これらの場合には、相続人の住所・氏名（共有の場合は各人の持分）と相続の年月日を、その不動産の登記記録に記載してもらうための申請をします。

登記申請は、申請人である相続人が法務局に書類を直接持参するか、書類を郵送して行います。法務省のシステムを利用したオンライン申請を行うこともできますが、戸籍謄本をはじめとする「紙」の情報は、少なくとも別途持参または郵送しなければなりませんので、通常はすべての登記申請の手続きをオンラインで完結させることはできません。自分で申請できない場合には、司法書士などの代理人をたてて申請しましょう。

相続登記

相続登記は、原則として相続人全員で申請をする必要がある。しかし、相続人全員のために法定相続分どおりにする登記申請であれば、相続人のうちの1人が申請人となり、登記申請することができる。これを共同相続登記という。
法定相続分どおりの共同相続登記をしておくことで、相続人の1人が登記申請書類の偽造などを行い、自分1人の登記名義にした上で第三者に譲渡するといった危険を防ぐことができる。
ここで「共同相続」とは、相続人が複数いる場合の相続のことを指し、共同相続の場面における相続人を「共同相続人」と呼ぶことがある。

オンライン申請

法務省の「登記・供託オンライン申請システム」にアクセスしてオンラインによる申請を行うもの。ただ、利用者登録が必要なので、自分で登記申請をするならば直接持参のほうが利用しやすい。

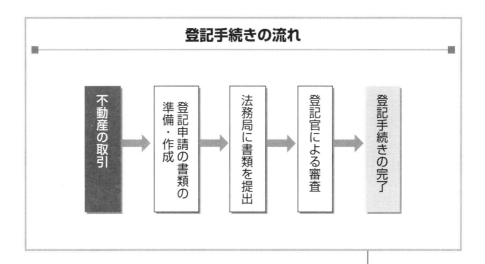

■ 遺産分割協議に従って登記する

　相続が発生した場合、①法定相続分で登記するか、②遺産分割協議や遺言書に従って、特定の相続人が特定の不動産を相続するという内容などで登記することになります。相続人が1人しかいない場合は、遺産分割協議の問題はなく、その相続人名義に登記をすることになります。しかし、相続人が1人しかいないケースというのはまれで、相続人が複数いるのが普通です。そのような場合、法定相続分で登記するケースよりも、むしろ特定の相続人が単独で特定の不動産の所有権を取得したり、あるいは法定相続分とは異なる割合で相続することのほうが多いといえるでしょう。

　遺産分割協議後の成立後に相続登記を申請する場合、指定相続分または法定相続分（22ページ）に従って共同相続登記を行ってから、相続人間の遺産分割協議の結果に沿った登記をするというのが、本来の順序です。

　ただ、これでは二度手間ですから、直接に遺産分割協議の結果に沿った相続を原因による所有権移転登記を申請する方法も認められています。通常はこの方法をとります。

遺産分割協議書と登記

遺産分割協議の内容に従って相続登記をする場合は、戸籍謄本などをそろえる以外に、遺産分割協議の結果を記載した遺産分割協議書の作成が必要である。遺産分割協議書には、被相続人や相続人（包括受遺者も含む）、協議の内容、不動産の表示などを記載して、相続人全員が署名（記名）し、実印を押印する。これに印鑑証明書を添付して、戸籍謄本などといっしょに提出する。

PART4 2 相続登記をめぐるトラブル

相続登記のしくみ

相続登記をしないと第三者に対抗できなくなる場合がある

■ 遺産分割協議が成立後、登記を放置した場合

たとえば、Aが死亡し、相続人はBとCという2人の子だけで、彼らがAの土地を相続したとします（法定相続分は2分の1ずつ）。BC間で遺産分割協議が成立し、土地をBが単独で相続することが決まりました。しかし、B単独所有の登記がなされる前に、Cが共同相続登記をして、自分の相続分（2分の1）を第三者Dに売却しました。この場合、BはDに土地の単独所有を主張できず、Dが土地の2分の1の所有権を取得します。つまり、Bは遺産分割協議で土地全部の所有権を取得したはずなのに、2分の1の所有権しか持つことができません。このような事態を避けるために早く登記をしておくべきでしょう。

■ 包括受遺者、胎児、認知された子がいる場合に注意

遺産分割協議は相続人全員の参加が必要で、だれが相続人になるのかを知っているのを前提に行われるものです。その際に注意すべき点が、包括受遺者、胎児、認知された子が存在するかどうかです。これらを参加させない遺産分割協議は無効となる結果、協議に基づく相続登記も無効となるからです。

① 包括受遺者がいる場合

包括受遺者がいるかどうかは、遺言書によって確認できます。包括受遺者がいる場合は、連絡を取って、遺産分割協議に参加するか、包括遺贈を放棄するかを確認することが必要です。

② 胎児がいる場合

胎児がいる場合は、特に婚姻中の夫が死亡し、妻が第1子を

法定相続分を超える権利の取得

本文記載のBによる土地の全部の取得は、法定相続分（2分の1）を超える権利の取得にあたる。このように、相続によって法定相続分を超える権利を取得した人は、先に対抗要件（不動産の場合は登記）を備えないと、第三者にその権利を主張できない。

包括受遺者

遺言書で「遺産の3分の1を遺贈する」「遺産の30％を遺贈する」というように、遺産に対する比率で遺贈を受けている人が包括受遺者にあたる。

死後認知と遺産分割協議（協議）の効力

夫が死亡した場合の例

	成立前の死後認知	成立後の死後認知
妻と子が相続人として協議	協議を成立させても無効（相続登記も無効）	成立した協議は有効のまま（相続登記も有効） →相続人は認知された子に価額弁償
妻と夫の親が相続人として協議	協議を成立させても無効（相続登記も無効）	成立した協議は無効（相続登記も無効） →親は相続権を失うので遺産を相続人に返還

妊娠しているときに注意が必要です。夫の死亡時は、夫婦に子がいないので、夫の親が妻とともに相続人となるようにも見えます。しかし、その後に子が生まれると、夫の親は相続権を失います。子が第1順位で相続人となる資格を持っており、第2順位である夫の親（直系尊属）に優先するからです。このような場合は、胎児の出産を待って遺産分割協議を行うべきでしょう。

③ 認知された子がいる場合

認知された子も「子」として相続権を持つので、認知された子を参加させない遺産分割協議は無効となるのが原則です。

ただし、被相続人の子が相続人として参加した遺産分割協議の成立後、死後認知によって被相続人の子となった者がいる場合は、遺産分割協議が無効となりません。この場合、認知された子は、自己の相続分に相当する価額の支払いを、相続人に対し請求できるだけとなります。

これに対し、親や兄弟姉妹が遺産分割協議に参加して遺産を取得していた場合は、子の死後認知で相続権を失う結果、遺産分割協議も無効となります。この場合、認知された子からの請求によって親や兄弟姉妹は遺産を返還しなければなりません。

包括遺贈の放棄

遺贈は放棄することができる。特定遺贈（特定の財産の遺贈を受けること）はいつでも放棄できるが、包括遺贈を放棄するには相続放棄の手続が必要である（47ページ）。

死後認知

未婚の男女間に生まれた子を男性が認知せずに死亡した場合、法的な父子関係を成立させるための制度。父の死後3年以内であれば認知請求訴訟を提起できる（民法787条）。

PART4 3 相続登記申請時の提出書類

相続登記のしくみ

登記申請時には登録免許税を納付する

■ 申請にはどんな書類が必要か

相続登記を申請するには、以下の書類が必要になります。

① 登記申請書

「相続」という登記原因、相続発生の年月日、相続人（申請人）の住所・氏名、不動産の表示といった登記事項などを記載します。

② 登記原因証明情報

相続を登記原因とする所有権移転登記を申請するには、登記原因証明情報として、被相続人の出生から死亡までの連続した戸籍（除籍、改製原戸籍）謄本と、相続人の戸籍謄本の他、遺産分割協議書や遺言書などが必要です。遺産分割協議書には、原則として相続人全員の印鑑証明書を添付します。自筆証書遺言を添付する場合は、家庭裁判所が発行する検認済証明書も併せて提出することが必要です。

③ 住所証明書

相続人の実在性を証明するために、市区町村の発行した住民票の写しや印鑑証明書を、登記申請書に添付します。

④ 代理権限証書

相続人に代わり司法書士などの代理人が登記申請を行う場合は、代理権を証する書面として委任状を添付します。委任状には、代理人の住所・氏名を記入し、相続を登記原因とする所有権移転登記を委任することの他、不動産の表示などを記入します。作成年月日も必ず記入しましょう。最後に委任者の住所・氏名を記入し、押印します。

検認済証明書

2018年の相続法改正では、法務局で自筆証書遺言を保管する制度が創設され、法務局で保管された自筆証書遺言については、家庭裁判所の検認手続きが不要である。したがって、この場合には検認済証明書の添付が不要になる。

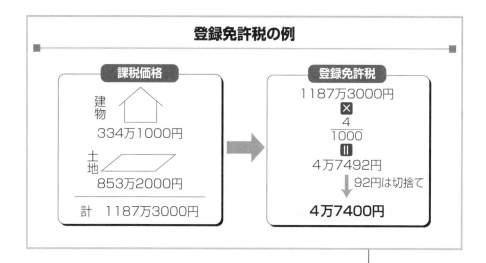

⑤ 固定資産評価証明書

登記申請書には、登録免許税の額と、課税価格（登録免許税を算出する課税対象となる不動産の価額）の1000円未満を切り捨てた額を記載します。

登記申請書に記載する課税価格は、地方税法による固定資産課税台帳に登録された不動産の価額をもとに計算しますので、市区町村の発行する申請年度分の固定資産評価証明書を登記申請書に添付します（添付不要の法務局もあります）。

■ 登録免許税の納付

登記申請時には登録免許税を納めます。登録免許税を納付しない登記の申請は却下されます。現金で納付し、領収証書を登記申請書に貼りつけて申請するのが原則ですが、印紙納付も認められています。

現金納付の方法による場合には、郵便局など指定の納付場所で納付し、その領収証書を登記申請書に貼りつけて法務局に提出します。印紙納付の場合には、登録免許税に相当する金額の収入印紙を登記申請書に貼りつけて法務局に提出します。

登録免許税の計算方法

相続による所有権移転登記の登録免許税は、課税価格に1000分の4の税率を乗じて算出する。算出した金額について100円未満の端数がある場合には、その端数を切り捨てた金額が登録免許税となる。相続登記の税率1000分の4を乗じて1000円に満たないときの登録免許税は1000円となる。

却下

不適法であることを理由に申請等を退ける（受け付けない）こと。登記申請の場合、「申請の権限をもたない者が申請している」「登録免許税を納付しない」など、登記申請の方式に不備があることを理由に申請を受け付けないこと。

PART4 4
相続登記のしくみ

登記原因を証明するための書類と登記申請書の準備
戸籍謄本や除住民票などの必要書類を用意する

■ 登記原因証明情報とは

「相続」という登記原因が発生した事実を証明するためには、登記原因証明情報として、被相続人が死亡したことの記載のある戸籍謄本が必要です。その他にも、以下の書面が必要です。

① **戸籍謄本や除籍謄本など**

被相続人については、死亡した事実の記載のある戸籍謄本の他、死亡時から遡って出生時または12～13歳頃までの記載がある戸籍謄本、除籍謄本、改製原戸籍謄本が必要です。これによって、被相続人の生涯にわたって、養子を含めた子がいるか、認知した子はいるか、などの情報を確認することができます。そして、最終的に相続人がだれになるのかを確定できます。

さらに、相続人全員が実在していることを証明するために、相続人全員の戸籍謄本を添付することも必要です。なぜなら、被相続人が死亡する前に、相続人になると思われていた者(推定相続人)が死亡していると、代襲相続が発生する場合や、相続順位の低い者が相続人となる場合があるからです。

② **被相続人の除住民票(または戸籍の附票)の写し**

登記簿(登記記録)上の所有者と被相続人が同一人物であることを証明するために、被相続人の除住民票(住民票の除票)の写しまたは戸籍の附票の写しを提供しなければなりません。登記簿(登記記録)上の所有者の住所・氏名と被相続人の住所・氏名が同一であることをこれらの書類で証明します。

③ **代襲相続が発生している場合**

代襲相続が発生している場合には、被代襲者の出生から死亡

改製原戸籍

戸籍が新しくなった(改製された)場合の、古い戸籍のこと。具体的には、戸籍制度に関する法改正が行われ、戸籍全体が書き換えられた場合の、書き換えられる前の古い戸籍が改製原戸籍となる。改製原戸籍の保存期間は150年となっている。

除住民票の写し・戸籍の附票の写し

除住民票の写しや戸籍の附票の写しに記載された被相続人の最後の住所と登記簿上の住所が異なる場合は、登記簿上の住所から最後の住所までの連続性を証する書面の提供が必要になる。
ただし、除住民票や戸籍の附票は、それぞれ5年で保存期間が切れるため、その場合は、除住民票や戸籍の附票の廃棄済証明書および上申書(相続人全員の署名または記名と実印による押印があるもの)などの書類を提出する。

相続による所有権移転登記の登記原因証明情報

- 被相続人の出生から死亡までの連続した戸籍（除籍、改製原戸籍）謄本
- 被相続人の住民票の除票の写し（本籍地や死亡の記載があるもの）
- 相続人の戸籍謄本（現在戸籍）

上記に加えて、下記書類の添付が必要です。

遺産分割協議による場合	遺産分割協議書 ＋ 相続人全員の印鑑証明書
遺言による場合	公正証書遺言 自筆証書遺言 ＋ 検認済証明書
相続人の中に相続放棄をした者がいる場合	相続放棄申述受理証明書

までの戸籍（除籍、改製原戸籍）謄本と、代襲相続人全員の現在の戸籍謄本が登記原因証明情報のひとつとして必要になります。

④ 遺産分割協議書

遺産分割協議の内容に従って相続登記をする場合、遺産分割協議書を登記原因証明情報の一部として提供しなければなりません。遺産分割協議書には原則として相続人全員の印鑑証明書を添付します。遺産分割が家庭裁判所の審判か調停によって行われたときは、その審判書か調停調書の正本を添付します。

⑤ 相続分皆無証明書（相続分のないことの証明書）

被相続人から特別受益にあたる贈与や遺贈を受けた相続人（特別受益者）は、贈与や遺贈をされた財産の価値が本来の相続分の価値以上であれば、相続分がゼロとなります。この場合、特別受益者が相続分のないことの証明書（相続分皆無証明書）を登記原因証明情報の一部として提供します。相続分皆無証明書には、証明者が署名押印します。ただし、遺産分割協議の中で特別受益者が何も相続しないことを定めた場合は、遺産分割協議書によって特別受益者の相続分がないことを証明できますので、相続分皆無証明書の作成は不要です。

代襲相続

配偶者や直系尊属を除く相続人が、被相続人よりも先に亡くなっている、あるいは相続欠格または相続廃除により相続権を失っている場合に、本来の相続人（被代襲者）の代わりに、その子など（代襲相続人）が代わりに相続することをいう。

相続分皆無証明書

相続分皆無証明書は「特別受益証明書」などと呼ばれることもある。相続分皆無証明書への署名は記名でもよいが、押印は実印で行わなければならない。

⑥　相続放棄申述受理証明書

　相続人の中に相続を放棄した者がいる場合、その者は最初から相続人ではなかったことになります。したがって、相続人の全員がだれであるかを証明する書類の一部として、家庭裁判所から交付された「相続放棄申述受理証明書」を提供します。

⑦　遺言書

　遺言書に基づいて相続を原因とする所有権移転登記を申請する場合は、遺言書も登記原因証明情報の一部となります。

⑧　相続関係説明図

　戸籍謄本や除籍謄本などの原本還付を請求する場合、相続関係説明図を作成して、これを登記申請書に添付すれば、コピーを添付する必要はなく、登記完了後に原本が返却されます。

　相続関係説明図には、被相続人の最後の本籍、最後の住所、登記簿上の住所の他、被相続人と相続人の関係、被相続人の死亡年月日、相続人それぞれの関係性（妻、長男など）、相続の内容（法定相続か遺産分割かなど）などを盛り込みます。

■ 登記申請書を記載する際のチェックポイント

　登記申請書には以下の事項を記載し、相続人が署名（記名）押印します。司法書士などによる代理申請の場合は、代理人が署名（記名）押印します。この押印は認印でもかまいません。

①　登記の目的

　どのような登記を求めるかを記載します。所有権の登記がしてある不動産を相続した場合には「所有権移転」となります。

②　相続人（申請人）の表示

　被相続人の氏名を（被相続人　○○○○）とカッコ書きで記載してから、相続人の住所・氏名を表示します。

③　登記原因とその日付

　登記原因の日付は、登記をする原因となった事実が発生した日です。具体的には「○年○月○日相続」と表示します。

被相続人や相続人の表示

相続関係説明図への記載について、被相続人の氏名は、登記簿の記録と一致するように記載しなければならない。相続人の住所・氏名は、住所証明書（住民票の写し）の記載と一致する必要がある。

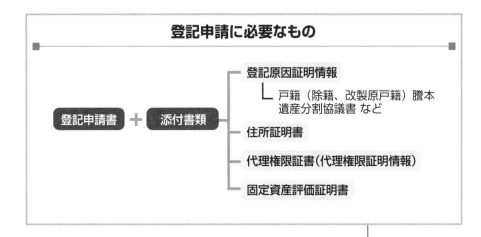

④ **添付書類の表示**

「登記原因証明情報」「住所証明書」と記載します。代理申請の場合には、「代理権限証書」も記載します。

⑤ **登記申請の年月日**

申請書を法務局に提出する日付を記載します。

⑥ **法務局の表示**

登記の申請書を提出する法務局か地方法務局（または支局か出張所）を記載します。

⑦ **課税価格と登録免許税**

課税価格には、不動産の価額の合算額から1000円未満を切り捨てた額を記載します。不動産の価額は、固定資産税課税台帳に登録された価格に基づきます。相続による登録免許税は、課税価格に1000分の4を乗じて計算した金額です。

⑧ **不動産の表示**

登記簿上の土地や建物と一致するように記載してください。

⑨ **代理人の表示**

司法書士など代理人が登記申請をする場合、代理権限証書（委任状）の記載通りに、代理人の住所・氏名を記載します。

不動産の表示方法

土地については、所在（郡・市・区・町村・字）と地番の他、地目、地積などを記載する。
建物については、所在と地番の他、家屋番号、種類、構造、床面積、附属建物がある場合はその種類・構造・床面積などを記載する。
区分所有建物についての記載方法は、通常の建物とは異なる。建物全体の所在、構造、床面積（または建物の番号〈実際は「〇〇マンション」など建物の名称〉）を記載した後に、専有部分の家屋番号、種類、構造、床面積などを記載する。さらに、敷地権の表示として、所在と地番、地目、地積、敷地権の種類、敷地権の割合を記載する。

PART 4 相続登記のしくみ

PART4-5 相続登記のしくみ

提出用申請書類の整理・補正

不備があっても後から訂正できる

■ 申請書類を整理しておく

申請書や添付書類の大きさ、綴じ方は法律で決められているわけではありませんが、現在ではＡ４横書きで作成し、左側を綴じるのが一般的です。申請書を作成し、添付書類がそろったら、再度書き残しや間違いがないかを確認し、次ページ図のような順序で綴じます。さらにグループ別に分けた書類を大型のクリップでとめて提出します。

① Ａグループ（法務局へ提出用の書類）

提出用に必要な書類は、登記申請書、登録免許税納付用台紙、相続関係説明図、原本還付を受ける書類のコピー、委任状などです。これらの書類を重ねて、左側をホチキスやこよりなどで綴じます。

② Ｂグループ（申請人に返還されるもの）

原本還付を受ける書類です。Ａグループで相続関係説明図を添付すれば、戸籍謄本などはコピーなしで原本還付されます（118ページ）。

■ 補正が必要になる

登記申請書に何の不備もなければ、記入係にまわされて、登記記録に記録されます。もし、申請書に不備が見つかった場合でも、不備を補正できるのであれば、登記官は申請を却下せずに、申請人に対して補正を指示します。補正しない場合、申請は却下されることになりますが、実務では、不備を説明した上で、申請人に取下げを促している場合も多いようです。

申請書などの書式について
申請書や添付書類の大きさ、綴じ方は法律で決められているわけではない。現在ではＡ４横書きで作成し、添付書類とともに左側を綴じるのが一般的である。

原本還付を受ける書類
遺産分割協議書、印鑑証明書、住民票（除票を含む）の写し、固定資産評価証明書などの原本である。委任状は原本還付の対象外である。

補正
登記手続において、登記申請書類に不備がある場合に補充または訂正をすること。

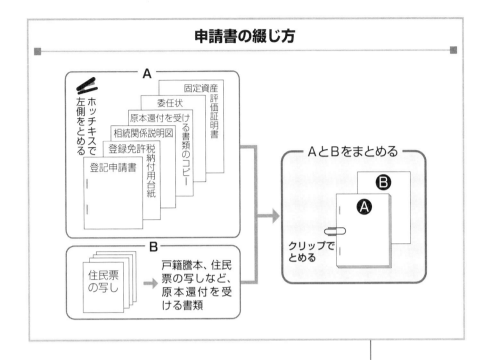

　書面申請の場合、登記申請書に申請人の電話番号などの連絡先を記載することになっています。申請書、添付書類などに不備があり、そのままでは登記の実行ができない場合、「○月○日までに補正を行うように」と法務局から電話がかかってきます。そこで、補正の要請があった場合には、期限までに法務局に行き、必要な補正をすることになります。登記官には、補正の必要がある場合に必ず申請人に連絡をするという義務があるわけではありませんが、通常、そのままでは登記できない不備がある場合には、連絡があるといえるでしょう。

　なお、不動産登記の場合は、郵送で書面申請を行ったとしても、郵送で補正をすることができず、申請先の法務局に直接出向いて補正する必要があることに注意を要します。これに対し、オンライン申請をした場合は、補正もオンラインで行うことになります（法務局での補正は不可）。

PART4-6 法定相続情報証明制度

相続登記のしくみ

相続手続きに必要な書類の提出・還付の繰り返しが避けられる

■ どんな制度なのか

　法定相続情報証明制度とは、相続人等が登記所に法定相続情報一覧図を提出することで、認証文が付けられた法定相続情報一覧図の写しの交付を受けることができる制度をいいます。

　たとえば、不動産を所有していた被相続人が死亡した場合に、この不動産を相続する相続人は、相続を原因とする所有権移転登記の申請を行う必要があります。しかし、この申請を行うためには、戸籍関係の書類など、必要な書類は膨大にのぼります。しかも不動産の他に、遺産として預貯金や証券口座がある場合には、銀行・郵便局や証券会社にも、同様の戸籍関係書類などを提出する必要があります。このとき、相続人は先に所有権移転登記の申請手続きを行っていれば、登記所（法務局）から必要な書類の原本を還付してもらい、改めて銀行などに提出しなければなりません。

　以上のように、膨大な書類の行き来が必要な従来の法定相続制度は、煩わしさが大きく、相続を原因とする所有権移転登記手続きを避け、放置された不動産が増加していると指摘されていました。法定相続証明制度では、法定相続情報一覧図の認証を受けていれば、原則として法定相続情報一覧図の写し1枚を提出することで、各種手続きを行うことが可能になりました。

■ どんな手続きをするのか

　法定相続情報証明制度の利用を希望する相続人（または一定の代理人）は、登記所に対して、相続人の出生時からの戸籍関

法定相続一覧図の交付

法定相続情報一覧図の写しの交付は、法定相続情報一覧図の保管期間（申出日の翌年から5年間）内であれば、再交付を受けることが可能である。

```
┌─────────────────────────────────────────────────────────┐
│  法定相続証明制度を利用するために準備する必要がある書類  │
├─────────────────────────────────────────────────────────┤
│                                                          │
│  ● 登記所に提出しなければならない書類                    │
│                                                          │
│   ┌1 被相続人の戸籍・除籍謄本       ⇒ 出生時から死亡時までの │
│   │                                   連続した戸籍（除籍、改製 │
│   ├2 被相続人の住民票の除票の写し      原戸籍）謄本          │
│   │                                                      │
│   ├3 相続人全員の戸籍謄本（抄本）                        │
│   │                                                      │
│   └4 申出人の住所・氏名確認のための書類 ⇒ 運転免許証のコピーなど │
│                                                          │
└─────────────────────────────────────────────────────────┘
```

係の書類と、それに基づいて作成した法定相続情報一覧図を提出します。その後、登記官が確認の上、認証文付きの法定相続情報一覧図の写しの交付を受けることができます。法定相続情報一覧図には、被相続人の氏名・最後の住所・死亡年月日、相続人の氏名・住所・被相続人との関係などが記載されます。

相続人は、各種機関での手続きで、この法定相続情報一覧図の写しを提出すればよく、大量の書類の行き来が不要になります。

■ 法定相続情報一覧図作成の仕方

法定相続情報一覧図は、相続関係説明図と似ていますが、相続開始時の相続人を証明するためのものなので、相続関係説明図とは相違点もあります。たとえば、相続関係説明図では被代襲者も他の相続人と同様、氏名を記載しますが、法定相続情報一覧図では被代襲者（死亡年月日）を記載するだけで、氏名の記載は不要です。

また、相続人の住所の記載は任意とされており、住所を記載する場合は住民票の写しの添付が必要です。なお、法定相続情報一覧図の作成を登記所へ申し出た相続人の氏名の横に（申出人）と記載します。

> **法定相続情報一覧図が利用できる手続き**
>
> 法定相続情報証明制度がスタートした平成29年の段階では、戸籍関係書類の代わりに法定相続情報一覧図が利用できる各種機関は限定されていたが、現在では、ほとんどの金融機関で利用でき、かつ家庭裁判所の遺産分割調停や相続放棄の手続きでも利用可能になった。

Column

相続分皆無証明書が必要になる場合

　相続分皆無証明書（特別受益証明書）を添付して、相続登記がなされるケースがあります。相続分皆無証明書とは、被相続人が死亡する前に、相続人が本来の相続分を超える財産を受け取っている場合などに、相続にあたって自らの相続分がないことを証明するための書面です。

　本来であれば、特定の相続人が特別受益（28ページ）を受けているために、特定の不動産について、その相続人に相続分がないことを前提にした相続登記を行う場合は、遺産分割協議書の提出が必要になります。もし遺産分割協議書の提出を省きたいのであれば、特別受益を受けた相続人が相続放棄を行う必要があります。しかし、いずれも煩雑な手続きが必要になるため、相続登記の際に、より簡易な相続分皆無証明書の添付が選択されます。

　相続分皆無証明書を作成した相続人がいる場合、その相続人に遺産は配分されません。さらに、1人を除いた残りの相続人すべてが相続分皆無証明書を作成すると、結局、遺産分割協議をしたのと似たようなことになるので、1人の相続人だけのための相続登記をすることができます。

　しかし、贈与（生前贈与）や遺贈で相続分を超える財産を受けとっている事実がないのに、相続分皆無証明書を作成して相続登記をすることは、法律的に問題があります。

　また、相続分を超える財産を受けとっている事実がないにもかかわらず、他の相続人が相続分皆無証明書に押印を求めてきたような場合には、拒絶するなどの対応をしたほうがよい場合もでてきます。

　相続分皆無証明書には、自らが特別受益者であって相続分のないこと、作成年月日、特別受益者の住所・氏名を記載します。相続分皆無証明書には、証明者が署名（記名）押印します。この場合の押印は実印である必要があります。印鑑証明書も必要です。

PART 5

家庭裁判所での手続き

PART5 1 家庭裁判所の利用方法

家庭裁判所での手続き

家事相談から調停・審判まで活用法はさまざま

家事手続案内

全国の家庭裁判所には、夫婦、親子、相続など家族関係の法律問題について手続きの説明などを行う「家事手続案内」のサービスがある。家事手続案内では、申立てにあたって必要な費用や添付書類など、問題解決のためのさまざまなアドバイスを受けることができる。

家事事件手続法

家事事件を扱う法律に家事事件手続法がある。家事事件手続法は家庭の平和と健全な親族共同生活の維持をはかることを目的としている。
そして、調停ができる別表第2事件については、原則として調停前置主義をとっている。家庭内のトラブルについては、いきなり審判の申立てや訴訟の提起ということは認められず、家庭裁判所の調停を経なければならないという原則である。
もっとも、遺産分割事件は調停前置主義がとられていないが、審判の申立てをしても、家庭裁判所の判断で調停に回されるのが通常である。

■ 家事事件にはどのような種類があるのか

家事事件は大きく、別表第1と別表第2に記載されている事件の2つの類型に分けることができます(次ページ)。

別表第1の事件は、当事者が自らの判断で処分することができない権利が関わる公益性の高い事件で、調停によって解決することができない事件のことをいいます。別表第2の事件は、当事者が自らの判断で処分することができる権利に関する公益性の低い事件で、調停によって解決することができる事件のことをいいます。

■ 調停はトラブルの原因を把握することからスタート

遺産分割事件では、いろいろな問題がからみ、一挙に解決しようとすると協議がなかなかまとまらないので、「積み上げ方式」といわれる独特の方法で調停を進行させます。まず、相続人の範囲を確認し、遺産の範囲を確認します。これらの点について、当事者間で合意ができない場合は、遺産分割の調停はできず、調停を取り下げ、民事訴訟で解決するしかありません。

遺産の範囲を確認した後は、遺産の評価をします。評価について合意ができない場合は、鑑定するしかありません。評価が決まったら、特別受益、特別寄与の有無を調査し、各人の相続持分を算出し、最後にだれが何を取得するかを決めます。話し合いで解決できそうな場合、分割方法の基本案が調停委員会から提示されます。その結果、うまく当事者の合意が得られれば、最後に調停調書を作成して調停は終了します。

相続に関する別表第1事件・別表第2事件の概要

●別表第1 (24項目134種類)
推定相続人の廃除など、相続の承認及び放棄(相続放棄や限定承認の申述の受理など)、財産分離など、相続人の不存在(特別縁故者に対する相続財産の分与など)、遺言書の検認など、遺留分の放棄の許可など、中小企業における経営の承継の円滑化に関する法律(遺留分の算定に係る合意についての許可)など

●別表第2 (8項目16種類)
祭具等の所有権の承継者の指定、遺産分割及びその禁止など

■ 調停申立て後の流れはどうなっている

調停として扱われる場合には、当事者が期日を定めて呼び出されますので、必要な資料を用意して、当事者本人が出頭します。調停では、裁判官と家事調停委員で構成される調停委員会が、当事者全員が納得する解決をめざします。

合意ができた場合は、合意事項を調書にすることで調停成立となり、事件は終了します。調停調書の作成は家庭裁判所が行うので、合意に至る過程で、裁判官などの前で内容をよく確認したり記録をとっておくことが大切です。調停調書は後日交付されますから、相違があれば申し出ます。

■ 調停が不調に終わったときは審判へ

遺産分割事件では、調停が不調に終わり、合意できなかった場合は、自動的に審判手続きに移行します。ただし、相続人の範囲や遺産の範囲について争いがある場合は、裁判所は「調停をしない」という決定をして、審判手続きに移行させない場合があります。これに対し、別表第1事件の場合は、そもそも調

調停の事前準備手続きについて

家庭裁判所は調停の申立てを受けると、相続人の事情(被相続人との関係や相続財産など)を知るための照会書を相続人全員に郵送する。各相続人が記入の上、返送すると、家庭裁判所はこれをもとに調査書を作成し、調停の事前準備を行う。

停が行われませんので、審判手続きから開始されます。

審判とは、家庭裁判所が行う終局的な判断のことをいいます。調停は当事者同士の自主的な紛争解決手段ですので、家庭裁判所の一方的判断である審判とは異なります。たとえば、遺産分割事件について調停を経ずに最初から審判を請求するときは、「遺産分割審判申立書」に必要事項を記入して、添付書類とともに相続開始地の家庭裁判所に提出します。審判手続きでは調査官による調査などが行われます。

その後、各相続人の事情などにも配慮した審判の告知がなされ、強制的に遺産分割の方法を決定します。審判に不満がある場合は、2週間以内に申し立てることで、高等裁判所で即時抗告という不服申立ての手続を行うことができます。

即時抗告
決定または命令という形式の裁判が行われた日から一定の期間内にしなければならない不服申立てのこと。

■ 審判・調停申立てに必要な書類と費用は

相続に関する家事事件では、相続人、包括受遺者、相続分譲受人などが、各種書類を家庭裁判所に提出します。用意するおもな書類は、①申立書、②相続人・利害関係人目録及び相続財産目録、③戸籍謄本・除籍謄本です。

相続人を確認するため戸籍謄本は、古いものまで必要です。手間がかかる場合は、弁護士などに書類をそろえてもらいます。申立書を作成できないときは、裁判所に行き、口頭で述べて申立てをすることもできます。審判を申し立てたときは、家庭裁判所から書面で照会を受けることや、調査官による調査や裁判官による審問のために呼出しを受けることもあります。

申立てに必要な費用は、申立書に貼る収入印紙、実務連絡に必要な通信費などです。場合によっては、鑑定や出張などの費用を負担しなければならないこともあります。

■ 相続放棄・限定承認の申述手続き

相続人は、家庭裁判所に対する申述を通して、被相続人の財

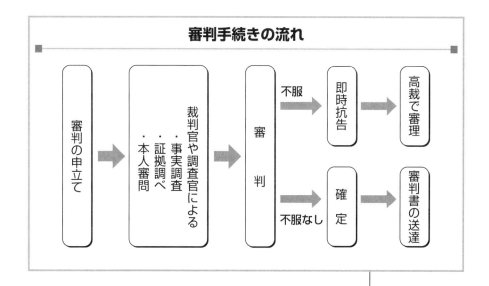

産の引継ぎをすべて拒否する相続放棄と、プラスの財産の範囲内でマイナスの財産を引き継ぐ限定承認を行うことができます。どちらも相続開始を知った日から3か月以内（これを熟慮期間といいます）に、家庭裁判所に対して審判の申立てを行わなければなりません。熟慮期間内に相続放棄や限定承認を行わなければ、マイナス財産を含めたすべての被相続人の財産を相続したとみなされてしまいます（これを単純承認といいます）。

相続放棄を例に挙げると、被相続人の最後の住所地を管轄する家庭裁判所に対し、以下の必要書類を揃えて、審判の申立てを行います。

① 相続放棄申述書
② 被相続人の住民票除票または戸籍附票
③ 相続放棄をする人の戸籍謄本
④ 被相続人の死亡の記載のある戸籍謄本（被相続人の父母などの直系尊属または兄弟姉妹が相続放棄をする場合は、被相続人の出生から死亡までの戸籍（改製原戸籍、除籍）謄本が必要です）

審問
裁判官が事件を審理するため、事件の当事者などに口頭や書面で事情を尋ねること。審問は非公開である。

戸籍謄本／除籍謄本
戸籍謄本とは、戸籍に記載されている事項の全部を謄写（コピー）したものである。
除籍謄本とは、除籍（婚姻や死亡などの理由で戸籍に載っていた人の全員が除かれている戸籍）に記載されている全員を証明する書面のことである。

PART5-2 遺産分割調停

家庭裁判所での手続き

遺産分割に関するトラブルは家庭裁判所で解決する

■ 遺産分割調停の手続きの流れ

　遺産分割調停は、裁判官と家事調停委員から構成される調停委員会が、中立公正な立場で各相続人から事情を聞いたり、妥当な解決策を示したりするなど、話し合いによって円満に解決できるよう仲介する手続きです。

　遺産分割調停は、相続人（包括受遺者を含みます）の１人または数人の申立てによって開始されます。遺産分割協議が相続人全員の参加を必須とする手続きであることから、申立人以外のすべての相続人が相手方になります。

　申立てが受理されれば、裁判所が調停を行う日（調停期日）を決定し、申立人および相手方に第１回目の期日が書かれた呼出状が送られてきます。期日に裁判所へ出頭すると、申立人と相手方はそれぞれ「調停室」と呼ばれる部屋で、調停委員と話しをすることになります。１回の期日で両者の話し合いがまとまれば、そこで調停は終わりますが、まとまらない場合は第２回、第３回と期日が続行され、話し合いが続けられます。

　遺産分割調停を利用して、相続人全員が合意に達した場合は、調停調書が作成され、その内容に沿って遺産分割が行われます。

　遺産分割調停は、相続人間で遺産をどのように分けるかを決定する手続きであることから、相続人や遺産の範囲が確定していることが前提となります。遺産の範囲に争いがある場合、遺産分割調停の中で遺産の範囲について相続人全員で合意して解決することが可能です。しかし、遺産分割調停における合意形成が困難である場合は、先に「遺産確認の訴え」（132ページ）

遺産分割調停の申立ての必要書類

申立てのおもな必要書類は、①申立書、②被相続人の出生時から死亡時までの連続した戸籍（除籍、改製原戸籍）謄本、③相続人全員の戸籍謄本、④相続人全員の住民票の写しまたは戸籍附票、⑤遺産を証明する書類（登記事項証明書、預貯金の通帳の写しなど）である。申立費用は、被相続人１人につき1200円分の収入印紙の他、各裁判所の指定する連絡用郵便切手を提出する必要がある。

調停調書の効力

調停調書には確定判決と同一の効力が認められるため、調書の内容に従わない相続人がいる場合は、強制的に手続きを進めることができる（強制執行の申立てなどが考えられる）。

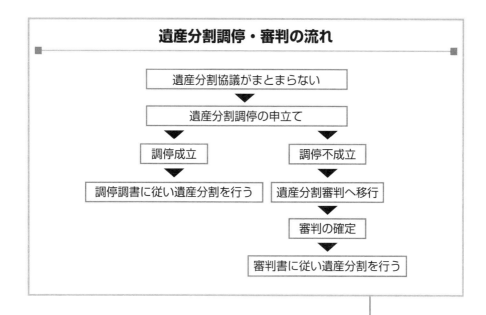

を提起して、遺産の範囲を確定しておくことが必要です。

■ 遺産分割審判の手続きの流れ

遺産分割調停が不成立に終わると、別途審判の申立てを行うことなく、自動的に調停が行われた家庭裁判所において、審判の手続きが開始されることになります。

遺産分割調停では、申立人と相手方がほぼ顔を合わせることなく手続きが進められていきます。しかし、遺産分割審判では、裁判官による審問の期日に申立人と相手方が出頭します。つまり、相続人全員が顔を合わせます。審問の期日においては、主張を書面にまとめ、その主張を裏付ける証拠を提出し、自らの主張立証を行います。そして、双方の主張立証が出尽くしたと裁判官が判断すると、どのように遺産を分割すべきかについて審判が下されます。審判の内容は審判書という書面に記載され、調停調書と同様、確定判決と同一の効力を持ち、強制執行の申立てなどが可能になります。

> **遺産分割審判の内容に不服がある場合**
> 審判の内容に不服がある者は、2週間以内に、審判をした家庭裁判所に対して不服申立て（即時抗告）をする必要がある。不服申立てがなされない場合には、審判の内容が確定する。

PART5 3 遺産分割以外の相続トラブルの解決策

家庭裁判所での手続き

家庭裁判所の調停・審判や民事訴訟を利用する

■ 相続人や遺産の範囲に争いがある場合

　遺産分割の前に、「だれが相続人か」(相続人の範囲)、「何が遺産に含まれるか」(遺産の範囲)を確定する必要があります。

　相続人の範囲の確定は、被相続人の出生から死亡までの戸籍(改製原戸籍、除籍)謄本の記載に基づいて行います。ただし、被相続人が認知症を発症した後に養子縁組をしていた場合や、意識不明の状態で婚姻届が提出されていた場合などは、被相続人との身分関係に争いが生じる可能性があります。この他、他人の子を実子として届け出ていた場合における親子関係不存在確認の訴えの提起や、死後認知を求める認知の訴えの提起なども、相続人の範囲に争いが生じた場合に利用されます。

　遺産の範囲の確定は、被相続人名義の不動産でも、特定の相続人が不動産の購入資金を拠出していたときは、その不動産を遺産に含めるか否かで揉めることがあります。この場合、まず家庭裁判所に遺産分割調停を申し立て、話し合いの中で遺産に含めるか否かについて合意に達する方法があります。合意に達した場合は、裁判官や家事調停委員を交えて、どのように遺産を分割するかを話し合います。しかし、合意に達しない場合は、調停不成立により遺産分割審判の手続きに移行し、裁判官が審判によって遺産に含まれるか否かを判断します。

　遺産の範囲については、相手方(被告)の住所地を管轄する地方裁判所に「遺産確認の訴え」を提起する方法もあります。遺産確認の訴えは民事訴訟なので、訴えを提起した人(原告)を除く相続人全員を相手方として訴えを提起します。

調停前置主義

養子縁組、婚姻、親子関係、認知に関する事件は、いずれも調停前置主義を採用している。そのため、訴えを提起する前に、家庭裁判所へ調停を申し立てることが必要であり、調停手続きで話し合いをしたが合意に達しないときに、訴訟の提起が可能になる。

親子関係不存在確認の訴え

戸籍上は親子とされているが、実際には親子関係がないことを確認するための訴えのこと。おもに嫡出推定が及ばない子(婚姻成立日から200日以内に生まれた子など)との間の親子関係を争う手段として利用される。

遺産分割審判における遺産の範囲に関する判断

遺産分割審判における遺産の範囲に関する判断については、あくまで遺産分割を行う前提にすぎないため、後から他の相続人が訴訟を提起することで、再び遺産の範囲が争われる危険性がある。

遺産分割以外のトラブルと手続き

相続人の範囲に争いがある	婚姻無効の訴え、養子縁組無効の訴え 親子関係不存在の訴え　など
遺産の範囲に争いがある	遺産分割調停・審判、遺産確認の訴え
遺留分について争いがある	遺留分侵害額請求調停・訴訟
遺言について争いがある	遺言無効確認調停・訴訟

■ 遺留分侵害額請求権

　兄弟姉妹以外の相続人には、最低限相続できる「遺留分」が認められています。遺留分が侵害されたときは、遺留分を侵害する受遺者や受贈者に対し、遺留分侵害額請求権を行使することができます（74ページ）。遺留分侵害額請求権を行使したが、相手方が遺留分相当額の金銭を支払わない場合は、家庭裁判所へ遺留分侵害額請求調停を申し立て、調停不成立となった場合に、地方裁判所へ遺留分侵害額請求訴訟を提起します。

遺留分侵害額請求権と調停前置主義

遺留分に関する紛争も家事事件として調停前置主義が採用されているが、遺産分割の場合とは異なり、調停不成立となっても審判の手続きに移行せず、調停で解決しなければ別途、訴訟を提起する必要がある。

■ 遺言の無効を訴える

　被相続人が遺言書を遺していた場合は、遺産分割は被相続人の意思を尊重して遺言内容に沿って行われるのが原則です。ただし、遺言が認知症などで遺言能力がない状態で作成された場合や、特定の相続人が有利になるよう脅されて遺言書が作成された疑いがある場合など、遺言の有効性に疑義が生じるケースも少なくはありません。

　その場合は、まず家庭裁判所へ遺言無効確認調停を申し立て、調停不成立となった場合は地方裁判所へ遺言無効確認訴訟を提起することになります。

PART5 4 申し立てる裁判所の違い

家庭裁判所での手続き

調停や審判は家庭裁判所に申し立てる

■ 調停や審判と訴訟では申し立てる裁判所が違う

相続に関する紛争は、家庭裁判所の調停・審判と地方裁判所の訴訟の2つに分かれます。

家庭裁判所の扱いとなる紛争は、別表第1事件と別表第2事件に分類されています（126ページ）。別表第2事件に分類される事件は調停の対象になりますが、別表第1事件に分類される事件は公益性が高いので、調停の対象になりません。

地方裁判所の扱いとなる紛争（訴訟手続きになる紛争）は、遺産の範囲の確認、相続欠格による相続権不存在確認などです。調停前置主義を採用する遺留分侵害額請求などは、調停不成立のときに地方裁判所が扱います。

調停は、相手方の住所地または当事者が合意で定める家庭裁判所が管轄します。審判は、被相続人が最後に住んでいた場所か死亡した場所の家庭裁判所が管轄します。ただし、寄与分に関する申立ては、遺産分割の申立てがすでになされていた場合は、その家庭裁判所にだけ申し立てることが可能です。

■ 調停前の仮の処分とは

調停委員会は、調停を行っている間に、調停のために必要な仮の措置を命じることができます。これを調停前の仮の処分といいます。調停前の仮の処分としてどのようなことを行うかは、調停委員会の判断によって決定します。調停前の仮の処分に対して当事者は不服申立てができません。調停事件の推移に応じて、調停委員会は調停前の仮の処分の内容を変更することがで

家庭裁判所の扱いとなる訴訟手続き

人事に関する争い（養子縁組・婚姻・親子関係・認知に関する一定の事件）については、人事訴訟法という法律に基づき、調停前置主義によって家庭裁判所が調停を行った後、調停不成立の際は家庭裁判所に人事訴訟を提起することになっている。

過料の制裁

調停委員会が命じた調停前の仮の処分に従わない者に対しては、10万円以下の過料を支払うように命じることができる。

家事事件で利用できる保全処分

保全処分		
	調停前の仮の処分	・調停のためにとくに必要があると認めるときに行われる ・執行力がない（強制執行ができない）
	審判前の保全処分	・一般の民事保全手続きと比べると納付する保証金の金額が低額ですむことが多い ・執行力がある（強制執行ができる）
	一般の民事保全手続き	・地方裁判所での手続きが必要 ・裁判所に保証金を納める必要がある

きます。

緊急の場合は、調停委員会に配属された裁判官が単独で調停前の仮の処分を命じます。ただし実務上、調停前の仮処分が行われることは、ほとんどありません。

■ 審判前の保全処分とは

審判手続きを扱う家庭裁判所は、仮差押や仮処分などの暫定的な措置を命じることができます。これを審判前の保全処分といいます。審判が行われる前に、関係者の財産などが変動してしまうと、後日の審判で決まった義務の履行が困難になる可能性が出てきます。審判前の保全処分を命じておけば、義務の履行が円滑に行われることが期待できます。

審判前の保全処分を行うには、審理の対象となる事件が存在していることと、保全の必要性が求められます。審判手続きが行われている場合だけでなく、調停の申立てがあった場合も保全処分を命じることができます。保全処分に基づいて強制執行をすることも可能です。しかし、保全の必要性がなくなった場合は、審判前の保全処分を取り下げる必要があります。

保全処分
将来の強制執行に備えて、相手方が財産を隠したり処分したり、あるいは財産の価値を減少することを防ぐ処分のこと。
一般には、民事保全法という法律に規定されている仮差押や仮処分を指す。

強制執行
国家機関（執行裁判所など）が債権者の請求権を強制的に実現する手続のこと。
たとえば判決が確定した場合、判決で支払いを命じられた金銭や、引渡しを命じられた物を、国の機関（執行機関）が強制的に被告からとり上げて、原告に引き渡すことができる。

PART5 専門家への相談・依頼方法

公的機関や弁護士会などの相談窓口を利用する

家庭裁判所での手続き

■ 相続について相談できる機関がある

相続問題は、弁護士などの専門家に手続を依頼するのが一般的です。ただし、その場合には、相応の費用がかかりますが、次のような機関の窓口を利用すると、無料や低料金で相談に応じてくれることもあります（次ページ図）。相続問題は、その種類によって依頼先が違います。まず何について相談したいのかを明確にし、大まかな費用を確認してから依頼します。

① **弁護士**

相続争いがこじれた場合には、弁護士に相談・依頼すると、法的な観点から適切なアドバイスがもらえますし、トラブルに対する訴訟などの法的措置を講じてもらえます。

② **税理士・経営コンサルタント**

相続に関する税務全般の相談は税理士にするのが一般的です。相続税の納め方や節税の方法、申告書の作成方法などについて相談できます。

③ **司法書士**

司法書士は、さまざまな法的な手続に必要となる書類を作成したり、申請の代行などをしています。具体的には、不動産の所有権移転などの登記申請書の作成と申請の代理、戸籍謄本や固定資産評価証明書などの取り寄せを依頼できます。

④ **ファイナンシャル・プランナー**

個人の資産運用や金融のアドバイスを行い、資産計画を立てる手助けをします。相続税対策のために財産の組み替え（不動産を売却し現金に替えるなど）の提案をしたり、事業の後継問

法テラス

相続など法律トラブルの相談を受ける機関。具体的には、相談内容に応じた法制度の紹介や、弁護士などの専門家の紹介をしている。相談料は無料だが、あくまでトラブル解決のために必要な法制度の紹介などを行うだけであり、具体的な解決方法を提示してもらえるわけではない（紹介を受けた弁護士などに解決してもらう）。

弁護士に相談するときの注意点

相談では、相続人本人であることを確認できる書類や資料を持参し、問題点は事前に整理しておくとよい。

税理士に相談するときの注意点

実際に相談に行く場合は、登記事項証明書や固定資産評価証明書など客観的な資料を用意しておく。固定資産評価証明書は住所地の役所で入手可能。

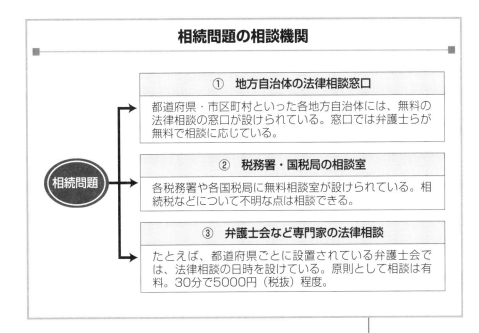

題について、税制面を含めてアドバイスします。

⑤　不動産鑑定士

　遺産分割において相続財産に不動産がある場合、その不動産にどの程度の価値があるのかがわからなければ、遺産分割ができません。このような場合には、不動産鑑定士に、不動産の鑑定依頼を行います。不動産鑑定士は、全国にある不動産鑑定士協会などで紹介してもらうことができます。

⑥　土地家屋調査士

　遺産分割や物納を行う場合には、分筆登記や不動産の測量が必要になります。この分筆登記は、土地家屋調査士だけが行える業務です。

⑦　行政書士

　役所に提出する書類の作成などの他、遺言書や遺産分割協議書の作成も行います。遺言書の作成に不安がある場合には、相談をしてみてもよいでしょう。

土地家屋調査士

都道府県の土地家屋調査士会や不動産会社などを通じて、土地家屋調査士を紹介してもらうこともできる。また、定期的に無料相談会を実施している土地家屋調査士会もある。実際に相談に行くときは、登記事項証明書と公図を用意しておくとよい。

Column

相続回復請求権

　実際には相続権を持たない者が、自分自身に相続権があると考えて、被相続人の遺産を独占などしているなど、本来の相続人の相続権が無視された状態に置かれることがあります。このような場合には、侵害された相続を受ける権利の回復を求めることになります。この権利を相続回復請求権といいます。この相続回復請求権は、侵害者に対して相続権を主張して、相続分にあたる財産の全部の引渡しを要求する権利です。そのため、相続人としての地位そのものの回復を要求する権利ともいえます。相続回復請求権の行使方法は限定されていませんが、現実問題としては訴訟によることが多いといえます。

　もっとも、相続回復請求権を行使して訴訟を提起した場合、仮に勝訴したとしても、「相続分にあたる財産の全部」という不明確な範囲の財産について、強制執行などを行うことは困難です。そのため、実際に相続人が相続権を侵害された場合には、侵害者に対して、たとえば不動産であれば不動産の返還請求など、相続の対象に含まれる財産に関する個別の請求権を行使するのが通常であることから、相続回復請求権の必要性について批判も加えられています。

　相続回復請求権は、侵害の事実を知ったときから5年間、相続開始のときから20年間で時効消滅します。真正な相続人の立場からすると、正当な権利が時効消滅してしまうというのは、不合理なようにも思えます。しかし、侵害者に対していつまでも相続回復請求権を行使できるとなると、事情を知らない第三者が表見相続人（実際には相続人ではないが、外見上、相続人に見える者。侵害者などがこれにあたる）から当該相続財産を買った場合、真正の相続人から目的物の返還を請求されることになってしまい、法律関係が不安定になっていまいます。そのため、法律関係の早期確定をめざす相続回復請求権に、一定の意義を認める見解もあります。

PART 6

相続財産の評価

PART6-1 遺産の分類

相続財産の評価

遺産分割協議の前に相続財産の中身を調べる

■ 遺産とは何か

遺産とは、被相続人が死亡時に残した財産です。これまで見てきたように遺産には、プラス分とマイナス分があり、その中身もさまざまです。相続が起きれば、被相続人の財産については、遺産分割上の問題だけでなく、税金上の問題もありますから、内容を客観的に知ることができるようにする必要があります。また、相続人が遺産分割の協議をする場合、お互いに何が相続の対象になるのかを知っておかなければなりません。

遺産は大きく、①現金・預金、手形、小切手、不動産、動産、債権、株などプラスの財産と②借金、保証債務、買掛金、預かり品の返還義務などのマイナスの財産に分類できます。この2種類の遺産を明確にするには、資産と債務を個別に書き出した一覧表である相続財産目録(遺産目録)を作成します。

■ 資産には何があるのか

次に、相続財産目録上に個別の資産をどう書き出すのか見ていきましょう。

① 現金・預金・手形・小切手

これらの資産については、実務上どのような資産か理解できるように書きます。たとえば、銀行預金の場合は、相続人として銀行に照会して、銀行名、支店名、口座の種類、口座番号、金額を確認します。

貸金などの債権は、債務者の氏名、連絡先、貸付日、貸付金額・貸付残高、返済期限、利率などを確認します。手形、小切

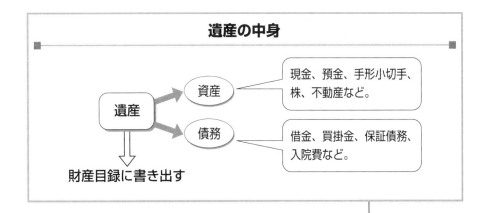

手、無記名債権なども発行人、種類、番号、金額などを特定します。手形は満期日を記載し、手形、小切手は期日には銀行などに呈示しなければなりません。株券なども要領は同じです。

② **不動産**

権利証または登記事項証明書を調べて、土地は所在、地番、地目、地積を、建物は所在、家屋番号、種類、床面積などを個別に確認して明記します。不動産は、土地と建物を別にするか、あるいは土地と建物をいっしょにして書きます。手元に権利証などがなければ、法務局や役所の固定資産税課で、公図や建物所在図などにより登記簿を調べます。

> **地番／地目／地積**
> いずれも不動産登記法上の概念。地番とは一筆の土地ごとに登記所によってつけられる番号で、通常の住居表示とは異なる。地目とは、土地の主たる用途による分類のことで、たとえば、田、畑、宅地のように分類される。地積とは、一筆の土地の面積のこと。

■ 債務も相続財産である

債務は資産（債権）の裏返しです。目録上に書き出す要領はこれも同じで、内容がよくわかるようにします。第三者からの借金、買掛金などが代表的な例です。相続人から被相続人への生前の貸付や立替金、仮払いなども被相続人の債務です。たとえば、入院費、治療費などがこれに含まれます。ただし、死後に発生する葬儀代、法事の費用などは被相続人の債務ではありません。しかし、立替分を相続した遺産から充当するかどうかは、それぞれのケースによって違います。

PART6 2 相続財産の対象

相続財産の評価

遺産は時価で評価する

■ 被相続人の財産とは

相続財産の中にはプラスの財産もあれば、マイナスの財産（借金や損害賠償など）もあります。

ただし、被相続人の財産であっても、相続できないものがあります。それは「一身専属権」と「使用貸借権」の2つです。一身専属権とは、被相続人だけにしか行使できない権利や義務（親権、扶養料請求権、身元保証人の義務など）のことです。この一身専属権の権利や義務は、被相続人の死亡と同時に消滅します。

使用貸借権とは、物を無償で貸借する権利のことです。これは、貸主と借主の特別な契約関係で成立しているため、契約当事者の一方の人が死亡すると効力を失います。ただし、不動産の使用貸借については、例外的に相続を認める場合もあります。

以上の2つ以外は相続財産とされ、相続税の課税の対象となりますが、中には非課税として扱われる財産もあります。

■ 相続財産にはどんなものがあるのか

相続税が課される財産は、相続または遺贈（死因贈与を含む）により取得される財産です。具体的には次に掲げる財産です。

① **本来の相続財産**

本来の相続財産とは、民法の規定によって被相続人から相続または遺贈により取得される財産のことをいいます。ここでいう「財産」は、広い意味に解され、金銭に見積もることができる経済的価値のあるものをすべて含みます。

遺産分割協議

相続人の間で相続財産をだれがどのように相続するかを決める話し合いのこと。
分割の協議成立までは、相続財産は相続人全員の共有となる。遺産分割によって各相続人が取得した権利は原則として、相続開始時に遡って効力を生じる（民法909条）。

相続税の課税対象となる財産

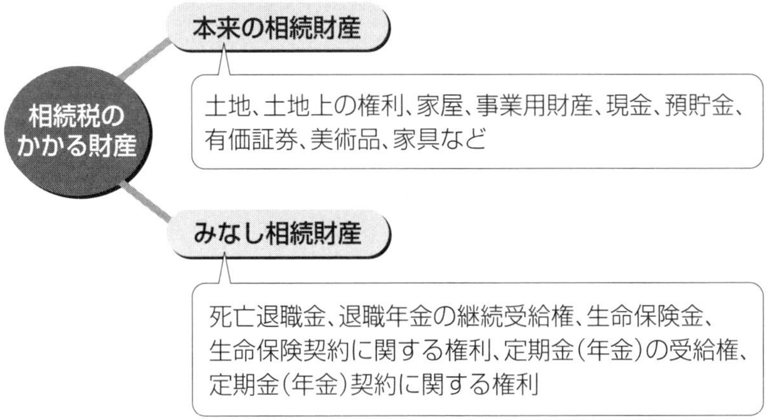

相続税のかかる財産

- **本来の相続財産**
  土地、土地上の権利、家屋、事業用財産、現金、預貯金、有価証券、美術品、家具など

- **みなし相続財産**
  死亡退職金、退職年金の継続受給権、生命保険金、生命保険契約に関する権利、定期金(年金)の受給権、定期金(年金)契約に関する権利

② **みなし相続財産**

相続税法では、民法上の相続財産ではないが、被相続人の財産とみなして相続税の課税対象とするものがあります。ある財産を取得したり経済的利益を受けたことが、実質的にみて相続または遺贈によるものと同じような経済的効果があると認められる場合には、課税の公平を図るため、相続または遺贈により取得したものとみなして相続税の課税財産とするのです。代表的なものとしては、生命保険金、死亡退職金、生命保険契約に関する権利などがあります(上図参照)。

③ **相続開始前3年以内に取得した贈与財産**

相続または遺贈により財産を取得した者が、被相続人から相続開始前3年以内に財産の贈与を受けていた場合には、贈与された財産の価額は相続税の課税価格に加算されます。

④ **相続時精算課税により贈与を受けた財産**

相続時精算課税制度の届出をして取得した贈与財産の価額は、相続税の課税価格に加算されます。

遺産分割と時価
遺産分割の際の評価方法についてはとくに定めはないが、遺産分割をするまでに時間がかかってしまう場合もあるため、遺産分割のための評価は実際に遺産が分割される時の時価で行うのが原則。

PART 6 相続財産の評価

■ 相続財産の評価はどうする

遺産の中身や価値を正確に把握して、それぞれの財産の価額を評価しておかないと、遺産分割協議をするときに具体的な協議を進めることができなくなってしまいます。

また、遺産の評価をしないと、相続税の納税額もわかりません。ですから、相続が発生したら、遺産を把握して、評価額を算定することになります。もし、遺産分割がすんでから新たに遺産が出てきた場合には、遺産分割協議をやり直すことになります。

相続財産がすべて現金や預貯金なら評価は簡単なのですが、そういうケースはまれです。実際の相続財産としては、土地や建物、美術品など容易に評価できないものがほとんどです。

相続税法では、相続人の財産は「時価」で評価すると定められています。しかし、時価という言葉は、意味としては「そのときの価値」といったところで、かなりあいまいな表現です。実務上は、「財産評価基本通達」に示された時価の基準に基づいて財産を評価し、相続税を計算します。これは、いろいろな財産の時価の計算方法に関する通達です。

ただし、被相続人の死亡時と、相続開始時から10か月後の納税期限日までの間に時価が大きく変わってしまうこともありえます。そのため、時価を評価する日は相続開始日と定められています。なお、生前贈与における評価日は贈与を受けた日とされています。

保証債務の取扱い

保証債務は、債務を履行した場合に求償権（他人のために支出をした場合など、求償できる者が、本来債務を負担すべき者に対してもつ権利のこと）の行使によって補てんされるという性質があるため、確実な債務とはいえず、原則として債務控除（相続財産の評価上、プラスの財産からマイナスの財産を差し引くこと）の対象とならない。ただし、その保証債務について、主たる債務者が弁済不能の状態にあるような場合は債務控除の対象となることがある。

生前贈与

自分の生きているうち（生前）に、配偶者や子どもなどに財産を贈与すること。

❓ 相続財産のうちの一部をある企業に寄附した。寄附した財産は相続税の対象となるのか

相続した財産を寄附した場合、以下のすべての要件を満たすと寄附をした財産は相続税の対象外となります。

① 寄附した財産が相続や遺贈によってもらった財産であること
② 相続財産を相続税の申告書の提出期限までに寄附すること
③ 寄附した先が国や地方公共団体または教育や科学の振興な

相続税の課税財産

プラスの財産

土地、建物、現金、預貯金等、株式、公社債、ゴルフ会員権、家財道具、書画骨董、立木、牛馬、船舶、自動車、貸付金の債権、貸家・貸ビルの未収家賃・地代、売掛金、受取手形、商品、著作権、特許権、営業権、損害賠償請求権、商標権、借地権・借家権など

プラスの財産とみなされるもの

死亡保険金、死亡退職金、生命保険契約に関する権利、定期金（年金）契約に関する権利、相続前3年以内の贈与など

マイナスの財産

借金、債務、損害賠償金（生前に確定したもの）など

どに貢献することが著しいと認められる公益目的の法人であること

企業に寄附した場合、③の要件を満たしていないため、寄附した財産は相続税の対象となります。

妻が交通事故で死亡した。この事故の加害者から損害賠償金が支払われたが、相続税が課税されるのか

交通事故の加害者から遺族が受け取った損害賠償金は、被害者が死亡したことに対して支払われるものです。これについては相続税の対象とはなりません。損害賠償金は遺族の所得にはなるのですが、所得税法上の非課税規定によって税金がかからないことになっているのです。損害賠償金には慰謝料や逸失利益の補償金などが含まれます。ただし、生存中に損害賠償金を受け取ることが決まっていて、これを受け取らずに妻が亡くなってしまったという場合には、その損害賠償金を受け取る権利は相続財産に含まれるため、相続税の対象となります。

治療・入院費用の取扱い

治療・入院費用は、可分債務であるため、相続分に応じて各相続人の負担となる。これらは、被相続人の債務であり、相続人自身の立替分でも第三者からの請求でも、債務として扱われる。

補償金

もしその人が生きていれば得ることができたはずの所得を補償する金銭のこと。

PART6-3 生命保険と相続税

相続財産の評価

生命保険の非課税枠は相続人1人あたり500万円である

■ 生命保険金も課税対象となる

生命保険の保険金を受け取った場合には、所得税、相続税、贈与税のうちいずれかの税の課税対象とされます。

① **保険料負担者が被相続人本人の場合**

受取人がだれであっても相続税が課税されます。被相続人の死亡により受け取った生命保険金については、本来の相続財産ではありませんが、被相続人の死亡により受け取った生命保険金で、被相続人が負担した保険料に対応する部分については、「みなし相続財産」として、相続税の課税対象となります。

ただし、保険受取人が相続人の場合は非課税控除があります。「500万円×法定相続人の数」までの金額(すべての相続人が受け取った保険金の合計額の方が少ないときはその金額)については、相続税が非課税となります。

② **保険料負担者が被相続人以外の場合で、保険料負担者が保険金受取人と同一人であるとき**

所得税が課税されます。一時金として受け取ると一時所得になります。この場合、受け取った保険金から払込保険料総額を差し引き、ここから50万円を控除した金額の2分の1が一時所得の金額となります。

③ **保険料負担者が被相続人以外の場合で、保険料負担者が保険金受取人と異なるとき**

保険金の受取人が保険料負担者から贈与を受けたとして贈与税が課税されます。受け取った保険金額はそのまま贈与税の対象となります。

保険料に対する課税

だれが保険料を負担し、だれが保険金を受け取ったか、また、被保険者(保険事故の対象者)がだれであったかによって課税される税金が異なる。通常、保険契約者が保険料負担者になるが、税法では保険契約者がだれかではなく、保険料負担者がだれなのかということが重要になる。

死亡保険金を非課税とする理由

死亡保険金は、「残された家族の生活保障」という大切な目的を持つ遺産である。そのため、一定の生命保険金を非課税としている。

保険契約者、被保険者、保険金受取人と税金

保険契約者 (保険料負担者)	被保険者	保険金受取人	課税
夫	夫	妻	相続税
夫	妻	夫	所得税
夫	子ども	妻	贈与税

生命保険と相続税 ･･･ 保険料負担者が被相続人本人の場合、保険金受取人に相続税が課税される

500万円×法定相続人の数＝非課税

生命保険と所得税 ･･･ 保険料負担者が被相続人以外の場合、保険料負担者が保険金受取人と同一人であるときは所得税が課税される

(受取保険金－払込保険料－50万円)×$\frac{1}{2}$＝課税される金額

生命保険と贈与税 ･･･ 保険料負担者が被相続人以外の場合、保険料負担者が保険金受取人と異なるときは保険金受取人に贈与税が課税される

110万円の基礎控除額がある

年金型の生命保険には所得税と相続税が二重にかかるのか

「10年間にわたって200万円ずつ支払われる」ような支払形態の年金型生命保険については、かつては、所得税と相続税が二重に課税されていましたが、平成22年7月の最高裁判決により、所得税の課税処分を取り消す判決が下されています。この判決を受けて、国税庁は過去5年分の所得税については、更正の請求の提出を受けることで、減額の更正をするという取扱いをしています。

保険料の贈与による節税

生命保険に関して、例えば契約者を子供、被保険者を親、保険金受取人を子供とした上で、親から子へ保険料相当額を贈与する節税策がある。①贈与で相続財産を減らせる②保険金を相続財産から外せる③子に現金を遺せるというメリットがある。

PART 6 相続財産の評価

PART6-4 相続財産の評価

系譜・墳墓・祭具・遺骸・遺骨や形見と相続

法律の定めに基づき、実情に応じて話し合いで現実的な対応をする

> **祭祀財産**
> 系譜・墳墓・祭具などの遺産のことを祭祀財産ともいう。

■ 系譜・墳墓・祭具の承継はどうする

　祖先から受け継いでいた系譜・墳墓・祭具などの遺産は、財産的な意味がほとんどないので、遺産分割の対象になりません。こうしたものの承継者は、被相続人が指定することになっていますが、指定は遺言によらなくてもかまいません。指定がないときは、相続人の協議によりますが、慣習が不明などの理由で決まらないときは、家庭裁判所に決めてもらいます。

■ 遺骸・遺骨はどうなるか

　ところで、遺骸・遺骨であっても所有権の対象になる場合があります。遺骸の引き取りをめぐって争うケースなどもありますが、遺骸・遺骨は被相続人の通常の相続財産ではありません。裁判所の判例では、遺骸・遺骨は社会的に特殊な扱いを受け、埋葬・管理・祭祀・供養のために祭祀主宰者が所有権をもつものとされています。なお、被相続人には祭祀主宰者を指定する権利がありますから、指定がある場合はそれに従います。

■「形見分け」の品は相続財産になるか

　遺品を遺族などで分ける「形見分け」という儀礼的慣習があります。形見も遺産分割の対象に入りますが、慣習上容認される程度のものであれば、分割の対象外になることもあります。一般的には、故人が身につけた時計やアクセサリーなどで、相続争いの対象にするほどの経済的価値がないものが形見分けの対象となります。宝石などは、遺産分割の対象となります。

祭祀財産承継者の決定方法

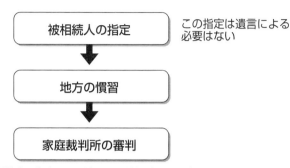

※承継者は第1に被相続人の指定により決まり、被相続人の指定がない場合には第2にその地方の慣習により、慣習も明らかでない場合には第3に家庭裁判所の審判によって定まる。

 葬式費用の負担割合はどのようにしたらよいのか

葬式費用は被相続人の死後の費用ですから、遺産ではありませんので、葬儀の主催者が負担します。しかし、相続人間で話し合って、相続人間で負担し合うケースも多くあります。

あくまで一般論ですが、相続人が負担し合うことにした場合は、まず、香典から費用を出し、足りないときは相続財産から法定相続人の相続割合に応じて負担するということが多いようです。香典は、葬式のために遺族にかかる金銭面での負担を周囲の人々が軽くしてあげようという気持ちで行う贈与です。厳密に言えば、受贈するのは喪主ということになりますので、喪主が独り占めしても法的には文句は言えません。しかし、香典のもともとの意味を考えた場合には、まず、葬式費用は香典から出すことが一番合理的ではないかと考えられます。ただ、まず、香典返しなどの費用として使い、残りを葬式費用に充てるのが理にかなっているという考え方もあります。

裁判所の利用

第三者が葬式費用の支払いを行った場合は、民事調停または訴訟により負担と支払額を確定させる事ができる。相続人の1人が喪主で、その費用の負担の話し合いがつかない場合、家事調停または審判で判断してもらう事ができる。

葬式費用についての規定

葬式費用は、地方や宗教によって異なるが、民法では葬式費用は「身分に応じて為したる葬式の費用」ということに限られている。

PART6-5 相続財産の評価

弔慰金・死亡退職金と相続税

過大な弔慰金には相続税が課税される

■ 弔慰金も相続税の対象になることがある

葬儀の際に遺族が受け取った香典は税金の対象にはなりません。また、被相続人の死亡によって受け取る弔慰金や花輪代、葬祭料などについては、通常相続税の対象になることはありません。ただし、被相続人の雇用主などから弔慰金などの名目で受け取った金銭などのうち、実質上、退職手当等に相当すると認められる部分は相続税の対象になります。

具体的には、被相続人の死亡が業務上の死亡の場合は、被相続人の死亡当時の普通給与の3年分に相当する額、また、被相続人の死亡が業務上の死亡でない場合には、被相続人の死亡当時の普通給与の半年分に相当する額までは弔慰金にあたる金額として相続税は課税されませんが、その金額を超える部分については、退職手当等として相続税の対象になります。

■ 死亡退職金には相続税が課される

会社に長く勤めている人が退職するときは、通常、退職金をもらえます。退職金をもらわないうちに死亡した人がいた場合には、亡くなった本人に代わって、遺族が退職金（死亡退職金）を会社からもらうことになります。このように、被相続人の死亡によって、遺族が、被相続人に支給されるべきであった退職手当金や功労金など（退職手当等）を受け取る場合で、被相続人の死亡後3年以内に支給が確定したものは、相続財産とみなされて相続税の対象になります。それ以後に支給された退職手当等については、相続税ではなく、受け取った人の一時所

死亡退職金に相続税が課される理由

たとえば、長年会社に勤めていた夫が亡くなったときに、妻が会社から死亡退職金をもらったとする。その妻のもらった死亡退職金は、夫が亡くなった日においては、夫の財産ではない。しかし、妻が死亡退職金をもらうことができるのは、夫の死亡が直接の原因であり、実質的に相続によって財産をもらったものと同じことだといえる。そのため、死亡退職金にも相続税がかかる。

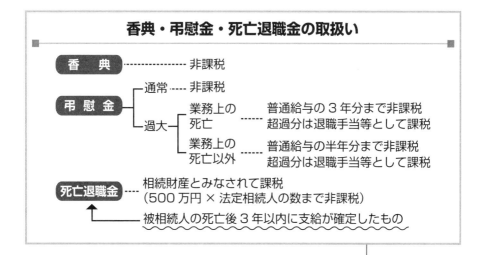

得として、受け取った退職金をもとに計算した金額の2分の1に対して、所得税が課税されます。なお、勤務年数が5年以下の一定の役員が受け取った退職金については、この2分の1を乗じる計算は適用されません。

■ **相続人が受け取った退職手当等には非課税限度額がある**

退職手当等はその全額が相続税の対象となるわけではありません。すべての相続人が受け取った退職手当等を合計した額が非課税限度額以下であれば、相続税は課税されません。

ここで注意したいのは、相続を放棄した人がいた場合でも法定相続人の数には含まれるので、含んだ人数で非課税限度額を計算する点です。また、この非課税の規定は、相続人以外の人が取得した退職手当等には適用がありませんので、相続人以外の人が取得した退職手当等は全額相続税の対象となります。

すべての相続人が受け取った退職手当等の合計額が非課税限度額を超える場合には、その非課税限度額を各相続人が受け取った退職手当等の金額の割合で按分した額がそれぞれの相続人の非課税限度額となります。

非課税限度額

500万円に法定相続人の数をかけた金額である。

PART6-6 相続財産の評価

不動産の遺産分割

確実に自分のものにするには登記をする

■ 不動産はいったん相続人の共有物となる

相続の開始後、相続財産はいったん相続人全員の共有となります。不動産についても同様です。個々の不動産がそれぞれ相続人の共有物となり、相続による所有権移転の共有登記をすることができます。

この共有登記手続きは、共有物を保存する行為とみなされますから、相続人の一人が単独で申請できます。また、相続人の債権者も共有登記を申請することができます。この共有持分については、譲渡することも債権者が差押えをすることもできます。

■ 遺産分割協議が成立したら登記をする

遺産分割協議が成立した場合は、分割前の共有は解消して、各不動産を新しく各相続人の所有に直す必要があります。この分割は相続開始時から有効であったとして扱われます。ただし、分割前に差押えや共有持分の譲渡があった場合は、遺産分割協議の際に考慮しなければなりません。

また、遺産分割協議の際に、特定の相続人が全部を相続したり、不動産を売却していた場合は、他の相続人に金銭を支払う代償分割（97ページ）という方法もあります。なお、遺産分割前の共有登記は必ずしも必要ではありませんが、遺産分割によって権利を得たり失った場合には登記が必要です。

■ 不動産の評価と遺産分割について

不動産を評価する方法には、原価法、比較法、収益法の3つ

ローン返済中の不動産分割の仕方

相続分に応じて資産と債務の両方を承継する。ローンも被相続人の債務として、相続される。たとえば、ローンで購入した不動産には、通常、抵当権が設定され、登記されているが、抵当権付きローンも相続される債務になる。債務は抵当物とは別に存在するので、何らかの事情で抵当物が無価値になっても、その状態と関係なく債務は残る。

ローン債務はだれが相続するか

債務を返済するのに足りるだけの遺産がある場合には自由に分割できるように思われがちだが、被相続人の債務は、相続人全員が相続分に応じて負担する必要があるため、法定相続分と違う債務の分割については債権者に対抗できない。
実際の遺産分割では、不動産を分割で取得した人が、ローン債務も分割して負担し、差額を相続分とすることが多い。
なお、ローンが不払いになり、債権者が抵当物件を処分、換価してローンが完済になれば、他の相続人は債務とは関係がなくなる。

152

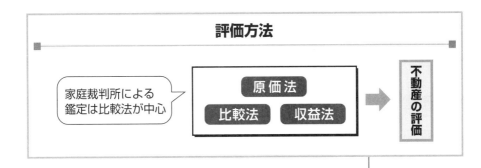

があります。家庭裁判所による鑑定の場合は、おもに比較法をとります。実際には東京や大阪では宅地建物取引業協会発行の「地価図都市計画図」による比較、評価が多いようです。また、現在では、土地価格の実勢に、税務署の路線価額や地方自治体による固定資産税課税台帳の評価額が近づいているので、これによって評価することもあります。

■ 各種の不動産の評価方法を知っておく

① **土地の評価**

国税庁が公表する路線価に基づく路線価方式と、地方自治体が定める固定資産税評価額に一定の倍率を乗じる倍率方式などを参考にします。

② **農地、山林の評価**

路線価方式と倍率方式の評価方法を参考にします。

③ **借地・貸地の評価**

地域によりますが、土地の評価額から借地権分（6〜7割）を差し引いた価格が貸地の評価額となるのが一般的です。

④ **家屋の評価**

固定資産税評価額を参考にします。

⑤ **借家・貸家**

築年数などが評価に影響しますが、家屋の評価額から借家権割合（3割）等を差し引いた価格が貸家の評価額となります。

ローンと生命保険

民間の住宅ローンでは、担保のために生命保険がローンといっしょに組まれている。このため、被相続人が死亡した場合、債務自体は生命保険で補われて消滅する。また、公的な住宅購入融資の場合は、ローンの支払いができなくなると、いったん保証協会が支払った後、抵当権つきの債権の譲渡を受けて、保証協会が相続人に支払いを求める事になる。なお、抵当権が実行されて競売にかけられるケースもある。

不動産鑑定士の利用

一般の遺産分割協議では、不動産鑑定士に鑑定を依頼するケースがある。専門家に鑑定を依頼すると費用がかかるので注意が必要である。

PART6-7 相続財産の評価

地形によっては補正されることがある

■ 土地の時価には4種類がある

遺産というと、土地を思い浮かべる人も多いと思いますが、土地の時価には、次ページ図の4種類があります。

時価の種類のうち、土地にかかる相続税を計算する場合に用いる時価は、相続税評価額（路線価格）です。相続税評価額は、実勢の取引価格よりも低く（約70％相当）設定されています。

■ 土地の評価方式は2つある

土地の相続税評価額の算定方式には二種類あり、路線価方式か倍率方式のいずれかの方式で評価して計算することになります。2つのうち、どちらで評価するかは、勝手に選べるわけではなく、所在地によって自動的に決定されます。もし評価すべき土地がどちらの方式で評価するか不明な場合は、税務署に確認します。一般的には、路線価方式はおもに市街地にある土地の評価に、一方の倍率方式は市街地以外（郊外など）にある土地の評価に使用します。

① 路線価方式

「路線価」とは、道路に面している土地1㎡あたりの評価額のことです。

実務上は、路線価は「路線価図」を見て計算することになります。路線価図は、毎年1回改定されます。土地の評価額としては「路線価×土地の面積」で求めます。ただ、同じ面積の土地であっても、その地形によって利用価値にかなり差が生じます。そのような場合には、その評価額を補正する必要がでてき

土地の時価
土地は、宅地や農地などその種類はさまざまである。このため用途と所在地によって評価方法が異なってくる。

相続税評価額
相続税を納付するために、土地などを急いで売却することになり、実勢の価格よりも安く売ることになってしまう事態を避けるように配慮されている。

公図による調査
土地の評価額は、地形、間口や奥行などによって違いが生じる。この評価の際には、土地の地形や位置などを示した「公図」を参考にすることができる。公図は登記所（法務局）で閲覧・コピーすることができる。

路線価の確認方法
税務署や図書館などで閲覧したり、コピーすることができる。また、インターネットでも確認することができる（http://www.rosenka.nta.go.jp/）。

時価の種類

種類	内容
① 取引価格(実勢売買価格)	現実の売買価格に基づく実勢の価格。
② 公示価格(標準価格)	毎年1月1日に改定され、3月末に公表される。取引価格の約90%。
③ 相続税評価額(路線価)	地価公示価格と同時に改定され、8月頃に公表される。公示価格の約80%。
④ 固定資産税評価額	固定資産税を課税するための時価で3年ごとに見直される。公示価格の約70%。

ます。補正する場合に用いる補正率は地区区分(路線価図に表示されている「繁華街地区」や「普通住宅地区」などの7つの区分)によって異なります。

② 倍率方式

市街地以外の土地を評価する場合は倍率方式によります。この方式は固定資産税評価額にその地域ごとに定められている一定の倍率をかけた額を評価額とします。

しかし、相続税評価額を算定する際に必ずこの2つの方式のいずれかを使わなければならないということではありません。2つの方式は、あくまでも国税局が定めた標準的な算定方法であって、強制適用ではないのです。

このことから3つ目の算定方法として、「不動産鑑定評価額」を基準にして土地の相続税評価額を決める方法も考えられます。不動産鑑定評価額とは、国家資格を持つ不動産鑑定士が国土交通省などによって定められた「不動産鑑定評価基準」に基づいて不動産価格を算定するものです。不動産鑑定士による評価ならば、国税局の示した2つの方式では加味されない特殊な事情も算定の対象に加えることができます。場合によっては、評価額を思ったよりも低く算定できる可能性もあります。

倍率方式の注意点

倍率方式では土地の形状による補正は行わない。固定資産税の評価額は、市区町村役場の資産税課に備え付けてある固定資産課税台帳で調べることになる。

一定の倍率(評価倍率)

税務署で調べるか、路線価と同じインターネットのホームページで閲覧することができる。

PART6 8

相続財産の評価

土地の使い勝手から見た評価による修正

奥行価格補正、側方路線影響加算、二方路線影響加算などの修正方法がある

土地の評価が低くなる場合

土地は面積だけで評価することはできない。使い勝手がよい土地であれば、使い勝手の悪い土地よりも評価は高くなる。国税庁は、使い勝手が悪い土地に関しては、「財産評価基本通達」という法律で決められた財産の評価方法で算出した金額よりも評価額を引き下げることができるようにしている。
使い勝手の悪い土地を相続した場合は、まず、税理士に相談して、相続税の減免を受けられないか、調べてみるとよい。

使い勝手の悪い土地の例

使い勝手が悪い土地の具体例としては、形が悪くて家などを建てにくい、日が当たらない、土壌が汚染されている、土地の一部に道路が通っている、道路に面していない、墓地と隣接している、高圧線が上に通っているなど、いろいろと挙げることができる。

■ 地形による補正とは

　土地の形状によっては、評価額を求める際に次のような補正を加える必要があります。土地の評価は面積だけで単純に計算できるものではないからです。たとえば、同じ面積の隣り合った土地であっても、一方は、きちんとした長方形をしており、もう一方がゆがんだような形をしている土地の場合、長方形の土地のほうが評価は高くなります。建物を建てるときに使い勝手がよいからです。相続税の評価もこのように土地の使い勝手から見た評価による修正を加えた上で、最終的な評価額を算定します。

① 奥行価格補正

　同じ面積の土地だとしても、形状の違いによって、その土地の奥行の距離は異なります。たとえば、正方形の土地と長方形の土地をイメージしていただければ、わかりやすいかと思います。この場合に、土地の奥行の距離に応じて路線価を補正するのが奥行価格補正です。この補正は、「奥行価格補正率表」に定められている補正率を用います。

　この表は、左に奥行距離、上に地区区分が示されており、両者が合致したところの数値が補正率になります。

　たとえば、評価する土地が「普通住宅地区」で、奥行が30mである場合は、補正率は0.95となります。よって、路線価に0.95をかけた金額が1㎡当たりの評価額になるわけです。

② 側方路線影響加算（角地加算）

　コンビニエンスストアなどのお店は、交差点などのいわゆる

奥行価格補正率表

地区区分 奥行距離（メートル）	ビル街地区	高度商業地区	繁華街地区	普通商業・併用住宅地区	普通住宅地区	中小工場地区	大工場地区
4未満	0.80	0.90	0.90	0.90	0.90	0.85	0.85
4以上　6未満		0.92	0.92	0.92	0.92	0.90	0.90
6 〃　　8 〃	0.84	0.94	0.95	0.95	0.95	0.93	0.93
8 〃　　10 〃	0.88	0.96	0.97	0.97	0.97	0.95	0.95
10 〃　12 〃	0.90	0.98	0.99	0.99	1.00	0.96	0.96
12 〃　14 〃	0.91	0.99	1.00	1.00		0.97	0.97
14 〃　16 〃	0.92	1.00				0.98	0.98
16 〃　20 〃	0.93					0.99	0.99
20 〃　24 〃	0.94					1.00	1.00
24 〃　28 〃	0.95				0.97		
28 〃　32 〃	0.96		0.98		0.95		
32 〃　36 〃	0.97		0.96	0.97	0.93		
36 〃　40 〃	0.98		0.94	0.95	0.92		
40 〃　44 〃	0.99		0.92	0.93	0.91		
44 〃　48 〃	1.00		0.90	0.91	0.90		
48 〃　52 〃		0.99	0.88	0.89	0.89		
52 〃　56 〃		0.98	0.87	0.88	0.88		
56 〃　60 〃		0.97	0.86	0.87	0.87		
60 〃　64 〃		0.96	0.85	0.86	0.86	0.99	
64 〃　68 〃		0.95	0.84	0.85	0.85	0.98	
68 〃　72 〃		0.94	0.83	0.84	0.84	0.97	
72 〃　76 〃		0.93	0.82	0.83	0.83	0.96	
76 〃　80 〃		0.92	0.81	0.82			
80 〃　84 〃		0.90	0.80	0.81	0.82	0.93	
84 〃　88 〃		0.88		0.80			
88 〃　92 〃		0.86			0.81	0.90	
92 〃　96 〃	0.99	0.84					
96 〃　100 〃	0.97	0.82					
100 〃	0.95	0.80			0.80		

角地にあるものが多く見受けられます。このように角地は、一般的に利用価値が高いとされています。それを評価額に反映させるために一定の金額を加算します。この場合の手順は次のようになっています。

ⓐ　正面路線価を決める

　たとえば、東と北といった具合に二面が道路に面する角地に

は路線価が2つあることになります。これら各面の路線価を奥行価格補正し、高いほうの価格が正面路線価になります。

ⓑ　側方路線価から加算される額を計算する

側方路線価（ⓐの正面路線価としなかった方の路線価）から見た奥行距離で、奥行価格補正率をかけて、さらにそれに「側方路線影響加算率」をかけます。この金額が、角地評価の加算分となります。

ⓐとⓑを合算した金額を1㎡当たりの路線価とし、これに土地の面積をかけたものが評価額となります。

③　二方路線影響加算（裏面加算）

表と裏に道路が面している土地は、「二方路線影響加算率表」を用います。評価額の計算については、正面路線価（路線価の高いほうのこと）をもとに計算をし、加算します。この計算方法は、側方路線影響加算の場合と同じです。

④　その他

間口が狭い宅地や、間口距離との関係からみて奥行の長い宅地は、適当な間口と奥行のある宅地に比べて価格が下がると考えられています。そこで、その評価に関しては、「間口狭小補正率」や「奥行長大補正率」を適用して路線価格を減額修正することができることになっています。また、形状にもよりますが、不整形地や無道路地は、減額して評価することができます。不整形地の評価法は、具体的には、不整形地を整形地に補正した図面を作成し、不整形地と補正した図面とを重ね合わせ、不整形地のはみ出る部分（かげ地）を割り出します。かげ地の割合が不整形地全体の10%を超えれば、法定の割合（不整形地補正率）を掛け算して土地評価額を下げることができます。不整形地補正率はかげ地の割合が高くなればなるほど大きくなります。ただ、無道路地を含めてこれらの計算方法は、形状によっては複雑になりますから、税理士などの専門家に相談するようにしましょう。

二方路線影響加算の正面路線の判定

厳密にいえば、この場合もそれぞれの路線価を奥行価格補整して高い方が正面路線になるのであるが、表と裏の位置関係にあり奥行の距離も同じであることを前提にすれば、路線価の高い方が自動的に正面路線になる。

不整形地

道路に対して、奥まで垂直に面していない土地のこと。

無道路地

公道等に直接接していない土地のこと。

整形地

道路に対してしっかりとした正方形あるいは長方形になっている土地。

奥行補正の計算例（普通住宅地区）

（路線価）　（補正率）　（1㎡当たりの価額）
10万円　×　0.95　＝　9万5000円

　　　　　　　　　　　　　（㎡）　　　（評価額）
9万5000円　×　600　＝　5,700万円

側方路線影響加算率表と計算例（普通住宅地区）

側方路線影響加算率表

地区区分	加算率	
	角地の場合	準角地の場合
ビル街地区	0.07	0.03
高度商業地区 繁華街地区	0.10	0.05
普通商業・併用住宅地区	0.08	0.04
普通住宅地区 中小工場地区	0.03	0.02
大工場地区	0.02	0.01

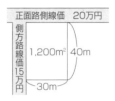

（奥行補正40m）
20万円 × 0.91 ＝ 18万2000円……ア

（奥行補正30m）（側方加算率）
15万円 × 0.95 × 0.03
　　　　　　　＝ 4,275円……イ

1㎡当たり　　　　　　（評価額）
（ア＋イ）×1,200㎡ ＝ 2億2353万円

二方路線影響加算率表と計算例（普通住宅地区）

二方路線影響加算率表

地区区分	加算率
ビル街地区	0.03
高度商業地区 繁華街地区	0.07
普通商業・併用住宅地区	0.05
普通住宅地区 中小工場地区 大工場地区	0.02

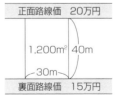

（奥行補正40m）
20万円 × 0.91 ＝ 18万2000円……①

（奥行補正40m）（二方路線加算率）
15万円 × 0.91 × 0.02 ＝ 2,730円…②

1㎡当たり　　　　　　（評価額）
（①＋②）×1,200㎡ ＝ 2億2167万6千円

PART6 9 宅地評価額が軽減される場合（小規模宅地等の特例）

相続財産の評価

事業用地・居住用の宅地は評価額が軽減される

■ 宅地の評価の特例とは

　事業用の土地や居住用の土地は、いわば生活基盤財産ですから、処分すれば生計が維持できません。高額の相続税が課されてしまうと大変なことになります。そのため、遺産の中に住宅や事業に使われていた宅地等がある場合には、その宅地等の評価額の一定割合を減額する特例が設けられています。これを小規模宅地等の特例といいます。この特例の対象となるのは、以下の要件を満たしている場合です（⑦～⑨の要件は、平成30年度税制改正で追加）。

① 被相続人または被相続人と生計を一にしていた被相続人の親族の居住・事業の用に供されていた宅地等または特定同族会社や特定郵便局の敷地の用に供されている宅地等であること
② 棚卸資産及びこれに準ずる資産に該当しないこと
③ 農地や牧草地以外で建物や構築物などの敷地であった宅地
④ 相続税の申告期限までに遺産分割が確定していること
⑤ 相続税の申告期限までに相続人がその土地を取得し、居住や事業のために利用していること
⑥ 被相続人が居住に使用していた宅地を複数所有していた場合、「主として」居住していた宅地に限定
⑦ 相続開始前3年以内に、3親等内の親族又は当該親族と特別の関係がある法人が所有する家屋に居住したことがないこと
⑧ 相続開始時に親族居住の家屋を所有したことがないこと
⑨ 相続開始前3年以内に貸付事業に供した宅地等ではないこと

遺産分割が確定していない場合

この特例を受けるときは、本文の④にあるように、相続税の申告期限までに、相続人間で遺産分割がすんでいることが前提になる。遺産分割が未確定の場合は、いったん特例の適用前の評価額で納税し、その後、遺産分割が確定した後に、改めて特例による税額軽減分の還付を求めることになる。

特例を受ける場合の注意点

この特例は、相続した土地全体が対象となっている場合には、納税者が複数であっても個々に特例を受けることはできない。また、特定居住用宅地と特定事業用宅地の両方がある場合は、適用面積の調整を行うことになっている。

造成中の宅地の評価方法

造成中の宅地や区画整理中の宅地は、通常のケースと評価方法が異なる。造成中の宅地の評価は、造成工事直前の土地の地目をもとに、その相続開始日における評価額を算出し、それに宅地造成費用の80％の金額を加えた額になる。

小規模宅地等の減額の計算例

〈設定〉・宅地面積……500㎡　・通常の評価額……1億

ケース	減額される額	課税される額
特定居住用宅地	1億円×$\frac{330㎡}{500㎡}$×80% = 5280万円	1億円－5280万円 = 4720万円
特定事業用宅地	1億円×$\frac{400㎡}{500㎡}$×80% = 6400万円	1億円－6400万円 = 3600万円
その他の 小規模宅地	1億円×$\frac{200㎡}{500㎡}$×50% = 2000万円	1億円－2000万円 = 8000万円

■ 評価減率はどうなっている

具体的には次の①～③のようになります。

① **特定居住用宅地（限度面積330㎡）**

申告期限までに、被相続人またはその配偶者と同居または生計を一にしていた親族が、被相続人が居住していた土地を自分の居住用として使う場合…80％減額

② **特定事業用宅地（限度面積400㎡）**

申告期限までに、被相続人が事業用に使用していた土地を取得し、同じ事業に使う場合…80％減額

③ **その他の小規模宅地（限度面積200㎡）**

不動産貸付業や駐車場などを営んでいる場合には、200㎡までの宅地部分に関して、50％の評価額の減額にとどまります。

なお、2世帯住宅について、被相続人とその親族が各独立部分に分かれて住んでいた場合も小規模宅地特例が適用されますが、区分所有登記をしている場合は対象外となります。

特定居住用宅地

被相続人に配偶者や同居している親族がいない場合、別居の親族でも、持ち家を持たないなどの一定の要件を満たせば、本特例の適用を受けることができる。ただし、制度の濫用を防ぐ目的で、平成30年度税制改正によりその要件は厳格化されているので注意が必要。

遊休地がある場合の節税策

事業を行う建物が建っている宅地の場合、要件を満たせば、小規模宅地の特例を受けることができる。適用を受ければ、400㎡までの宅地部分に関して、80％の評価額の削減が可能となる。遊休地を持つ資産家の場合は、何か事業を行う建物を建てるだけで、相続税を相当節税できる。

農地や山林の評価方法

PART6 10 相続財産の評価

区分によって評価方法が決められている

■ 農地の区分と評価とは

　農地は、所在する地域などにより、①純農地、②中間農地、③市街地周辺農地、④市街地農地の4つの区分に分類されています。この区分は、国税庁のホームページ（http://www.rosenka.nta.go.jp/）の評価倍率表に記載されていますので、確認してみてください。

　農地の評価方法には、倍率方式と宅地比準方式の2つがあります。倍率方式は、固定資産税評価額に一定の倍率をかけたものです。一方、宅地比準方式とは、その農地が宅地であるとした場合の価額を路線価方式または倍率方式で求め、その価額から、宅地に転用するとした場合にかかる造成費用を差し引いて評価額とするものです。

　前述した農地区分の①と②は倍率方式、③は市街地農地の80％の額、④は宅地比準方式または倍率方式で評価します。また、宅地造成費用については、国税局ごとに一定の金額が定められています。

■ 山林では立木も評価の対象となる

　山林の評価方法は、農地の評価方法と似ていて、その所在地などに応じて、①純山林、②中間山林、③市街地山林の3つに区分して評価します。①と②は倍率方式、③は宅地比準方式（または倍率方式）で評価します。山林は実測の面積が登記簿上の面積と異なること（縄のび）があった場合、登記簿上の面積ではなく、実測による地積（土地の面積）を用いて評価します。

農家の遺産を相続する場合には

遺産分割のために農地を分割するのはあまり現実的ではない。農業基本法にも農業の細分化防止の規定がある。農地についても遺産分割協議で合意できない場合は、家庭裁判所に調停か審判をしてもらう。金銭による代償分割、一定期間の分割禁止、相続人の共有財産にして農業を継続する者が賃料を支払うことにするなどの方法が考えられる。

納税猶予特例の活用

農業を営む場合、後を継いだ「農業相続人」が農地を相続していくことになるが、相続税の負担が日本の農業発展の足枷とならないよう、一定要件を満たした場合には、納税猶予（税金の納付時期限を延長すること）の特例を利用することができる。

農地・山林の評価方法

農　地

① 純農地
　固定資産税評価額 × 倍率
② 中間農地
　固定資産税評価額 × 倍率
③ 市街地周辺農地
　(宅地とした場合の評価額 − 宅地造成費) × 0.8
④ 市街地農地
　宅地とした場合の評価額 − 宅地造成費

山　林

① 純山林
　固定資産税評価額 × 倍率
② 中間山林
　固定資産税評価額 × 倍率
③ 市街地山林
　宅地とした場合の評価額 − 宅地造成費

　また、原野や牧場などの評価は、山林の評価に準じて計算します。この場合は、森林内の立木や果樹も評価の対象となります。その評価は国税局が定める標準価額に、土地の肥え具合を数値化した「地味級」、森林の植栽密度を示す「立木度」などをかけて評価することになっています。ただし、収益を目的としない果樹などは評価の対象にはなりません。

　保安林は固定資産税が非課税ですので、固定資産税評価額を基準にした評価はできません。そのため、森林法で保安林に指定されている山林は、近隣の山林における固定資産税評価額を基準にして評価します。また、保安林は、立木の伐採が制限されている度合いに応じて、30〜80％の範囲で減額して評価することができます。

　なお、緑地保全地区内山林についても、80％の減額評価とすることができます。詳細は税務署や森林組合に問い合わせてみましょう。

納税猶予特例の内容

農地を相続して農業を継続する場合、国税局長が決定した一定価格を超える評価額については、相続税を当面納めなくてよいという制度。さらに、この相続人が死亡した場合や20年間農業を継続した場合は、猶予された相続税は免除される。平成30年度改正により一定の貸付農地も対象となった。ただし、申告期限内に一定書類と担保を提出し、3年ごとに届出をして農業を継続していることを証明しなければならない。また、農業を廃業した、または継続の届出がなかった場合などには、猶予された税金を納付しなければならないこともある。

貸地などの評価

アパートなどの敷地は評価減となる

■ 貸地は評価額が低くなる

　貸宅地を評価する際には、土地を貸すことによって発生する借り手側の権利である借地権や地上権を考慮する必要があります。借地人が死亡した場合は、この借地権も相続の対象となります。借地権の評価額は、通常の土地の評価額（自用地評価額）に、国税局が定める借地権割合をかけて算出します。

　また、地上権も相続の対象となります。地上権の評価額は、自用地評価額に、地上権の残存期間に応じて定められている割合をかけて算出します。

■ 貸宅地の評価方法は

　貸宅地（底地）とは、借地権や地上権の対象となっている土地を地主側の立場から見た場合の呼び方です。貸宅地は、借地権や地上権があるため、土地の所有者であっても自由に処分することはできません。よって、貸宅地の評価額は、通常の宅地の評価額（自用地価額）から借地人の持っている借地権や地上権の価額を差し引いて算出します。

■ 定期借地権が設定されている場合

　定期借地権とは、対象となる契約期間や建物の使用目的によって、借地期間が一定期間で解消されることを法的に保証する権利です。また、借地権が設定されている土地のことを底地といいます。定期借地権を設定する場合、地主にとってのメリットは、契約期間が限定されるので、安心して土地を貸すこ

借地権

借りた土地に家屋を建てて居住し、使用することができる権利のこと。

地上権

地上権とは、他人の土地を利用して、建築物を建てたり、植物を栽培する権利のこと。

借地の相続

土地を賃借して家を建てている場合に、地主から立退きと名義書換料を請求されることがあるが、相続人は、被相続人の契約上の地位も引き継ぐ者なので、支払う必要はない。

借地額の評価額の計算方法

計算式

借地権の評価額 ＝ その宅地の通常の評価額 × 借地権割合（※）

※路線価図の地域区分により決まる。
A地域が90％、B地域が80％、C地域が70％、D地域が60％、E地域が50％、F地域が40％、G地域が30％

貸宅地の評価額の計算方法と計算例

計算式

貸宅地の評価額 ＝ その宅地の通常の評価額 － その宅地の通常の評価額 × 借地権割合

〈例〉●通常の評価額　2億円　●借地権割合　60％
2億円 － 2億円 × 60％ ＝ 8000万円　← 貸宅地の評価額

とができることや、一時金として受け取る保証金を長期的に運用ができることなどです。一方、借地人にとってのメリットは、安い保証金で土地を借りられることなどです。

しかし、定期借地権は当初、あまり普及しませんでした。貸借期間が長期にわたるのに、相続発生時には底地価額が非常に高く評価されてしまい、地主に不評だったためです。

このため、平成10年以降の相続については、一戸建住宅に利用されている「一般定期借地権」について、地域ごとに底地割合を見直し、底地の評価減が図られました。現在、底地の評価額は、その宅地の自用地としての評価額から、定期借地権などの残存割合をかけて計算した額を差し引いて評価します。残存割合は以下のとおりです。

・残存期間が5年以下のもの　5％

・残存期間が5年超10年以下のもの 10％
・残存期間が10年超15年以下のもの 15％
・残存期間が15年超のもの 20％

■ 貸家建付地の評価額の軽減とは

貸家建付地とは、アパートなどの敷地のように自分で所有する土地に自分で建物を建て、その建物を他人に賃貸している土地のことです。土地も家屋も地主の所有財産ですが、この場合、相続が発生したからといって、すぐに借家人に出ていってもらうことはできません。ですから、通常の評価額よりも低い価額で評価します。なお、普通の家屋の評価額に対する貸家の評価額の割合を借家権割合といいます。借家権割合は、現在、すべての地域について30％となっています。

■ 使用貸借により貸し付けている宅地の場合の評価

宅地などを無償で賃借することを使用貸借といいます。例えば父親の持っている土地を子どもが借りて家を建てるといった場合がこれにあてはまります。この場合、一般の賃貸借と違い、父親の土地の利用権が制限されているとはみなしません。したがって、使用貸借の対象となっている土地は自用地（他人の権利の目的となっていない更地のこと）と同じ評価を行います。

■ 私道の評価

私道は、個人などの民間が所有する通行用に使われている宅地のことです。私道の評価額は、特定の人だけが使っている場合には、宅地の自用地評価額の30％になります。一方、不特定多数の人々が通行に使っている場合には評価額はゼロになります。

土地の使用貸借と贈与税

地代も権利金も支払うことなく土地を借りる場合を土地の使用貸借という。
使用貸借による土地を使用する権利の価額はゼロとして取り扱われる。そのため、使用貸借で土地を利用していたとしても、借地権相当額の贈与税が課税されるということはない。

私道

私人が私有地に自分がもつ権利に基づいて開設する道路。国や公共団体が一般の交通用に作る公道と区別される。

貸家建付地の評価額の計算方法と計算例

計算式

貸家建付地の評価額 ＝ その宅地の通常の評価額 － その宅地の通常の評価額 × 借地権割合 × 借家権割合 × 賃貸割合(※)

〈例〉
- 通常の評価額　1億円
- 借家権割合　30%
- 借地権割合　70%
- 賃貸割合　80%

1億円 － 1億円 × 70% × 30% × 80% ＝ 8320万円
　　　　　　　　　　　　　　　　↑貸家建付地の評価額

※家屋の全床面積に対する、課税の時に賃貸している部分の床面積の割合のこと（一時的空室は含まず）

駐車場経営が節税対策につながらないケースもあるのか

161ページで、駐車場を営む場合、小規模宅地の特例を適用すれば、宅地の200㎡までは50%の評価額の削減が認められると説明しました。しかし、「青空駐車場」では、この特例の適用を受けることはできません。青空駐車場の場合、ただの更地とみなされ、固定資産税も相続税も更地として課税されます。税務署にしてみれば、「売ろうと思えば、そのまますぐに売れる土地」とみえるからです。

一方で、青空駐車場は、更地に看板を立てるだけの少ない投資で駐車代金が入ってくるため、その儲けを考えれば、相続税には多少目をつぶることができると考える人もいるかもしれません。しかし、多くの例では、駐車場の利益だけでは、相続税の穴埋めはできないことが多いようです。

したがって、小規模宅地の特例の適用を受けるために駐車場を営む場合は、地面をアスファルト敷きにするなど「長期にわたり、駐車場を営むつもりがあるように見える」投資をする必要があります。

> **青空駐車場**
> 同じ駐車場でも、ただの更地に駐車場の看板を立てただけの駐車場のこと。

家屋や貸家の評価方法

PART6 12
相続財産の評価

マイホームの評価額は固定資産税評価額と同じ額である

■ 家屋の評価額は倍率方式で計算する

　家屋の価額は、固定資産税の評価額に一定の倍率をかける「倍率方式」で算出することになっています。固定資産税の評価額とは、それぞれの市区町村で固定資産税を算出するもととなった価額のことです。この価額は、家屋については1棟ごとに定められています。なお、現在は、固定資産税にかける一定の倍率が全国一律で1倍なので、相続税の評価額は固定資産税評価額と同じ額になります。

　固定資産税評価額は、都税事務所や市町村役場の資産税課にある固定資産課税台帳で確認することができます。

　また、マンションの場合は、土地と建物部分の2つに分けて評価額を算定します。土地に関しては、敷地全体の評価額に持分割合をかけたものを評価額とします。建物部分に関しては、所有している部屋の固定資産税評価額がそのまま評価額となります。こうして算出した土地と建物の評価額の合計がマンションの評価額になるわけです。

■ 建築中の家屋はかかった費用の70%で評価する

　被相続人が死亡したときに建築中である家屋も相続財産となります。しかし、家屋は完成してから固定資産税の評価額が定められますから、建築中のものにはまだ価額がありません。その場合に評価の基準となるのは費用現価（建築材料や工賃など）です。

　この費用現価の70%相当額が建築中の家屋の評価額となりま

建物の賃借権と相続

建物賃借権も遺産として相続の対象になるので、遺産分割の際に1人が取得することも可能であり、相続人が複数の場合は相続分に応じて賃借権も共有（準共有）することになる。また、以前から配偶者や子などの相続人が居住していたというような場合には、家主の承諾がなくても、賃借権は相続人に引き継がれる。

貸家の評価額の計算方法

$$貸家の評価額 = 固定資産税評価額 \times \left(1 - 借家権割合 \times 賃貸割合\right)$$

す。費用現価とは、相続開始時までにかかった建築費用を相続が発生したときの時価に引き直した額です。実際に算定する場合は、建築会社に費用の明細などを作成してもらい、それを参考にして計算します。

■ 貸家は借家権価額が控除される

貸家の居住者には借家権がありますので、貸家は自分が居住する家屋とは評価方法が異なります。

① **借家権の評価**

借家権の評価額は、自分が住むための家屋の評価額に国税局で定める一定の借家権割合（100分の30）をかけて計算します。

② **貸家の評価**

貸家を評価する場合は、自分が住むための家屋の評価額から、①の借家権の評価額を差し引きます。

③ **住宅を兼ねている場合の貸家の評価**

所有している土地に賃貸用のアパートなどを建てて、自分たちも住んでいる場合と貸家の場合では評価が異なってきます。相続税の評価では、用途により、貸家部分と自用部分とに分けられた評価となりますが、固定資産税評価額は1棟ごとに定められるからです。また、建物全体で固定資産税評価額が定められている場合は、貸家部分と自用部分を別々に評価し、合算したものが評価額となります。別々の評価は、それぞれの床面積の割合で全体の価額を割って算出します。

> **内縁の妻にも賃借権の相続は認められる**
>
> 居住しているのが内縁の妻などの場合、相続権はないものの、借地借家法により、家主に対する借家権を引き継ぐことができる。ただしそれは、相続人がいない場合で住居用建物であるときに限られる。他に相続人がいる場合には、相続人が賃借権を引き継ぐことになり、内縁の妻などに対して立退きを求めるケースも考えられる。しかし、判例は内縁の妻などの居住権を認め、相続人による立退き要求を認めない傾向にある。つまり、この場合は事実上賃借権自体が遺産分割の対象になりえない。

PART6
13

相続財産の評価

私道などの土地の評価額と計算方法

私道に接する宅地は特定路線価等を基準に算定する

■ 私道に接する宅地の評価について

次ページ上図の土地（宅地）のAとCは、公道に面していますから、公道の路線価である30万円を用いて評価額を計算することができます。それに対して、B、D、Eの土地は、私道に面しているだけで、公道に面しているわけではありませんから、30万円の路線価で評価することはできません。しかし、通常、私道には路線価がつけられていません。このような場合は、①その土地の所在地を所轄する税務署に「特定路線価設定申出書」を提出して、その私道に「特定路線価」を設定してもらい、それを基準にして土地の評価額を計算するか、②路線価がない道路と路線価のある隣接地（前面宅地）を含めた区画について、前面宅地の路線価を使って評価額を求めて、前面宅地と対象地を含めた評価額から、前面宅地の評価額を差し引いて計算する「旗振評価」を行う方法があります。

■ 私道の評価方法とは

所有権がある私道については、その私道部分も別に評価することになります。その評価方法は、次のようになっています。
① 特定の者だけが利用する私道は通常の評価額の30％相当額
② 不特定多数の者が利用する私道は０％（評価しない）

①については、次ページ上図において、A～Eの土地所有者が私道として他の者にも使用を許可している土地がある場合は、その土地に関しては70％の評価減とするということです。②については次ページ下図を参照してください。

特定路線価設定申出書

申出書には、①路線の幅員及び奥行き、②路線の連続性、③道路の勾配、④舗装の状況、⑤上下水道及び都市ガス等の付設状況、⑥用途地域等の制限などを記載するとともに、住宅地図、公図、測量図などを添付する。

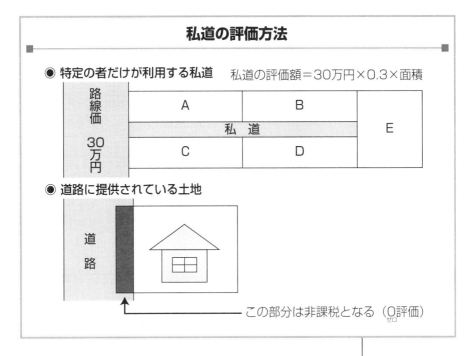

なお、私道が所有者専用でしか使用されない場合には、宅地の一部と考え、評価減はできません。

■ マンションの敷地の評価方法とは

通常は、マンションの敷地は共有になっています。そういった場合はその敷地全体を１つの土地（一区画）として評価し、その価額にそれぞれの所有者の持分割合をかけて評価することになります。また、そのマンションの敷地に道路や公園などの公衆化している土地が含まれていて、前述の方法で評価することが適当でないと認められるときは、その道路や公園などの部分は、敷地全体の面積から除いて評価することができます。

なお、マンションの敷地であっても、その持分割合に応じた所有部分については「小規模宅地等の特例」を適用できます。

PART6
14 動産の遺産分割

相続財産の評価

高価なものは専門家に鑑定を依頼するとよい

■ 動産の種類には何があるか

遺産の中にはさまざまな動産が含まれますが、遺産分割協議の対象にはならずに形見分けで処理されるケースも多いようです。しかし、価値が高いものはそうはいきませんし、廃棄処分が必要であればその費用も発生します。

① **自動車・船舶**
　価直が高く、遺産分割協議の対象となります。

② **貴金属、書画骨董・美術品**
　鑑定の方法によって価値には差がありますが、高い場合は遺産分割協議の対象となります。

③ **機械・器具**
　価値が高いことが多く、遺産分割協議の対象となります。

④ **身辺の器具**
　たとえば家具などのことで、遺産分割協議では、動産一式という扱いで処理されるのが一般的です。高級ブランド品や価値がわからない骨董品など特殊なものは除外されます。

⑤ **書類**
　資料価値がある書類や法的な重要書類、保管期限や被相続人に保管義務のある書類も存在するので、遺産分割協議の中で処理方法を決めます。廃棄するなど処理の方法については、第三者の権利を侵害しない限りとくに規定はありません。

■ 動産の評価は難しい

動産には交換価値の低いものも多くありますが、一方で、貴

書画・骨董などの美術品の評価

原則として、美術品1点ごとに「売買実例価額」「精通者意見価格」などを参考にして評価することになる。なお、自分で評価した場合の申告額が適当かどうか不明なときは、税務署が専門家に鑑定を依頼することもある。これらの美術品を評価する場合は、専門家に依頼することもできる。

動産の種類

種類	分割にあたり必要になる手続
自動車	移転登録
貴金属等	占有の取得
機械・器具等	占有の取得（場合により登録）
一般の器具	占有の取得
書類	占有の取得（株券などは名義書換）

金属や宝飾品は価値が高く、その評価は重要ですから、鑑定はしっかりしてもらう必要があります。

① 金、銀、プラチナ

基準となる相場が国内外にありますから、容易に評価できます。ただ、宝石などは、市場価格の変動以外にそのもの自体の良し悪しを専門家に判断してもらう必要がありますから、手間がかかります。

② 美術品

専門業者に引き取ってもらうのが一般的です。売らない場合に遺産分割協議で決まらないときは、鑑定人に鑑定してもらいます。美術品はにせ物も多く流通しているので専門家にしっかり見てもらいます。

③ 有名ブランド品やデザイン宝飾品

デパートの売値の1割から2割が実際の買取値段であったりして、業者によって評価にばらつきがあります。ただ、評価するのが一般の人の場合は、さらに価値判断はさまざまですから、個別のケースによることになりますが、昨今はブランド買取ショップ等により査定や換金が比較的容易になっています。

PART6 15 株式の評価方法

相続財産の評価

評価方法は上場株式かどうかによって異なる

■ 株式は3種類に分類して評価する

株式は、上場株式、気配相場等のある株式、取引相場のない株式の3種類に分類され、種類ごとに評価方法が定められています。上場株式は、株式が上場されている証券取引所が公表する次の4つの価格のうち、最も低い金額によって計算します。

① 課税時期の終値（最終価格）
② 課税時期を含む月の終値の月平均額
③ 課税時期の前月の終値の月平均額
④ 課税時期の前々月の終値の月平均額

つまり、①～④の中で最も低い価格の1株当たりの価格に株式数をかけたものが評価額となります。

また、株式が複数の証券取引所に上場されている場合は、原則として納税者がどの取引所の価格を採用するかを決めることができます。さらに、株式購入の際に購入資金を借金したといったケースでその株式と借入金とをいっしょに贈与する場合（負担付贈与）や、実際よりも安い価格で譲渡した場合の上場株式評価額は課税時期の終値で評価します。

■ 気配相場等のある株式とは

気配相場等のある株式とは、日本証券業協会で登録されている登録銘柄や店頭管理銘柄、公開途上にある株式、及びこれらに準ずるものとして国税局長が指定した株式などのことです。上場株式ではありませんが、証券会社などで店頭取引が行われており、上場株式と取引相場のない株式との中間的な存在です。

課税時期

相続税の場合は相続の日（被相続人の死亡日）、贈与税の場合は贈与のあった日を指す。

公開途上にある株式の評価

公開途上にある株式は実際の取引価格で評価する。国税局長が指定する株式は、「課税時期の取引価格」と「類似業種比準価額」の平均額と課税時期の取引価格のいずれか低い金額によって評価する。

登録銘柄と店頭管理銘柄の評価

登録銘柄と店頭管理銘柄は、次の4つの価格の中で、最も低い金額で評価する。いずれも、証券会社、証券取引所、税務署に問い合わせれば、その価格がわかる。
・課税時期の終値（最終価格）
・課税時期を含む月の取引価格の月平均額
・課税時期の前月の取引価格の月平均額
・課税時期の前々月の取引価格の月平均額

取引相場のない株式の評価方法

原則的評価方式

会社の規模	評価方式
大会社	類似業種比準方式
中会社	類似業種比準方式と純資産価額方式との併用
小会社	純資産価額方式

※会社の従業員数・総資産価額および売上高により、大会社・中会社・小会社の3つのうちいずれかに区分される。

特例的評価方式
① 配当還元方式
② 会社の規模に応じた原則的評価方式
③ ①、②のいずれか低い金額

■ 取引相場のない株式の4つの評価方法

　取引相場のない株式とは、前述のいずれにも該当しない株式や、零細企業などの株のことです。取引相場のない株式は、時価がないために評価方法が少し複雑になります。その評価方法には次の4つの方式があります。①～③が原則的評価方式です。

① **類似業種比準価額方式**

　同業種の上場株式の平均株価を基準にして、評価する会社と類似業種の1株当たりの配当金額、年利益金額、純資産価額の3つの実績値を用いて評価する方式

② **純資産価額方式**

　評価会社の資産を相続税評価基準によって評価し、そこから負債を差し引いた純資産額をもとに評価する方式

③ **①と②との併用方式**

④ **配当還元方式**

　受け取る利益の配当金を一定の利率で還元して株価を評価する方式

配当還元方式

配当還元価額は、その株式の1年間の配当金額を10%で還元（毎年、株式の価格に対して、10%の配当が見込めると想定した場合の現在の株価）して元本である株式の価額を評価する方法。配当還元方式で算出される株式の評価額を配当還元価額という。
配当還元価額＝（年配当金額／10%）×（1株あたり資本金の額／50円）
なお、配当率が5%未満のときや無配のときは、1株あたりの資本金の額の2分の1で評価することになる。

■ 取引相場のない株式の評価について

取引相場のない株式の場合は、相続などで株式を取得した株主が、その株式を発行した会社の経営支配力を持っている同族株主等であれば原則的評価方式を用い、それ以外の株主であれば特例的な評価方式（配当還元方式）を用いて評価します。

原則的評価方式では、評価する株式の発行会社をその規模によって大会社・中会社・小会社のいずれかに区分して、具体的な評価方法を定めます（前ページ図参照）。

配当還元方式で評価する株式は、同族株主のいる会社では、①同族株主以外の株主の取得した株式、②中心的な同族株主以外の同族株主で、議決権割合が5％未満である者の取得した株式です。一方、同族株主のいない会社では、③株主の1人及びその同族関係者の議決権割合の合計が15％未満である場合に、その株主が取得した株式、④中心的な株主がおり、議決権割合が15％以上のグループに属し、かつ、その者の議決権割合が5％未満である者の取得した株式です。

その他、特定会社等の株式評価は、原則的評価方式のうちの「純資産評価方式」という方法で算定します。

■ 公社債の評価方法はどうなっているのか

公社債とは、一般投資家から資金を調達するために国や地方公共団体、会社が発行する有価証券です。公社債を評価するときは、「割引発行の公社債」「利付公社債」「元利均等償還が行われる公社債」「転換社債型新株予約権付社債」の4つに区分して評価します。公社債は、銘柄ごとに券面額100円当たりの単位で評価します。

① 割引発行の公社債

券面額よりも安い価額で発行される債券です。券面額と発行価額の差額が実質的な利息になり、定期的な利払いはありません。取引形態によって3種類に分類し、評価します。具体的に

同族株主か否かで評価方法が変わる理由

取引相場のない株式では、株式を持っている人によって、その価値が変わる。同族株主が株式を持つ理由は、その会社の経営権の確保にある。したがって株式の評価方法は、会社の資産など、会社そのものの価値に基づいて決める原則的評価方法を用いる。
一方、同族株主以外（従業員など）が株式を持つ理由は、その株式の配当を得ることにある。したがってその株式の評価方法も、配当がどの程度期待できるかをもとに決める配当還元方式を用いる。

同族株主

株主の1人及びその同族関係者（同じ血族の人）の持っている議決権の合計数がその会社の議決権総数の30％以上である場合の、その株主及びその同族関係者のこと。または、株主の1人及びその同族関係者の有する議決権の合計数が最も多いグループにおいて、そのグループの持っている議決権の合計数がその会社の議決権総数の50％超である会社では、その50％超のグループに属する株主及び同族関係者のこと。

中心的な同族株主

課税時期において同族株主の1人とその株主の配偶者、直系血族、兄弟姉妹及び1親等の姻族が持っている議決権の合計数がその会社の議決権総数の25％以上である場合の株主のこと。

公社債の評価方法

公社債の種類	評価方法
①割引発行の公社債	ⓐ 上場されている公社債 …課税時期の市場価格 ⓑ 気配値のある公社債 …課税時期の平均値 ⓒ ⓐ、ⓑ以外の公社債 　…発行価額と既経過の償還差益の額の合計額
②利付公社債	上記①の割引発行の公社債と同じ評価方法を適用する。 さらに既経過利息の額を加えた金額になる。
③元利均等償還が行われる公社債	定期金（年金）の評価方法を適用する。
④転換社債	以下の種類ごとに、利付公社債に準じた評価を行う。 ⓐ 金融商品取引所に上場されているもの ⓑ 日本証券業協会で店頭転換社債として登録されたもの ⓒ ⓐ、ⓑ以外のもの

は上図のとおりです。

② **利付公社債**

通常、年２回利息が支払われる公社債で、券面に利札（クーポン）がついています。利付公社債の評価は、割引発行の公社債と同じようになりますが、それぞれに既経過利息の額を加えた金額になります。

③ **元利均等償還が行われる公社債**

定期的に同じ金額の償還金（元本と利息の合計額）を支払う公社債です。定期金（年金）と同じ経済価値があるという理由から、評価方法も定期金（年金）の評価方法を適用します。

④ **転換社債型新株予約権付社債**

転換社債型新株予約権付社債の評価は、原則として利付公社債に準じ、以下の種類ごとに行われます。

ⓐ 金融商品取引所に上場されているもの
ⓑ 日本証券業協会で店頭転換社債として登録されたもの
ⓒ ⓐ、ⓑ以外のもの

特定会社

以下のような会社をいう。
① 総資産に占める土地保有割合が相続税評価額ベースで一定割合以上の会社（土地保有特定会社）
② 総資産に占める株式の保有割合が相続税評価額ベースで一定割合以上の会社（株式保有特定会社）
③ 開業3年未満の会社
④ 配当・利益・簿価純資産のすべてがゼロの会社

PART6 16 預金や生命保険などの遺産分割

相続財産の評価

そのまま分割できれば問題は少ない

■ 金銭債権も遺産分割の対象になる

　金銭債権とは、銀行預金や貸金などのことです。金銭債権は数字で客観的に算定して分割できる性質のもの（分割債権）ですから、従来は遺産分割の対象にならず、相続と同時に法定相続分に従い分割すればよいと考えられていました。しかし、2016年12月に最高裁が従来の判例を変更し、預金債権については遺産分割の対象となるとの判決を出したことから、遺産分割前には各相続人が単独で預金の払い戻しを請求することができなくなりました。ただ、遺産分割が成立しない限り被相続人の預金が一切引き出せないとすると、相続債務の弁済資金や当面の生活資金が不足するなど、残された遺族に困難を強いる危険性があります。そこで、平成30年度の民法の改正により、預貯金の仮払い制度が創設されました。具体的には、①家庭裁判所の保全処分手続きによって預貯金の仮払いを受ける方法か、②預貯金残高の３分の１の金額に、払い戻しを求める相続人の法定相続分をかけた金額までについては、裁判外の手続きとして他の相続人の同意がなくとも、直接金融機関に対して単独で払い戻し請求ができることになりました。

■ その他の可分債権とは

　金銭債権以外の可分債権については、今のところ遺産分割の対象とはならず相続分に応じて分割されると考えられます。金銭債権以外の可分債権の例としては、不特定物（具体的な取引にあたって当事者が単に種類・数量・品質などに着目し、その

家業の会社を相続する場合には

株式や債権のような可分物は、遺産分割協議以前に相続により相続分に従って分割されるのが一般的だが、相続人の１人が遺産分割協議の合意を経て株式の全部を相続することは可能である。なお、分割の結果、だれが会社の経営権を握るかは重要な事項なので、経営の安定を維持するために、家庭裁判所に遺産分割調停をしてもらい、金銭による代償分割をはかるケースもある。

債権の評価方法

回収できるかどうか不明な債権は、協議または裁判所の鑑定により評価する。ただし、遺産分割では、各相続人が相続分に応じて債務者の資力を担保することになる。したがって、回収できない場合は、他の遺産を受け取った者が肩代わりすることになる。

金銭債権の相続

金銭債権・現金の取り扱い

遺産分割の対象となるもの
・預金債権
・現金

遺産分割の対象とならないもの
（相続開始により、当然に分割承継されるもの）
・売掛金債権
・賃料債権　　＞ 預貯金以外の金銭債権
・貸金債権

個性にはこだわらずに取引した物のこと）や株式の返還請求権などが挙げられます。

■ 生命保険金は契約形態により受取人が異なる

生命保険金は、とくに指定がなければ保険契約者が保険金受取人となります。被相続人が保険契約者でなくても、保険金受取人に指定されている場合は、約款によって遺産になる場合とならない場合があります。

■ 保険金請求権が遺産とならない場合とは

被相続人が保険金の受取人として特定の人を指定していた場合、その人に保険金請求権があります。相続人を受取人として指定した場合は、保険金請求権は相続財産ではなく、その相続人が直接取得しますので、債権者は保険金請求権を取得できません。

なお、生命保険金が一部の相続人に与えられた場合には、原則として、遺産分割の際の特別受益にはなりません。受取人の指定がなくても受取人が死亡した場合、どうなるかが約款で決まっている場合も遺産にはなりません。

> **特別受益**
> 被相続人の生前に、法定相続人が特別に財産をもらうこと。婚姻のために受けた贈与や、生計資金として受けた贈与などがこれにあたる。特別受益により得た財産は相続財産とみなされるため、特別受益を受けた者は、本来受けられる相続分から特別受益分を減らされることになる（民法903条）。また、特別受益の額が、本来の相続分を超えている場合は、他の財産を相続することができない。

PART6 17 その他の財産の評価

相続財産の評価

預貯金、定期金、家財道具、ゴルフ会員権などがある

■ 通常の預貯金と定期の預貯金に区分して評価する

普通預貯金は、相続開始日の残高がそのまま相続税の評価額になります。また、定期性の預貯金は、利率が普通預貯金より高いので、源泉所得税相当額を既経過利息の額から差し引いた額に、残高を加えて評価額を算定します。つまり、その定期預金を相続日に中途解約したと仮定した場合の利息をもとに計算するということです。

■ 定期金（年金）の評価方法は

生命保険会社の個人年金などの定期金給付契約をしていた被保険者が死亡した場合、その定期金はみなし相続財産（143ページ）となります。

定期金の種類としては、死亡するまで給付を受けられる終身定期金、給付期間が決まっている有期定期金、給付期間が決まっていない無期定期金などがあります。評価方法は以下のようになります。

① すでに年金の給付を受けている場合は以下の評価方法の中で最も多い金額を採用します。
ⓐ 解約返戻金相当額
ⓑ 定期金に代えて一時金の給付を受けることができる場合には、その一時金に相当する額
ⓒ 予定利率等をもとに算出した金額
② 給付をまだ受ける権利が発生していない場合は原則として解約返戻金相当額となります。

金銭債務は相続分に応じて分けられる

金銭債務については、相続開始と同時に相続分の割合に応じて分割される。仮にその後の遺産分割協議で、相続分と異なる分割が行われたとしても第三者に対抗（主張）できない。なお、分割された債務について、他の相続人は連帯責任を負わないとするのが判例である。そのため、債権者は、事前に担保権を設定するなどして債権が回収できない場合のリスクを減らす必要がある。

被相続人からの借金があった場合

自分が債務者である債権を取得した相続人については、債権者と債務者が同一人となることにより、相続分の金額の債務と債権が相殺され消滅する。
一方、債務者である相続人の相続分以外の部分の債権は他の相続人が取得する。その分は他の相続人が分割で債権者となり、改めて債務者である相続人に請求することになる。

■ 家財道具の評価方法は

　家財道具は調達価額を評価額とします。この調達価額とは、相続開始時に、中古品としてそれと同等品を購入した場合の価格のことです。これがわからない場合は、新品の小売価格から使用年数に応じた定率法（毎年一定割合で償却する方法）によって計算した償却額を差し引いて算出します。また、1個または1組の資産の価格が5万円以下の場合には、それらを一括評価してもよいことになっています。

■ 特許権・営業権などの評価方法は

　特許権は、この権利を持っていることで将来受けることができる補償金の額の一定割合と、特許権の存続期間から評価します。なお、課税時期後において取得すると見込まれる補償金の額の合計額が50万円に満たないと認められる特許権については、評価しません。

　また、事業の継続に必要な信用（いわゆる「のれん」）も営業権として評価の対象となります。営業権は、企業の過去3年の平均利益金額の50％から、一定の経営者取り分と見立てた標準企業者報酬額、及び総資産価額の5％を控除した額を超過収益力として、これに営業権の持続年数（10年）に応ずる基準年利

> **保証債務と相続**
> 保証債務とは、遺産となり得る債務の一種で、保証人と債権者による契約に基づく債務である。相続人は相続分に応じて弁済の義務を負うことになる。しかし、判例では、身元保証、銀行取引の（連帯）保証など、継続的取引による債務の連帯保証人である被相続人が死亡後に生じた債務は、受け継がなくてよいとしている。

率を乗じて算定します。

■ 電話加入権の評価方法は

取引相場のある電話加入権の価額は課税時期における通常の取引価額により、それ以外は1回線あたり1,500円（平成30年現在は全国一律）で評価します。

■ ゴルフ会員権の評価方法は

一般に所有されているゴルフ会員権には、取引相場があることがほとんどです。この場合、評価額は取引価格のおおむね70％相当額となります。

❓ 離婚に際して財産分与がなされたが、受け取った慰謝料などについては贈与税がかかるのか

離婚によって相手方から財産をもらった場合、通常、贈与税がかかることはありません。これは、相手方から贈与を受けたものではなく、慰謝料などの財産分与請求権に基づき給付を受けたものであるからです。

そのため、原則として贈与税はかからないでしょう。ただし、以下に当てはまる場合は課税されますから注意して下さい。

① 分与された財産の額が婚姻中の夫婦の協力によって得た財産の価額やその他すべての事情を考慮してもなお多すぎる場合

その多すぎる部分に贈与税がかかることになります。

② 離婚が贈与税や相続税免れのために行われたと認められる場合

離婚によって得た財産すべてに贈与税がかかります。

❓ 離婚の場合の財産分与では財産を渡す側が課税されるというのは本当か

財産分与では、おもに財産をもらう側が税金を支払うと勘違

商店を相続する場合には

個々のケースによってさまざまだが、後継者がいて店を継ぎたい場合は、分割（＝廃業）せずに、事情を主張して考慮を求める方法がある。
たとえば、遺産の分割について、「商店を継ぐ者が他の相続人に対し代償金を支払う」という審判を得る方法がある。

財産分与／慰謝料

財産分与とは、婚姻期間中に築いてきた財産関係を清算すること。慰謝料とは、精神的損害に対する損害賠償金のこと。

財産分与・慰謝料と税金

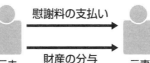

・財産を分与した側に譲渡所得税がかかる可能性がある

慰謝料の支払い →
財産の分与 →

元夫（元妻）　元妻（元夫）

・受け取った慰謝料には原則として贈与税はかからない
・多すぎる場合にはかかる可能性がある

いしている人がいます。おそらく、贈与、相続の場合に、財産をもらう側に課税されるため、財産分与でも、もらう側に税金が課されると誤解してしまうのだと思います。

しかし、財産分与では、財産をもらう側は、過大に多い金額や、節税目的でなければ、税金（贈与税）を支払う必要がありません。

一方、財産を渡す側については、おもに不動産を譲渡するときに、譲渡所得税という税金を課される場合があります。たとえば、長年家族で暮らしていた自宅を、妻に財産分与し、夫は家を出ていくというケースで、自宅を譲渡した夫に譲渡所得税が課される場合があるのです。

譲渡所得税を計算する際には、夫が自宅を元妻に渡したときの時価を、譲渡所得とする決まりになっています。

しかし、居住用不動産の譲渡の場合は、3,000万円までの利益については控除の対象になります。つまり、財産分与の対象となる不動産の時価が3,000万円以下であれば、税金を支払う必要がないということです。ただし、この特例は、血族間では適用されません。

したがって、特例による控除を受けたい場合は、離婚によって夫婦関係を解消した後に財産分与を行う必要があります。

Column

セットバックを要する土地の評価額

　セットバックとは、前面道路の幅が4m未満（市町村長または都道府県知事の指定区域内においては6m）の場合は、家屋の建て直しをする際に道路の中心から2m（市町村長または都道府県知事の指定区域内においては3m）後退しなければならないとする建築基準法の規定です。たとえば、家の前にある道路の幅が3mの場合は、道路の中心は1.5mになり、そこから水平距離で2m後退した地点以降を敷地として家を建てなければなりません。したがって、現在の利用にはとくに支障はなくても、その土地の価値は、セットバックの必要のない土地にくらべて低いと考えられます。そこで、このような土地の価額は、通常の評価額からセットバック部分について、70％の評価減ができることになっています。

■ セットバックを要する土地の評価方法と計算例

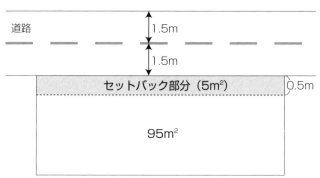

・セットバック部分を含めた土地全体が100m²で、通常の評価額を1億円とした場合

$$1億円 - \left(1億円 \times \frac{5m^2}{100m^2} \times 70\%\right) = 9,650万円$$

　　　　　　　　　　　　　　　　　　　　└ 土地全体の評価額

PART 7

相続税・贈与税の
しくみと手続き

PART7-1 相続税・贈与税のしくみと手続き

相続税のしくみ

相続税は所得税の補完税といわれている

■ 相続税はなぜ課税されるのか

相続税は、所得税を補完するために設けられています。死亡した人の残した財産は、その死亡した人の個人の所得からなっている部分については、生前、所得税が課税されています。しかし、その財産の中には所得税が課税されていないものも含まれています。そこで、死亡した時点におけるその人の財産について、所得税を補完する形で相続税が課税されるのです。

相続税は、死亡した人の財産（相続財産）を相続・遺贈によって受け継いだ人に対して課される税金です。相続税は所得税や法人税と同じ国税です。相続税は申告納税方式をとっていますので、遺産を相続した相続人が自分で相続財産の価格と、これにかかる税額を計算し、納税することになっています。相続税は、このように亡くなった人から財産を相続した人に課される税金です。

ただ、現在の税制において相続税がかかる人は、亡くなった人100人のうち、わずかに8人程度にすぎません。相続税がかかる人は、いわゆる資産家ということになります（平成29年12月国税庁発表の『相続税の申告状況について』より）。

■ 民法とは相続人の考え方が違う

亡くなった人の遺産は、遺言がない場合その人の配偶者や子どもなど親族が相続人となって相続します。相続人とその遺産の取り分については、民法で規定されています。

相続税法では、民法上の法定相続人の考え方を用いて相続税

遺贈

遺言によって、遺産の全部または一部を譲与すること。自分が死んだ後、特定の者に財産を与えたいと考えた場合に遺贈が行われる（民法964条）。相続人であってもそれ以外の者であっても、原則としてだれでも遺贈を受けることができる。

遺贈と死因贈与の違い

死因贈与は贈与者の死によって有効になる生前契約の贈与で、相続や遺贈と同様に、人の死亡を原因として財産が移転するわけであるから、贈与税ではなく、相続税が課される。したがって、相続税は、相続、遺贈、死因贈与のいずれかで財産を取得した場合にかかってくる。

相続人についての民法と相続税法の違い

民　　法	相続税法
・養子の数を制限する規制はない ・相続放棄者は相続人とは扱われない	・カウントする養子の人数について、実子がいる場合は1人、いない場合は2人までに制限する ・相続放棄者については、放棄しなかったものとして相続税を計算する

の計算を行います。相続税には基礎控除がありますが、控除される金額は法定相続人の人数に応じて多くなります。

ただし相続税法においては、相続を放棄した人がいたとしてもその放棄がなかったものとして、法定相続人の数に含まれます。また、養子がいる場合、意図的に養子を増やして税負担から逃れる行為を防ぐため、養子の人数は実子がいる場合は1人、実子がいない場合は2人までと制限されています。

このように相続税法における法定相続人の数は、当事者の意思が介入できないようになっているという点で、民法上の法定相続人の数とは考え方に相違があります。これはあくまで税金を計算する上での便宜上の人数ですので、実際は養子が何人いたとしても法定相続人から外れるということはありません。

具体例を挙げてみてみましょう。被相続人甲の相続人として、妻A、長男B、長女C、養子D、E、Fがいたとします。長女Cは相続を放棄しています。民法上は相続放棄をしたC以外のA、B、D、E、Fで合計5人が法定相続人となります。一方相続税法上では、Cの放棄はなかったものとされ、また、実子B、Cがいる場合養子の人数は1人とみなされます。したがって相続税法上の法定相続人の数は、A、B、Cの3人とD、E、Fを纏めて1人と数えて合計4人となります。

基礎控除
相続財産のうち課税されない部分の金額のこと。

実子
親と血縁関係のある子ども。

養子縁組と相続税対策
養子縁組を行うと、次の3つの点で相続税の軽減を図ることができる。
① 基礎控除額（法定相続人1人×600万円）が増加する。
② 生命保険金の非課税枠（法定相続人1人×500万円）が増加する。
③ 相続税の税率が下がる。
さらに、孫を養子にして相続すれば、被相続人→子供→孫という相続が被相続人→孫となり、相続税の課税を1回飛ばすことができ、その分だけ節税になる。

PART7 2 贈与税のしくみ

相続税・贈与税の
しくみと手続き

本来の贈与ではなくても、みなし贈与財産とされることもある

■ 贈与税はなぜ課税されるのか

　贈与税は相続税の補完税といわれています。「相続税が課税されるくらいなら相続する前に相続人予定者に財産を分けておこう」とは、だれもが考えることです。しかし、これでは、贈与した人としなかった人の間に不公平が生じます。そこで、贈与が発生したときに課税する税、贈与税を設けて相続税を補完する税としたわけです。このため、贈与税の税率は相続税の税率より高くなっています。

　このように贈与税は、相続税逃れを防止し、不公平を是正して相続税本来の目的である富の再分配を行うことを目的とした税金です。

　よく、子ども名義の預金通帳を作って贈与しようとする場合があります。しかし、後になって税務署に子どもの名義を借りて貯金しているだけであると否認（認められないこと）されることがあると心配している人がいます。では、具体的にどうすればそのようなトラブルを避けることができるのでしょうか。

　贈与とは、自己の財産を無償で相手方に与える意思表示を行い、相手方がこれを受諾することによって成立する契約をいいます。契約自体は口頭でも成立しますが、税務上のトラブルを避けるには、親子間であっても贈与するたびに契約書を作成しておくことが大切です。贈与した以上は、その財産は子どものものになるわけですから、通帳や印鑑、キャッシュカードは子ども自身が管理するようにします。

海外転勤と贈与税

日本国内に住所を有していない個人が、日本国内にある財産を贈与によって取得した場合は贈与税が課税される。また、日本国外にある財産を贈与によって取得した場合でも、その人または贈与した人が贈与前10年以内に国内に住所を有していたときは、その国外財産についても課税される。したがって、ある程度の贈与を受けた場合には、海外に住んでいても贈与税が課税されることになる。

海外在住者の納税地

海外在住者の贈与税の納付地については、贈与を受けた人が納税地を定めてその所轄税務署長に申告し、納税することになる。この申告がない場合には、国税庁長官により納税地が指定され、通知される。

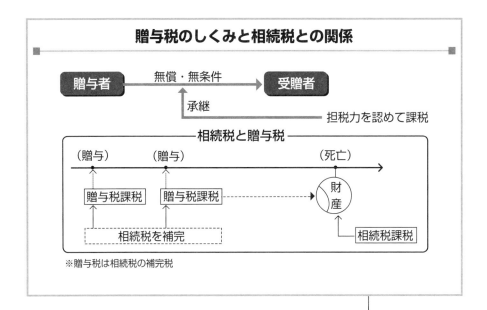

■ 対象となる財産の範囲は

　贈与税の対象となる財産の範囲は、贈与を受ける人（受贈者）の住所が日本か、海外かによって変わります。受贈者の住所が日本である場合、受け取る財産が世界のどこにあろうとも、その財産は贈与税の対象になります。一方、受贈者の住所が海外の場合、日本国内にある財産に対してだけ贈与税がかかるというのが基本です。ただ、受贈者の住所が海外であっても、外国にある財産にも贈与税がかかることがあります。それは、受贈者または、贈与者の住所が贈与をする前の10年以内に日本にあった場合などです。

■ 本来の贈与財産とは

　本来の贈与財産とは、贈与税が当然、課せられる贈与財産のことです。みなし贈与財産に相対する言葉です。経済的価値のあるモノ、つまり、価値がお金に換算できるモノをある人から別の人にあげた場合に、そのあげたモノすべてが本来の贈与財

贈与でなくても贈与税がかかる

本来は売買であっても、税法上は贈与とみなされて贈与税が課税される場合がある（みなし贈与）。また、相続税のかかる財産にも贈与税の場合と同様に、本来の意味での相続財産とみなし相続財産がある。

産になります。また、以下の場合にも本来の贈与財産となります。

① 対価の授受はないが、不動産や株式に関して名義変更をした場合
② お金を出した人以外の人の名義で不動産や株式などを取得した場合
③ 相続放棄を除いて共有財産の共有者が持分を放棄した場合
④ 受贈者が経済的な負担をすることを条件に贈与を受ける（負担付贈与）場合で、その負担が第三者の利益となる場合

■ みなし贈与財産にはどんなものがあるのか

金銭的にその評価額を見積もることのできる現金、預貯金、土地、建物等をもらった場合は、贈与を受けたことが明白です。それに対し、本来の贈与ではなくても、実質的に贈与を受けたことと同じように経済的利益を受け取った場合には、贈与があったと「みなす」のがみなし贈与です。みなし贈与の場合、当人が贈与であるという認識をしていないことが多いため、贈与税の申告をせず、税務署に指摘された後でみなし贈与について初めて知ったという人が多いようです。これらは民法上の贈与財産ではありませんが、相続税法上は贈与税の対象となります。

みなし贈与財産とは、具体的には、①借入金の免除、②返済能力がなかったり、返済する意思が初めからない、親族からの借金、③不動産や有価証券の名義変更による取得、④生命保険の保険料の負担者、被保険者、保険金の受取人がすべて違う場合の保険金の受取人が受け取った保険金などです。これらは、基礎控除を超えた金額が贈与税の課税対象になります。

生命保険は、死亡保険金や満期保険金などを保険料負担者以外の人が受け取る場合、保険金の受取人が保険料を負担していた人から保険金の贈与を受けたものとみなします。

ただ、保険金の受取人が法定相続人の場合には、贈与ではなく、相続となることがありますから、注意が必要です。たとえ

生命保険の保険契約の名義変更と贈与税

生命保険契約の契約者を変更しただけでは、贈与税は課税されない。贈与税が課税されるのは、被保険者の死亡や保険期間の満期によって、原則として、保険料を負担していない人が生命保険金を受け取った場合などに限られる。

生命保険金と贈与税・相続税

被保険者の死亡によって受け取った生命保険金のうち、被保険者が保険料の負担者となっていたものについては、贈与税ではなく相続税の対象となる。

増築部分を子との共有とした場合

子供が支払った増築資金に相当する建物の持分を親から子供へ移転させて共有とした場合は、贈与税の対象とならない。
この場合、親は建物の持分の一部を子供に譲渡したことになるため、譲渡所得として扱われ、所得税が課税される場合がある。

出世払いと贈与税

「ある時払いの催促なし」とか「出世払い」といった貸借がなされた場合は、借入金そのものが贈与として取り扱われる。実質的に贈与であるにもかかわらず形式上貸借としている場合も同様。
結局、親から金銭を借りた場合、その貸し借りの実態に即して、贈与かどうかの判断がなされることになる。

みなし贈与財産のしくみ

生命保険金	保険金の受取人以外の者が保険料を負担していた場合に保険金を取得したときに課税される
低額譲受け	著しく低い価格で財産を譲り受けた場合に課税される
債務免除益等	債務免除や債務の肩代わりをしてもらったときに課税される

ば、夫が保険料を支払っていた生命保険で、夫の死亡保険金を妻が受け取った場合、妻は、法定相続人になりますから、この場合は、贈与ではなく、相続になります。つまり、税金面においても、贈与税ではなく、相続税の対象となるわけです。

定期金とは、ある一定の事柄が起こった場合に一定の金額を一定の時期にもらえるお金です。みなし贈与財産の例としては、個人年金保険の年金が典型といえます。個人年金保険の保険料を負担していた人と年金の受取人が違う場合に、生命保険と同様、年金の受取人が保険料の負担者から年金の受給権を受贈したということになります。

低額譲受けとは、時価よりも低い価格で財産を買ったというような場合に起こります。たとえば、ある人が、1億円の土地を3,000万円で買った場合、差額の7,000万円は、売った人から買った人への贈与とみなされます。

なお、借入金については、親と子、祖父母と孫などの間で金銭の貸し借りがなされた場合でも、その貸借が、借入金の返済能力や返済状況などからみて真に金銭の貸借であると認められる場合には借入金そのものは贈与にはなりません。しかし、借入金が無利子の場合、利子に相当する金額については、利益を受けたものとして贈与として取り扱われる場合があります。

借入金と贈与税

親と子、祖父母と孫などの間で金銭の貸し借りがなされた場合であっても、その貸借が、借入金の返済能力や返済状況などからみて真に金銭の貸借であると認められる場合には、借入金そのものは贈与にはならない。しかし、その借入金が無利子の場合、利子に相当する金額については、利益を受けたものとして贈与として取り扱われる場合がある。

子による増築と贈与税

親名義の建物に子供が増築した場合、その増築した部分についても、民法上の建物の所有者である親の所有物となる。この場合、親が子供に対して何も対価を支払わないときには、親は子供から増築資金相当額の利益を受けたものとして、贈与税が課税される。

相続税と贈与税の税率

PART7 3
相続税・贈与税の
しくみと手続き

財産の価額により、それぞれ税率は異なっている

■ 課税率は贈与税の方が高い

相続税も贈与税も、課税される財産が大きくなるほど高い税率が適用されます。これを超過累進課税といいます。税率は最低10％から最高55％までとなっており、両方とも同じです。

しかし、課税対象となる財産の価額が同じでも、途中の税率のきざみは贈与税のほうがはるかに高く、税率のアップも急激なのです。また、相続税と贈与税では、課税のしくみがまったく異なります。同じ額の財産に対する税額を比較してもあまり意味がなく、贈与税の税率が高いからといって相続税が有利だともいいきれません。

また、相続税、贈与税ともに政策的あるいは、社会通念上の観点から、特例による税控除が設けられています。特例とは、一定の要件を満たせば、特別に控除が受けられる制度ですが、適用を受けられる要件も相続税と贈与税では違います。こういった面からも相続税と贈与税のどちらが優位かということは簡単にいいきることはできません。

資産が何十億円もあるという資産家の場合、相続税では高い税率が適用されます。しかし、毎年300〜400万円の範囲で贈与すると、贈与税の税率は10〜15％ですから、この場合は、税率からみて贈与のほうが得になります。

なお、現在の相続税・贈与税の税率は、次ページの図のとおりです。過去に行われた税制改正により、平成27年1月1日以降に開始する相続・贈与について、増税されることになりました。

相続税と贈与税は関係が深い

相続税と贈与税は、とても密接な関係にある。相続税は、被相続人の死亡時の遺産に課税されるので、遺産を生前に贈与しておけば、当然、相続税も少なくなる。そこで贈与税がでてくる。
贈与税は、生前贈与をしたことによる相続税の減少分を確保するために課税されるものといえる。なお、相続税の対象になるのは、個人であるから会社などの法人には相続税がかからない。

相続税の税額表（速算表）

基礎控除後の課税価格	税率	控除額
1000万円以下	10%	なし
1000万円超　3000万円以下	15%	50万円
3000万円超　5000万円以下	20%	200万円
5000万円超　1億円以下	30%	700万円
1億円超　2億円以下	40%	1700万円
2億円超　3億円以下	45%	2700万円
3億円超　6億円以下	50%	4200万円
6億円超	55%	7200万円

贈与税の税額表（速算表）

●20歳以上で直系尊属からの贈与

基礎控除後の課税価格	税率	控除額
200万円以下	10%	なし
200万円超　　400万円以下	15%	10万円
400万円超　　600万円以下	20%	30万円
600万円超　　1000万円以下	30%	90万円
1000万円超　1500万円以下	40%	190万円
1500万円超　3000万円以下	45%	265万円
3000万円超　4500万円以下	50%	415万円
4500万円超	55%	640万円

●上表以外の場合の贈与

基礎控除後の課税価格	税率	控除額
200万円以下	10%	なし
200万円超　　300万円以下	15%	10万円
300万円超　　400万円以下	20%	25万円
400万円超　　600万円以下	30%	65万円
600万円超　　1000万円以下	40%	125万円
1000万円超　1500万円以下	45%	175万円
1500万円超　3000万円以下	50%	250万円
3000万円超	55%	400万円

相続時精算課税制度

暦年課税と相続時精算課税の２つの制度がある

相続税・贈与税のしくみと手続き

■ 相続時精算課税制度とは

　贈与税の課税制度には、「暦年課税制度」と「相続時精算課税制度」があります。

　暦年課税制度とは、１月１日から12月31日までの１年間に贈与を受けた財産の合計額から、基礎控除の110万円を控除した残額に課税する制度です。

　相続時精算課税制度は、生前贈与による資産の移転を円滑にすることを目的として、平成15年の税制改正で創設された制度です。この制度は、贈与時に贈与財産に対する贈与税を納め、その贈与者の死亡時に、贈与財産の価額と相続財産の価額の合計額をもとに計算した相続税額から、すでに納めた贈与税相当額を控除するものです。つまり、贈与税と相続税の一体化です。

　なお、一度この制度を選択すると、その後同じ贈与者からの贈与について「暦年課税」を選択できないので注意が必要です。

■ 相続時精算課税を選択するための条件

　相続時精算課税制度は、贈与を受ける財産の種類や金額、贈与回数に制限はありません。しかし、この制度は「急激な高齢化に伴い、相続による若い世代への資産の移転が遅れてきたこと」「高齢者が保有している資産を利用することで、経済の活性化を図ること」などといった目的で導入されたものです。そのため相続時精算課税制度を選択する場合には、次の条件を満たす必要があります。

① 贈与者がその年の１月１日において60歳以上の親である。

相続時精算課税制度

贈与税の課税方法は、暦年課税と相続時精算課税の２種類あり、親子の間で贈与を受ける場合はお得な方を選択できるようになっている。60歳以上の親から財産の贈与を受けた、推定相続人である20歳以上の子が選択できる制度が現行での相続時精算課税制度である。

相続時精算課税制度

贈与を受けた財産の合計額 − 特別控除額（2,500万円） ＝ 課税価格

課税価格 × 一律20％ ＝ 贈与税額

※ 平成33年12月31日までに住宅用の家屋を取得する契約を締結した場合、要件に応じて300万円～3000万円の非課税枠がある。

② 受贈者がその年の1月1日において20歳以上であり、かつ、贈与者の推定相続人である子ども、あるいは、20歳以上の孫である。

■ 相続時精算課税の税額計算とは

相続時精算課税の適用を受ける贈与財産については、他の贈与者からの贈与財産と区分して、選択した年以後の各年にわたるその贈与者からの贈与財産の価額の合計額をもとに贈与税額を求めます。

贈与税の額は、贈与財産の課税価格の合計額から特別控除額2,500万円を控除した後の金額に、一律20％の税率をかけて算出します。この非課税枠2,500万円は、たとえば、ある年に2,000万円、翌年に500万円贈与を受けるという形でもかまいません。ただし、相続時精算課税の適用を受ける場合には、基礎控除額110万円は控除できません。

また、相続時精算課税は、贈与者ごとに制度を利用することが可能です。つまり、相続時精算課税を選択した受贈者が、相続時精算課税に係る贈与者以外の者から贈与を受けた財産については、その贈与財産の価額の合計額から暦年課税の基礎控除額110万円を控除し、贈与税の速算表（193ページ）に定める税率を乗じて贈与税額を計算します。

相続時精算課税制度と節税対策

相続時精算課税制度は、親が死んで、贈与を受けていない財産を相続する際には、すでに贈与された財産分を含めて相続税を計算し直すことになっている。しかし、贈与を受けた財産の価値を算出する方法としては、贈与を受けた際の時価で行うことになっているため将来、値上がりが期待できる土地や有価証券を贈与しておけば、後に相続税を計算し直す際にその時点の時価よりも安い評価額で計算できることになる。結果的に相続税を節税できることになる。

なお、相続時精算課税を選択しようとする受贈者は、対象となる最初の贈与を受けた年の翌年2月1日から3月15日までの間（贈与税の申告期限）に税務署長に対して「相続時精算課税選択届出書」を提出しなければなりません。その際には、受贈者の氏名・生年月日、受贈者が贈与者の推定相続人であることを示した戸籍謄本や贈与者の氏名・生年月日、贈与者が60歳に達した時以後の住所または居所を示した贈与者の住民票の写しなど一定の書類をこの届出書に添付します。

また、相続時精算課税は、直系尊属から住宅取得等資金の贈与を受けた場合の非課税制度と併用することができます。直系尊属から住宅取得等資金の贈与を受けた場合の非課税制度とは、平成27年1月1日から平成33年12月31日までの間に父母や祖父母など直系尊属から住宅購入資金の提供を受けた場合に、非課税限度額まで贈与税を非課税とする制度です（202ページ）。

この非課税制度を利用した残額について、暦年課税の場合には基礎控除（110万円）、相続時精算課税の場合には特別控除（2,500万円）を適用できます。贈与を受けた翌年の3月15日までに居住することが見込まれることなど、非課税が認められるための要件を満たす必要はありますが、相続時精算課税制度との関係については知っておく必要があるでしょう。

相続時精算課税を利用して納付した贈与税額は、相続税の計算の際に控除します。具体的には、相続税の税額から、①贈与税額控除、②配偶者に対する相続税額の軽減、③未成年者控除、④障害者控除、⑤相次相続控除、⑥外国税額控除の6項目の税額控除を行います。もし、税額控除の結果、相続税額がゼロとなっている場合には、相続時精算課税による贈与税は還付を受ける、ということになります。

■ 小規模宅地等にかかる評価減の特例との併用はできない

事業用地や居住用の宅地は、相続開始時において200～400

相続時精算課税制度選択のメリット

相続発生時の相続税額を計算する際に使われる相続財産の価格が、贈与時点の価格で固定される点にある。

暦年課税制度の場合、贈与財産の額が増えれば増えるほど贈与税の金額も増加することになるが、相続時精算課税制度では、2500万円の特別控除額を超えたとしても、一律20%課税ですむ。

したがって、将来値上がりが予想される自社株の生前贈与の場合、相続時精算課税制度の活用が有効な事業承継対策となる。

税制が将来的に変更される可能性はあるが、相続時精算課税制度を活用した自社株の贈与を、事業承継対策の選択肢のひとつとして加えてみる価値は十分にあるといえる。

暦年贈与課税制度と相続時精算課税制度は選択制

 暦年贈与課税制度 ➡ 相続時精算課税制度

 相続時精算課税制度 ➡ 暦年贈与課税制度

※相続時精算課税制度の2500万円の非課税枠を一度利用してしまうと、同じ人（親あるいは祖父母）からの贈与については暦年贈与課税制度の年間110万円の非課税枠は利用できなくなるため、注意すること

㎡の部分について、その宅地の課税価格の5割または8割の評価減ができる小規模宅地等の特例があります。

この特例はその宅地を相続または遺贈により取得した者が適用を受けることができる制度ですから、生前贈与財産については適用できません。将来、相続税の申告において、小規模宅地等の特例を適用したい財産については、相続時精算課税制度の適用は避けるべきです。

■ 相続時精算課税制度の選択は慎重な判断が必要

前述のとおり、一度相続時精算課税制度を選択すると、その後暦年課税制度を選択できなくなり、贈与する財産が土地であれば小規模宅地等の評価減の特例は適用できません。選択の判断には、専門家の助言も含めて、慎重な判断が必要です。

■ 事業承継税制の改正により選択肢の幅が広がる

相続時精算課税制度のメリットとして、将来値上がりが予想される自社株を生前贈与するという考え方があります。

平成30年度の税制改正により、平成35年3月31日までに一定の書類を提出することを要件に、平成39年12月31日までの自社株の贈与・相続について納税猶予することもできます。

贈与税の計算例

相続税に比べて非常にシンプルである

■ 贈与税の計算手順とは

贈与税の計算は、以下の2つの手順を踏みます。

① **課税価格の計算**

まず、毎年1月1日から12月31日までの間に贈与された財産の課税価格を求めます。

複数の人から贈与された場合には、その全員からの贈与の合計額が課税価格になります。贈与された財産が土地や有価証券などの財産である場合は、相続税と同様に評価します。そこから110万円の基礎控除額を差し引くことができます。

2人以上から贈与を受けたときは、贈与者それぞれから110万円を差し引くのではなく、贈与を受けた1人につき1年間で110万円の基礎控除額を差し引くことになります。

したがって、年間に贈与された額が110万円以下であれば贈与税は課税されません。

ただし、課税価格を計算する上で注意しなければならないことが1点あります。それは「負担付贈与」と「個人間の対価を伴う贈与」によって取得した株式および不動産は、贈与時の時価で評価するということです。

「負担付贈与」とは、財産と借入金をいっしょに贈与する場合を指します。たとえば、株式購入の資金としてお金を借りたが、その株式と借入金をいっしょに贈与するような場合です。また、「個人間の対価を伴う贈与」とは、財産を贈与する代わりに贈与を受ける人に経済的な対価を要求する場合です。たとえば、不動産を贈与する条件として、贈与を受けた人が他の人

負担付贈与と贈与税

個人から負担付贈与を受けた場合、贈与財産の価額から負担額を控除した価額に課税されることになる。
この場合の課税価格は、贈与された財産が土地や借地権などの場合や家屋、構築物などである場合には、その贈与の時における通常の取引価額に相当する金額から、負担することとなる債務額を控除した価額になる。たとえば、父から時価3000万円の不動産の贈与を受け、父の銀行借入金1500万円を負担することになった場合、3000万円（取引価額）から1500万円（負担額）を控除した1500万円が贈与税の課税対象となる。

贈与税の計算方法

原則 …… **暦年課税制度**

$$\left(\begin{array}{c}贈与を受けた\\財産の合計額\end{array} + みなし財産 - 非課税財産\right)$$

－基礎控除額（110万円）＝課税価格
課税価格×税率＝贈与税額

（例）現金350万円の贈与を受けた場合
　　　課税価格＝350万円－110万円＝240万円
　　　贈与税額は速算表より
　　　240万円×15％－10万円＝26万円

特例 ── **配偶者控除**
　　　── **相続時精算課税制度**

にいくらかのお金を支払うといったケースがあります。具体的には、父親が兄弟の兄のほうに土地を贈与する代わりに兄から弟にお金を渡すといったケースです。

② **贈与税額の計算**

　課税価格から基礎控除を除いた金額を計算した後に、贈与税額の計算を行います。暦年課税は、課税価格から基礎控除額を差し引いた残額に税率をかけて贈与税額を算出します。贈与税の計算は以上で完了です。相続税を算出する場合は、課税価格の合計の計算、相続税の総額の計算、それぞれの相続人の納付税額の計算と3つのプロセスを踏まなければなりませんが、贈与税の場合は、極めてわかりやすいシンプルな方法で算出できます。

　なお、贈与税の計算には、配偶者控除の特例、相続時精算課税制度といった特例があるため、税額の計算の際、これらの特例で算定を行うこともあります。

> **暦年課税**
> 贈与税の課税方法のひとつ。毎年1月1日から12月31日までの1年間に贈与を受けた財産の合計額から、基礎控除の110万円を控除した残額に課税する制度。贈与税には、暦年課税と相続時精算課税の2つの課税方法がある。

PART7 6

配偶者控除の特例や教育資金贈与の特例

居住用不動産またはその取得資金2,000万円まで控除できる

相続税・贈与税のしくみと手続き

■ 配偶者控除とは

　贈与税の税額を算出する際には、基礎控除額110万円の他に、配偶者からの贈与については、さらに配偶者控除（最高2,000万円）を差し引くことができます。したがって、配偶者控除を受ける年は、基礎控除額と合計した2,110万円まで無税ということになります。

　また、相続開始前３年以内に贈与された財産は相続財産の課税価格に加算されるという規定がありますが、配偶者控除を受けた場合の控除額に相当する部分は、加算する必要はありません。つまり、相続税が課税されないこととなっています。ただし、夫婦といっても、内縁関係であるだけでは適用を受けることができません。また、不動産取得税や登録免許税は課税されますので注意してください。

■ 特例を受けるための条件

　この特例の適用を受けるためには、次の条件をすべて満たさなければなりません。

　①その夫婦の婚姻期間（入籍日から居住用不動産または金銭の贈与があった日まで）が20年以上であること、②居住用不動産または居住用不動産を取得するための金銭の贈与であること、③贈与を受けた配偶者が、翌年３月15日までにその居住用不動産に居住し、その後も住み続ける予定であること、④同じ配偶者から過去にこの特例を受けていないこと、⑤贈与税の確定申告をすること。

配偶者控除と節税

自宅を売却した場合、売却益に対して、3000万円までは所得税を控除できるという特例がある。そこで、配偶者控除が適用される範囲内で自宅の所有権を贈与すれば、自宅は夫と妻の共同所有となり、売却する場合、夫と妻のそれぞれが3000万円までの所得税控除を受けることができる。結果的に夫婦２人で6000万円までの売却益に対して控除を受けられることになる。

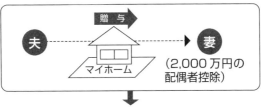

配偶者控除の特例

＜適用条件＞

1	婚姻期間が20年以上の配偶者（内縁関係は除く）であること
2	贈与された財産が居住用不動産または居住用不動産を購入するための金銭であること
3	贈与を受けた年の翌年3月15日現在、実際に居住しその後も引き続いて居住する見込みであること
4	過去に同じ配偶者からの贈与について配偶者控除を受けたことがないこと
5	必ず申告をすること（一定の書類の添付が必要）

　前述した④の要件は、同じ配偶者の間では一生に一度しか適用を受けることができません。また、⑤の要件の申告書には、以下の書類を添付する必要があります。
ⓐ　戸籍謄本または抄本と戸籍の附票の写し
ⓑ　所有権の移転登記後の居住用不動産の登記事項証明書
ⓒ　住民票の写しなど
　なお、居住用不動産の贈与と居住用不動産を取得するための金銭の贈与のどちらが有利かと言えば、居住用不動産の贈与の方が有利です。贈与する不動産の価格は相続税評価額となりますので、土地の場合は路線価（実勢価格の8割程度）、建物の場合は固定資産税評価額（建築費の5〜7割）に対しての贈与税の課税ですむからです。

路線価
道路に面している土地1㎡あたりの評価額のこと。

■ 居住用不動産の範囲とは

　配偶者控除の対象となる居住用不動産は、贈与を受けた夫や妻が住むための国内の家屋またはその家屋の敷地であることが条件です。居住用家屋の敷地には借地権も含まれます。

　なお、居住用家屋とその敷地は一括して贈与を受ける必要はありません。居住用家屋だけや居住用家屋の敷地だけの贈与を受けることができます。この居住用家屋の敷地だけの贈与を受けるときは、その家屋の所有者が次の①または②のいずれかの条件にあてはまることが必要です。

① 　夫または妻が居住用家屋を所有していること
② 　夫または妻と同居する親族が居住用家屋を所有していること

　また、店舗兼住宅である不動産の場合であっても、居住用の面積が90％以上であれば、全部が居住用不動産として特例が受けられます。90％を下回る場合には、面積比で、居住用部分相当に対して、この特例を受けることができます。店舗兼住宅の敷地のみを取得した場合でも、一定の要件を満たした場合には、居住用部分の敷地に対して、この特例を受けることができます。

■ 住宅取得等資金の贈与を受けた場合の非課税制度

　住宅取得等資金の贈与を受けた場合の非課税制度は、平成27年１月１日から平成33年12月31日までの間に、自己の直系尊属から住宅取得等資金の贈与を受け、贈与を受けた人が新築等の住宅用家屋を取得した場合に適用を受けられるものです。そのため、たとえば、直系尊属には含まれない配偶者の親からの贈与は、非課税の適用を受けることはできません。

　非課税を受けられる金額は、省エネ等の住宅用家屋の種類、取得の際の契約日、購入の際の消費税率により、300万円～3,000万円です。

　ただし、親から住宅そのものの贈与を受けたような場合は、この制度の対象外となっています。

住宅取得等資金の贈与の非課税手続

贈与を受けた住宅取得等資金の金額が全額非課税となる場合であっても、非課税制度の適用を受けるためには、贈与を受けた年の翌年２月１日から３月15日までの間に、非課税制度の適用を受けることを記載した贈与税の申告書を納税地の所轄税務署に提出しなければならない。

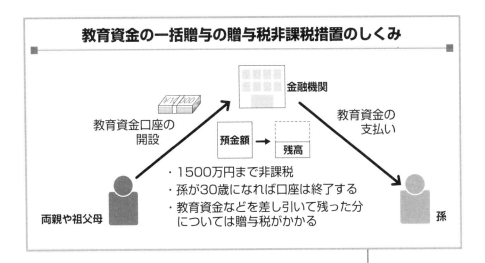

■ 教育資金の一括贈与に係る非課税措置

　両親や祖父母など直系尊属にあたる人が、平成25年4月1日から平成31年3月31日までの間に、30歳未満の子や孫の将来の教育資金のために金融機関を利用して信託等をしたものであれば、一定の手続きを行うことで最高1,500万円まで非課税となります。非課税措置の対象となるためには、金銭の贈与を受ける人は、金融機関を経由して「教育資金非課税申告書」を所轄の税務署長に提出し、受け取った金銭を教育資金のために使ったことを証明するために、その金銭を教育資金のために支払ったことを証明する書類を所轄の税務署長に提出する必要があります。

■ 結婚・子育て資金の一括贈与に係る非課税措置

　20歳以上50歳未満の個人が、その直系尊属より、平成27年4月1日から平成31年3月31日までの間に、結婚・子育ての支払いに充てるための資金の贈与を受けた場合、1000万円（結婚資金は300万円）までは非課税となります。

　この制度も、金融機関を利用して信託等を行い、非課税申告書を税務署へ提出するなどの一定の手続きが必要です。

住宅そのものの贈与

制度の対象は、居住のための家屋の新築・取得または増改築などの対価に充てるための金銭の贈与とされており、親から住宅そのものの贈与を受けたような場合は特例の対象とはならない。

教育資金贈与信託

委託者である親や祖父母が子や孫を受益者として教育資金を信託銀行等に信託した場合、1,500万円を限度として贈与税が非課税になるというしくみである。平成25年度税制改正「教育資金の一括贈与に係る贈与税の非課税措置」に伴い新たに創設された。

PART7 相続税額の計算

相続税の計算は3段階で行う

■ 相続税には基礎控除額がある

遺産総額が一定額（基礎控除額）より少なければ、相続税を納める必要はありませんが、基礎控除額を超える場合には申告して納税しなければなりません。

基礎控除額とは、すべての相続人に認められている相続税が課されない金額のことです。

基礎控除額については、平成27年1月以降の相続より、「3000万円＋法定相続人の数×600万円」となっています。たとえば、夫・妻・子どもの3人家族で、夫が死亡した場合には妻と子どもの2人が相続人になります。この場合の基礎控除については、3000万円＋600万円×相続人2人という計算により、4200万円が基礎控除の対象になります。夫の遺産が4200万円を超えると、相続税がかかることになります。なお、平成26年12月以前の相続の場合の基礎控除額は「5000万円＋法定相続人の数×1000万円」となっていたため、現行制度では基礎控除額が引き下げられ、課税対象者が拡大されることになりました（次ページグラフ参照）。

相続税を納めるのは相続人だけではありません。遺言によって財産を遺贈された受遺者や、死因贈与を受けた受贈者も基礎控除額を超えている場合は、相続税を納める必要があります。また、生前贈与によって一定額以上の財産を受け取った者には、贈与税の納付義務が生じます。

基礎控除額

現行の規定では、法定相続人が1人増えるごとに600万円の基礎控除を受けることができる。平成26年以前は、法定相続人が1人増えるごとに1,000万円の基礎控除を受けることができたため、節税の観点からは、過去の規定の方が有利であったといえる。

死因贈与

「Aが死んだらBにこの土地をあげることを約束した」というように、贈与者の死亡によって効力が生じる贈与のこと（民法554条）。死因贈与には、遺贈に関する規定が準用される。たとえば、贈与の目的となっている財産が相続財産ではないときは、遺言と同様に死因贈与の効力も生じない。ただし、遺言の方式に関する事項は、死因贈与には準用されないため、15歳以上の未成年者が単独で、死因贈与をすることはできない。

現行税制による基礎控除額と課税対象者の拡大

夫・妻・子の3人家族で夫が死亡した場合　遺産総額を1億円とする

● 現行の税制（平成27年1月以降）

3000万円＋600万円×2（妻と子）＝4200万円　　基礎控除額　　5800万円

基礎控除額の引下げにより課税対象額が増加した。
また、課税の対象者が拡大されることになった（グラフ参照）。

● 課税対象者（被相続人）の拡大

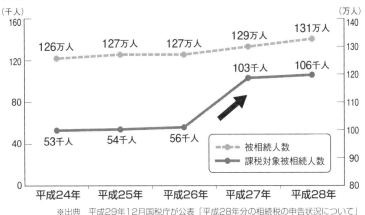

※出典　平成29年12月国税庁が公表「平成28年分の相続税の申告状況について」

■ 相続税の計算は3段階に分けて行う

　相続税の税額計算は、①課税価格の計算、②相続税の総額の計算、③納付税額の計算の順で行います。

① **課税価格の計算**

　「課税価格の計算」は、相続した正味の財産をお金に換算する作業です。相続したプラスの財産から借入金などのマイナス

の財産を引いて求めます。この計算で出た値を課税価格の合計額といいます。計算の手順としては、まず、「税額価格の計算」で算出した課税価格の合計額から基礎控除額を差し引きます。こうして算出したものを課税遺産額といいます。課税遺産額を算出後に法定相続分に応じた各法定相続人の遺産相続金額を計算します。

さらに、この各遺産相続金額に相続税率をかけて仮の課税金額を求めます。3段階目となる「納付税額の決定」を計算する際には相続人ごとに税額控除や加算が行われるのですが、その計算を行う前の課税金額であるため、仮の課税金額と呼びます。

② 相続税の総額の計算

「相続税の総額の計算」は、課税価格の合計額に対して課税される相続税の総額を算出する作業をいいます。

相続税は、まず、課税価格の合計額に対する課税額の総額を算出して、その上で、各相続人に按分するという考え方をするため、このような計算が必要なのです。この時点で課税価格の合計額が基礎控除額を超えた場合は、相続税はかかりませんので、作業はおしまいです。

③ 納付税額の計算

「納付税額の計算」は、基礎控除額を超えた場合に行うもので、相続税額の総額に基づいて相続人ごとの実際の納税額を決める作業です。具体的には、相続人ごとに相続税の控除や加算を行います。相続人によって、相続税の控除の内容が変わりますし、場合によっては、相続税額が加算されることもあるのです。また、税額の計算にあたっては事前に「相続財産の課税価格（相続税評価額）」「法定相続人の数」「財産の分割割合」などを調べておく必要があります。

税額の計算については、210ページ以降で説明しますので、次ページの図を見ながら読み進めてください。

2割加算

次ページ図中、「2割加算」とは、配偶者と一親等の血族以外の相続人については、税額を2割加算して計算する制度のこと（詳細については212ページ）。

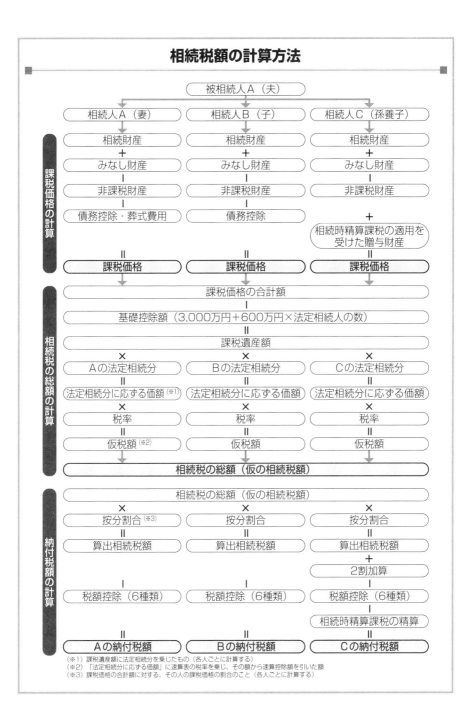

相続税額の計算例1（相続税の総額の計算）

<設定>

被相続人（夫：70歳）
├─ 長男（実子：45歳、5,000万円）
└─ 次男（孫養子：22歳、3年以内の生前贈与3,000万円）
妻（8,000万円）

※1）カッコ内の金額が、各人の相続税の課税価格である
※2）次男は長男の子であるが、被相続人の養子（孫養子）となっている
※3）次男は被相続人の生前において、「相続時精算課税制度」を利用して贈与を受けている
※4）次男は※3）の贈与を受けた年において、贈与税100万円（（3,000万円－2,500万円）×20％）を納付している

〔相続税の総額の計算〕

① 課税価格の合計額

8,000万円（妻）＋5,000万円（長男）＋3,000万円（次男）＝1億6,000万円

② 基礎控除額

3,000万円＋600万円×3（妻、長男、次男の3人）＝4,800万円

③ 課税遺産額

1億6,000万円－4,800万円＝1億1,200万円

④ 法定相続分に応ずる取得金額 (※1)

妻………1億1,200万円×$\frac{1}{2}$　　　＝5,600万円

長男……1億1,200万円×$\frac{1}{2}$×$\frac{1}{2}$＝2,800万円

次男……1億1,200万円×$\frac{1}{2}$×$\frac{1}{2}$＝2,800万円

⑤ 相続税の総額のもととなる仮税額

　　　　　　　　　税率　　速算控除額
妻………5,600万円×30％－700万円＝980万円

長男……2,800万円×15％－　50万円＝370万円

次男……2,800万円×15％－　50万円＝370万円

⑥ 相続税の総額 (※2)

980万円＋370万円＋370万円＝1,720万円

（※1）それぞれの取得金額に千円未満の端数が生じた場合は、切り捨て処理とする
（※2）相続税の総額に100円未満の端数が生じた場合は、切り捨て処理とする

相続税額の計算例2（納付税額の計算）

〔納付税額の計算〕

① 按分割合（小数点第3位を四捨五入し、割合の計が1になるようにする）

妻　$\dfrac{8,000万円}{1億6,000万円}=0.50$ ………0.50

長男　$\dfrac{5,000万円}{1億6,000万円}=0.3125$………0.31

次男　$\dfrac{3,000万円}{1億6,000万円}=0.1875$………0.19

　　　　　　　　　　　　　　計　1.00

② 算出税額

妻　　1,720万円×0.50＝860万円

長男　1,720万円×0.31＝533万2,000円

次男　1,720万円×0.19＝326万8,000円

③ 2割加算（妻と長男は該当しない）

次男　326万8,000円×1.2＝392万1,600円

④ 税額控除の検討

妻………配偶者の税額控除に該当（1億6000万円までは免除されます）

長男……該当なし

次男……相続時精算課税

　　　392万1,600円－100万円＝292万1,600円

⑤ 納付税額

妻………0円

長男……533万2,000円

次男……292万1,600円

PART7 8 課税価格の計算方法

相続税・贈与税のしくみと手続き

非課税となる財産もある

■ 相続税の課税対象財産とは

相続税の対象となる財産には、①相続、遺贈、死因贈与のいずれかによって取得した相続財産、②相続財産ではないが、相続税の規定により「みなし財産」とされるもの、の２種類があります。まず、各相続人が相続した財産に基づき、課税の対象となる財産の合計額となる「課税価格」を求めます。

これが205ページで述べた第１段階です。

なお、国外にある財産を相続した場合、相続人の住所が海外であれば、相続人及び被相続人が10年以内に日本に住んだことがなければ、課税されません。また、外国に住む日本国籍を持たない相続人が、日本に住む被相続人（過去15年以内に日本に住んでいた期間の合計が10年以下の者を除く）から国外財産を相続した場合は相続税の対象となります。

■ 非課税財産とは

相続税の計算において、非課税財産となるものには、次のようなものがあり、これらの価額は相続財産から差し引きます。

・墓地、霊びょう、仏壇、仏具など
・一定の要件に該当する公益事業者が取得した公益事業用財産
・心身障害者扶養共済制度に基づく給付金の受給権
・相続人の取得した生命保険金等で法定相続人のうち、未成年者、障がい者、相続開始直前に被相続人と生計をともにしていた者１人あたり500万円で計算した金額
・相続人の取得した死亡退職金等について法定相続人１人あた

債務として差し引くことができない財産

墓地購入の未払い金、保証債務、団体信用保険付のローン、遺言執行費用、相続に関係する弁護士や税理士の費用などは債務として差し引くことはできない。ただ、相続税の対象となる実質の財産を算出する際には、債務の他、葬式費用も相続財産から引くことができる。

葬式費用の取扱い

葬式費用は、原則として課税されない。課税対象にならない費用は、一般的に必要な金額だと社会通念上考えられる葬式費用の全額。具体的には、葬式の前後にかかると考えられる費用、通夜の費用、密葬・本葬の費用、・火葬・埋葬の費用、死体の捜索費用、死体・遺骨の搬送費用など。

その他非課税財産となるもの

・勤務先などから受け取る弔慰金のうち、被相続人が業務上で死亡した場合は、死亡時の普通給与の３年分、そうでない場合は普通給与の６か月分の金額
・相続財産を国や特定の公益法人に寄附した場合の寄附財産

相続税の課税価格の計算方法

課税価格 ＝ 本来の相続財産 ＋ みなし相続財産 ＋
相続開始前3年以内の通常の贈与財産 ＋
相続時精算課税の適用を受けた贈与財産 －
非課税財産 － 債 務 － 葬式費用

り500万円で計算した金額

 財産を取得した人が債務を引き継いだ場合にはどうなるのか

財産を取得した人が債務を引き継いだ場合は、相続したプラスの財産（預金や有価証券、不動産など）から債務を引いた残りが相続税の課税対象となります。相続の際には、プラスの財産も債務もいっしょに相続しなければならないのが原則ですが、相続税は、あくまで、実質の相続財産に対して課税されるのです。

相続財産から引くことができる債務は、相続開始時点で確定していなければなりません。ただ、被相続人が納付すべきだった税金をその死亡によって相続人が納付することになった場合、被相続人が死亡した際に確定していなかったとしても、被相続人の債務としてプラスの相続財産から差し引くことができます。

また、墓地購入の未払い金、保証債務、団体信用保険付のローン、遺言執行費用、相続に関係する弁護士や税理士の費用などは債務として差し引くことはできません。

なお、相続税の対象となる実質の財産を算出する際には、債務の他、葬式費用も相続財産から引くことができます。

葬式費用として控除できないもの

遺体の死亡原因を調べる必要がある際の解剖費用、香典返しの費用など。また、初七日や四十九日といった法要の費用は控除できない。

お墓や仏壇と節税対策

被相続人が生前に購入しておけば、お墓や仏壇は節税対策になる。相続が始まってからこれらの購入をしても、控除の対象にはならない。お墓の場合、土地は使用権を買うだけなので、不動産取得税などの税金もかからない。また、控除できるお墓代や仏壇費用にとくに法律上の上限は設けられていない。ただ、お墓代は、都道府県ごとに平均的な金額が公表されており、それを大幅に上回るような金額の場合は、税務署から控除を認められない場合もある。仏壇費用も同様である。

納付税額の計算

人によって2割加算や税額控除がある

■ 相続税の総額と納付税額の計算手順は

各人の課税価格を算出した後は相続税の総額を計算します。

まず、課税価格の合計額から基礎控除額を引き、課税遺産額を求めます。もしこの段階で、課税価格の合計額が、基礎控除額を上回った場合には、その超えた分について相続税が課税されることになります。

次に、法定相続人が法定相続分どおりに課税遺産額を取得したものとして分割します。なお、相続放棄をした人がいても、相続したものと仮定して計算します。そして、各人ごとの法定相続分に応ずる価額が出た後に、「法定相続分に応ずる価額×税率－控除額」の算式で、「仮の相続税額」(仮税額) を算出します。この仮の相続税額を合計すると、相続税の総額が求められます。相続税の総額は、遺産を相続する人全員の税額です。さらに、各人が実際に取得した遺産の比率（按分割合）に応じて、相続税の総額を按分し、納める税額のもとになる額（算出相続税額）を算出します。

■ 相続税の2割加算とは

配偶者と一親等の血族以外の相続人に関しては、税額を算出するときに2割増しにして計算します。これを「相続税額の2割加算」といいます。2割加算が必要となるのは、相続人が祖父母、兄弟姉妹、おい・めい、などのケースです（次ページ図）。ただし、被相続人の直系卑属で、「子」の死亡などによって代襲相続人となった人や養子、養親は、一親等の親族として

法定相続分

民法で定められた相続分の割合のこと（民法900〜901条）。被相続人が遺言により相続分の指定をしていない場合には、法定相続分に基づいて相続がなされる。たとえば、被相続人に配偶者と2人の子どもがいる場合、配偶者の法定相続分は2分の1、それぞれの子どもの法定相続分は4分の1となる。

相続放棄

相続が開始された時に、相続人自らが相続人とならないことを表明するもの（民法938条）。
相続では預貯金や不動産などの財産を引き継ぐだけでなく、借金などのマイナスの財産も引き継ぐことがある。この場合には、相続することは不利になるので、一定の要件のもとで相続を放棄することができる。相続を放棄したいときは、相続が開始したことを知ってから3か月以内に家庭裁判所に相続を放棄することを申し出る必要がある（同法915条1項）。相続を放棄した場合には、最初から相続人とならなかったものとみなされる（同法939条）。

相続人と相続税の2割加算

相続人が
・配偶者　・子
・父母

→ 各相続人の税額から税額控除を差し引く

相続人が
・祖父母
・兄弟姉妹
・おい・めいなど
（配偶者と1等親の血族以外の者）

→ 各相続人の税額に2割加算した金額から税額控除を差し引く

扱われるので加算の対象にはなりません。

■ 税額控除とは

相続税では、相続や遺贈で財産を取得した人の個別的な事情などを考慮して、6種類の税額控除を設けて税負担の軽減を図っています。6種類の税額控除とは、①贈与税額控除、②配偶者の税額軽減、③未成年者控除、④障害者控除、⑤相次相続控除、⑥外国税額控除です。また、これらを控除する順番も①～⑥の順で行います。

なお、相続時精算課税の適用を受けて納めた贈与税は、これら6種類の税額控除の計算の後で、精算する（相続税額から控除する）ことになります。

① **贈与税額控除**

相続開始前3年以内に贈与があり、課税価格に加算した人は、その贈与税相当額が控除されます。また、贈与の際に支払った贈与税額はこの控除で相殺することができます。

② **配偶者の税額軽減**

申告期限である10か月以内に遺産分割が確定していることを

代襲相続人

本来の相続人が相続できない状況になった時に、その相続人に代わって、その子どもが相続する時の名称。

相　殺

債務者が債権者に同種の債権を有する場合に、互いの債務を対当額で消滅させること（民法505条）。

PART 7　相続税・贈与税のしくみと手続き　213

要件として、配偶者には特別控除があります。なお、この配偶者の税額軽減を利用できるのは被相続人の戸籍上の配偶者だけです。そのため、内縁関係にある配偶者には適用されません。具体的な控除額は、取得相続財産のうち法定相続分以下の額か、1億6000万円までの額のうち、どちらか大きい額までが控除額となります。この範囲内であれば無税です。この場合でも、相続税の申告書は提出する必要があります。

　また、申告期限までに遺産相続協議がまとまらない場合には、申告期限までに所轄の税務署長に遺産分割ができない理由を届け出ます。これが認められた場合に限って、3年間、配偶者の特別控除の適用を延長することができます。

　一方、税務調査によって相続財産の隠ぺいが発覚した場合、隠ぺいした財産に関しては、特別控除の対象になりません。

③　未成年者控除

　法定相続人が未成年者であるときは、満20歳になるまでの年数1年について未成年者控除が適用されます。控除額は、平成27年1月1日以後に相続・遺贈により取得する財産については、10万円です。

　この場合の年数に1年未満の端数があるときは1年に切り上げます。未成年者控除額が、その未成年者本人の相続税額より大きいため控除額の全額が引ききれない場合は、その引ききれない部分の金額をその未成年者の扶養義務者の相続税額から差し引きます。なお、法定相続人であることが条件ですが、代襲相続人となった孫やおい、めいなどは控除の対象になります。

④　障害者控除

　法定相続人が障害者の場合、85歳になるまで障害者控除が適用されます。金額は、平成27年1月1日以後に相続・遺贈によって取得する財産については、毎年10万円（特別障害者は20万円）です。

⑤　相次相続控除

相続人が未成年者の場合の控除額

相続人が未成年者のときは、未成年者控除が受けられる。控除額については、その未成年者が満20歳になるまでの年数1年につき10万円で計算する。1年未満の期間があるときは切り上げて1年として計算する。たとえば、15歳4か月の高校生が満20歳になるまでの期間は、4年8か月だが、控除額を計算する年数は5年ということになる。
したがって、控除額は10万円×5年＝50万円となる。

おもな相続税の税額控除	
贈与税額控除	相続開始前3年以内に贈与があり、課税価格に加算した場合は、その贈与税相当額が控除される。
配偶者の税額軽減	法定相続分と1億6000万円のうち大きい額までは非課税（申告期限の10か月以内に遺産分割が確定している配偶者が対象）。
未成年者控除	満20歳になるまでの年数1年につき10万円を控除。
障害者控除	85歳になるまでの年数1年につき10万円（特別障害者の場合は20万円）を控除。

　短期間に相次いで相続が発生すると、相続税が大きな負担になります。そのような事態を避けるために設けられたのが「相次相続控除」です。10年以内に2回以上相続があった場合は、最初の相続の相続税の一部を2回目の相続の相続税から一定の金額で控除できます。

⑥　外国税額控除

　相続財産の中に外国の財産があったときは、相続人が日本在住の場合、日本の相続税がかかり、その相続財産がある国でも相続税が課せられることがあります。このように二重に課税される事態を避けるために設けられたのが「外国税額控除」です。外国で課せられる税金の分は、日本の相続税額から控除することができます。

■ 納付税額を確定する

　前述した「算出相続税額」について、各人の事情にあわせて「2割加算」と「税額控除」を行い、算出された額が、それぞれの相続人の最終的な「納付税額」になります。

Column

相続時精算課税制度を選択するときの注意点

　相続時精算課税制度を利用する場合の注意点としては、まず、遺留分を考慮するという点があります。
　民法では、相続開始前1年以内の贈与財産は、遺留分侵害額請求権行使の対象となるものと規定されています。したがって、相続時精算課税制度により生前贈与を行う場合には、遺留分を考慮した上で行う必要があります。これは、相続税がかからない場合でも同様です。
　また、相続時精算課税制度については、相続開始後、他の共同相続人等に、税務署に対する生前贈与財産の申告内容（贈与税の課税価格合計額）の開示請求が認められています。つまり、被相続人と特定相続人の間での贈与について、他の共同相続人に知られてしまう可能性があるため、他の共同相続人が遺留分侵害額請求権（74ページ）を提訴することも考えられます。また、遺留分侵害額請求権の行使にまで至らなくても、遺産分割協議が難航する可能性は十分あります。
　さらに、贈与を受けた人が贈与者よりも先に死亡したときは、死亡した人の相続人が相続時精算非課税制度に係る納税の義務を負うという点にも気をつけなければなりません。たとえば、父親から子どもへ相続時精算非課税制度を活用した贈与が行われた後、父親よりも子どもが先に死んでしまった場合、子どもの財産は、その配偶者と母親に相続されます。一方、その後に父親が死亡した際には、配偶者は父親の法定相続人ではありませんから、遺言がない限り、父親の財産を相続することはありません。ただ、この場合、配偶者は何も財産を相続しなくても、子ども（つまり、すでに死亡した自分の配偶者）から相続した財産分の相続時精算課税に係る納税義務をそのまま承継し、税金を支払わなければなりません。

PART 8

相続税の申告と相続税対策

PART8
1 相続税の申告と相続税対策

相続税対策

事前の計画的な相続税対策が非常に重要である

■ 相続税対策はどうする

一番重要なことは、事前に計画的な対策をとることです。相続が開始されてから対策を考えるのでは遅すぎるということです。基本的な相続税対策としては、①課税財産（プラスの財産）を少なくする、②マイナスの財産（借入金）を増やす、③法定相続人を増やして基礎控除額を増やす、④税額控除や特例を活用することが挙げられます。

① 課税財産（プラスの財産）を少なくする

これを実現するためには、生前贈与を活用することと、評価額の低い財産に換えることが考えられます。

生前贈与とは、相続が発生する前に（被相続人が生きているうちに）相続人になると予定される者に財産を移すことです。生前贈与には相続税の減税対策としての効果があります。

節税のポイントは、贈与税の負担をいかに抑えて財産を移転するかにあります。その基本は、年間1人あたり110万円の贈与税の基礎控除の積極活用です。

ただし、生前贈与を使った節税策には注意も必要です。たとえば、毎年決まった時期に基礎控除以下の同じ金額を贈与し続ける場合です。このような贈与は、最初から毎年の贈与金額の合計額を一括して贈与するつもりだと税務署からみなされてしまう恐れがあります。そう判断されると、多額の贈与税が課されてしまいます（詳しくは、234ページを参照）。

また、贈与を行った場合、税務上、実質的に贈与があったかどうかが問題とされることが多くあります。そこで、贈与の事

贈与税の申告

1年間に基礎控除額110万円を超える価格の贈与を受けた者が行わなければならない。ということは、110万円以下は無税なので、相続税を払わずに財産を移すことが可能になる。

贈与契約書の作成

夫婦や親子などの間において行われる金銭等の贈与は書面を作成して行われることが少なく、贈与であるのか、あるいは金銭消費貸借であるかの事実認定は難しい場合が多くある。贈与契約書を作成する際には、契約した日にごまかしがないことを税務署に証明できるように確定日付（公証人が契約書の作成日に間違いがないことを証明してくれる制度）にしたほうがよい。

相続税対策のポイント

- 課税財産（プラス財産）を少なくする
  - ・生前贈与して財産を減らす
  - ・所有財産の評価額を下げる
- マイナス財産（借入金）を増やす
  - ・返済可能な借金を作る
- 法定相続人を増やす
  - ・養子縁組により相続人を増やす
- 税額控除や特例の活用
  - ・配偶者の税額軽減を利用する
  - ・小規模宅地等の評価の特例

実を明らかにするために贈与契約書を作成し、客観的にみても贈与の事実があったと認められる状況を作ります。

評価額の低い財産に換えるとは、たとえば、現金で1億円もっているより、生前に土地を買っておく方法です。土地に換えることによって、評価額が下がるため相続税が安くなります。同じ土地でも、更地でもっているよりアパートを建てた方が、さらに評価額は下がり、相続税は安くなります。

② **マイナスの財産（借入金）を増やす**

これはアパートを建てる際に借金などをしてマイナスの財産を増やすといった方法です。借金は遺産から差し引かれるからです。借金をしても、そのお金を現金で持っているのであれば財産の減少になりませんので、評価額を下げる資産にそれを換えることにより、さらなる節税効果を発揮することができます。

③ **法定相続人を増やす**

相続税の基礎控除額は法定相続人が1人増えるごとに600万円増えます。法定相続人が多くなるほど基礎控除額が増え、課税される遺産額はその分少なくなります。

法定相続人を増やす方法として、普通行われているのは、被

アパートの建築と節税対策

アパートを建築した場合、相続税評価額の算定方法による節税（土地の場合は時価の約80％、建物の場合は建築価格の約60％で評価）の他に、さらに土地と建物に対する評価額の両方を下げることができる。そのため、アパートの建築は節税対策として利用されることもある。ただし、平成30年度の税制改正により、相続開始前3年以内にアパート経営を開始した場合には、敷地部分について小規模宅地等の評価の特例が適用できなくなったので、アパート建築については注意が必要である。

相続人が生きている間に行われる養子縁組です。

④ 税額控除や特例を活用する

これは配偶者の税額軽減や小規模宅地等の評価の特例を有効に使うということです。

❓ 不動産の購入が相続税対策になるのはなぜか

同じ10億円でも不動産で相続したほうが現金で相続するよりも相続税対策になるのは、法律で定められた相続税の算定方法で不動産の価値をお金に換算した場合、時価（この場合は10億円）よりも低くなるからです。

建物の場合は、固定資産税評価額が課税基準、つまり相続税の課税対象となる値段になります。これは、建築額のおおよそ60％です。つまり、10億円の建物は10億円×0.6＝6億円の評価となり、6億円分の相続税しかかかりません。一方、土地の場合は、路線価や固定資産税評価額をもとに課税基準を算出します。そして、その評価額は実勢価格の70～80％程度となります。10億円の実勢価格の土地は7～8億円程度と評価され、その分の相続税しかかかりません。現金で10億円を相続すれば、当然、10億円分の相続税がかかるわけですから、土地や建物で相続したほうが、節税になるわけです。

❓ 孫への生前贈与は相続税対策になると聞くが本当か

相続税の節税対策として、2つのメリットがあります。

① 相続税の支払回数を削減できるというメリット

通常は、親が死亡した場合は子どもが相続します。その際には、相続税を支払います。親から遺産を相続した子どもが死亡すると、今度は、孫が相続します。その際にも相続税が課税されます。つまり、親から子、子から孫へと相続する場合、親か

養子縁組による節税についての注意点

① 孫を養子にすると孫についての相続税が2割増える
② 税法上養子として扱える人数には制限がある
③ 税務署から租税回避行為とみなされるリスクがある

不動産の購入と節税

相続税を計算するために不動産の価値をお金に換算する際の金額が、土地の場合は時価の約80％、建物の場合は建築価格の約60％となる。たとえば、現金10億円を現金のまま相続すれば、課税評価額は当然、10億円だが、土地ならば、10億円×0.8＝8億円、建物ならば10億円×0.6＝6億円と評価されるため、不動産の購入が節税対策として利用されることもある。ただし、平成29年の国税不服審判所の採決事例において、相続開始前3年以内にアパートを建築し、相続税対策を行って不動産の財産評価をした事例について、国税当局は行き過ぎた行為とする見解を示している。

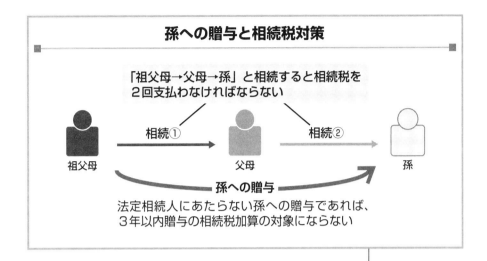

ら孫に財産が伝わるまでに相続税を2回支払わなければならないことになります。孫に財産を贈与した場合には、孫には贈与税がかかる可能性がありますが、相続税はかかりません。相続税という面からは、一度も相続税を納めることなく、親から孫へ財産が渡ることになります。また、財産の一部を孫に贈与した場合でも、贈与財産分だけ、子どもの相続財産が少なくなり、その分、子どもが支払う相続税を少なくすることができます。

② 相続開始前の3年以内の贈与は相続税の課税対象になるという規定が孫への贈与には適用されないというメリット

この規定が適用されるのは、あくまで、相続人に贈与した場合ですので、相続人にではない孫への贈与には適用されないのです。したがって、親が不治の病に倒れるなどの理由で、相続開始前の3年以内の贈与を行った場合でも、孫への贈与であれば、相続税の課税対象に含まれなくなりなす。孫へ贈与した財産分だけ親から子への相続財産が減りますので、それに伴って子が支払う相続税も少なくてすむことになります。

このような親から孫への贈与を使う場合は、年間110万円の基礎控除を上手に使う必要があります。

贈与と登記名義

不動産を贈与した場合、登記名義の変更の有無にかかわらず、課税される。

マンションの購入と相続税対策

たとえば、40階建てマンションの1階と最上階では、同じ間取りでも値段が倍も違うことがある。しかし、税金の評価額は、単純に面積だけを基準に計算されるため、相続税評価額は間取りが同じならば、どの部屋も同じである。したがって、同じ間取りならば、なるべく値段の高い部屋を買えば、実際の値段と相続税評価額との差が大きくなり、節税につながる。ただし、近年の税制改正や裁判事例などの国税当局の見解から、行き過ぎた相続税対策については相続回避と捉えられることも考えられる。

相続税・贈与税の申告

PART8-2 相続税の申告と相続税対策

相続税も贈与税も申告納税方式による

■ 相続税の申告はどうすればよいのか

相続税の申告をするときは、被相続人が死亡したときの住所地を管轄する税務署に相続税の申告書を提出します。

相続または遺贈によって取得した財産（死亡前3年以内の贈与財産を含みます）及び相続時精算課税の適用を受ける財産の額の合計額が基礎控除額以下のときは、相続税の申告も納税も必要ありません（相続時精算課税を利用したことにより贈与税額を納付しているのであれば、還付を受ける申告をすることもできます）。

しかし、配偶者に対する相続税額の軽減や小規模宅地等の課税価格の特例は、申告することで初めて適用になります。したがって、これらを適用する場合は相続税がゼロのときでも申告する必要があります。

相続税の申告期限は、相続の開始（被相続人の死亡）を知った日の翌日から10か月以内です。

たとえば、1月6日に死亡した場合にはその年の11月6日が申告期限になります。なお、この期限が土曜日、日曜日、祝日などにあたるときは、これらの日の翌日が期限となります。申告期限までに申告しなかったり、実際にもらった財産より少ない額で申告したりした場合には、罰金的な性格の加算税が課税されます。

また、基礎控除額の範囲内であれば、申告も納税も必要ありませんが、小規模宅地等についての課税価格の特例の適用を受けるときは、相続税の申告書を提出しなければなりません。こ

申告期限までに申告をしなかった場合

加算税がかかる。基礎控除額の範囲内であれば申告も納税も必要ないが、小規模宅地等についての課税価格の特例の適用を受けるときは、相続税の申告書を提出しなければならない。

申告書の提出期限内に遺産分割が決まらない場合

相続税の納付金額は、遺産分割が確定しないと決まらない。申告書の提出期限内に遺産分割が決まらない場合には、とりあえず法定相続分に従って遺産分割をしたとして各相続人が相続税を支払う。そして、正式に遺産分割が終わった後に、相続税の過不足分を精算する。

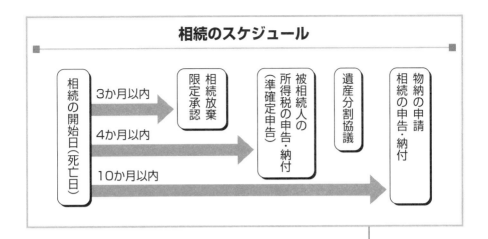

のように、小規模宅地等の特例を受けるために申告をして、申告をすることにより納税が必要にならなくなるケースも多々あります。

相続税の納期限は、申告期限と同じく、相続の開始（被相続人の死亡）を知った日の翌日から10か月以内です。期限までに納めなかったときは、罰金的な利息にあたる延滞税が課税されます。

相続税も金銭での一括納付が原則ですが、延納や物納の制度もあります。延納は何年かに分けて納めるもので、物納は相続などでもらった財産そのものを納めるものです。延納、物納を希望する人は、申告書の提出期限までに税務署に申請書を提出して許可を受ける必要があります。

もっとも、相続税の申告が終わった後で、相続財産の漏れや計算の間違いに気がつくことがあります。この場合、申告内容を訂正する修正申告が必要です。

修正申告には期限はありません。自分で気がついて修正申告した場合にはペナルティもありません。ただし、税務調査によって相続財産の申告漏れが発覚した場合には、納税額の10%の過少申告加算税と延滞税が課されます。さらに、相続財産の

延滞税

延滞税は、期限後に納付した相続税に関して、平成30年の期間のものについては、最初の納期限から2か月以内のものは年2.6％になり、2か月以降は、年8.9％となる。平成31年以降には料率が変更となるので、年度ごとに確認が必要である。

延納

一度に多額の納税をすることが難しい場合には、延納という納税方法を利用する。この延納は一定の条件の下に5年以内（相続税は不動産等の割合により最高20年以内）年賦により納税する方法である。この場合、延納しようとする贈与税・相続税の納期限または納付すべき日（延納申請期限）までに、延納申請書に担保提供関係書類を添付して税務署長に提出することが必要である。ただし、贈与税については、物納は認められていない。

隠ぺいが発覚した場合は、過少申告加算税の代わりに重加算税が課されます。重加算税の税率は、納税額の40％と非常に高くなっています。

逆に税金を過大に申告したことに後で気づいた場合には、更正の請求をすることで取り戻すことができます。更正の請求ができるのは、相続税の申告期限から5年以内です。

■ 準確定申告について

生前、確定申告していた人、あるいは確定申告をする必要があった人が死亡した場合、相続税の申告の他に、相続人は共同で、死亡した人の所得の確定申告をしなければなりません。これを準確定申告といいます。死亡した人の1月1日から死亡した日までの所得を申告し、納税します。相続人が相続の開始があったことを知った日の翌日から4か月以内に行わなければなりません。

■ 贈与税の申告はどうすればよいのか

贈与税の申告をするときは、贈与した人の住所地ではなく、贈与を受けた人の住所地を管轄する税務署に申告書を提出します。贈与を受けた額が基礎控除額以下であるときは、贈与税の申告は必要ありません。しかし、贈与税の配偶者控除や相続時精算課税制度の適用を受ける場合は贈与税がゼロでも申告する必要があります。

贈与税の申告期限は、贈与を受けた年の翌年の2月1日から3月15日の間です。納付期限も申告期限と同じく、贈与を受けた年の翌年の2月1日から3月15日の間です。申告期限までに申告しなかった場合や実際にもらった額より少ない額で申告した場合には、本来の税金以外に加算税がかかります。

また、納税が期限に遅れた場合は、その遅れた税額に対して罰金的な利息に当たる延滞税がかかります。贈与税も他の税金

更正の請求

納税してしまった後に減免を受けられることがわかったというときでも、申告期限から5年以内であれば、相続税を多く納め過ぎたことを示す「更正の請求」をすれば、納め過ぎた税金を取り戻すことができる。税務署は、税金を納めなかったり、少なく申告したりすると、強く請求してくるが、多く納め過ぎた場合は、何も言わないことがある。税金の納め過ぎには、自分で注意を払う必要があるといえる。

年金の準確定申告

所得は年金だけという人が死亡した場合、所得税に関しては毎月源泉徴収されているので、準確定申告をする必要はない。しかし、場合によっては、申告によって源泉徴収された所得税の一部が還付される可能性があるので、注意が必要である。還付を受ける場合の請求は準確定申告の申告期限から5年以内に行う必要がある。

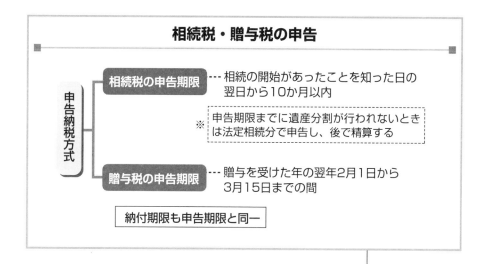

と同じく金銭で一時に納めるのが原則です。

 被相続人が行った贈与の状況が複雑で正確な金額が出せずに困っている。贈与税の申告内容を開示するように請求したいが、可能なのか

相続・遺贈（相続時精算課税の適用を受ける財産に係る贈与を含みます）によって財産を取得した人は、他の共同相続人等（その相続・遺贈によって財産を取得した他の人のことです）がいる場合には、被相続人に係る相続税の期限内申告書、期限後申告書か、修正申告書の提出または更正の請求に必要となるときに限って、開示の請求をすることができます。

したがって、あなたが相続や遺贈によって財産を取得していて他に共同相続人などがいる場合で、上記書類の提出や更正の請求に必要な場合には、贈与税の申告内容の開示を請求できます。

なお、相続税の申告書を提出すべき人がその申告書の提出前に死亡した場合、相続税の納付義務を承継した人、相続時精算課税の適用に伴う権利義務を承継した人についても、開示の請求ができます。

具体的に開示請求できる事項

① 他の共同相続人等がその被相続人から相続開始前3年以内に取得した財産
② 他の共同相続人等が被相続人から取得した相続時精算課税の適用を受けた財産に係る贈与税の申告書に記載された贈与税の課税価格の合計額
③ 上記②の場合に贈与税について修正申告書の提出または更正や決定があった場合には、その修正申告書に記載された課税価格または更正や決定後の贈与税の課税価格の合計額

相続税の延納と物納

物納とは相続税を金銭以外の財産で納付することである

■ 相続税の延納とは

相続税を一度に全額払えないときに、毎年一定額ずつ支払っていくことです。延納をするには、以下の要件を満たすことが必要です（欄外参照）。

税務署は、提出のあった書類の内容を調査した後に、適正であれば許可の通知をします。延納できる期間は、原則として5年以内ですが不動産等の占める割合によっては10年から20年までの期間となっています。また、延納の場合には、相続税額と延納期間に応じて利息がかかります。これを利子税といいます。延納の利子税率より金融機関からの借入金利率が低い時は、延納をやめて金融機関から借りて払ってしまうのも得策です。

なお、初めに延納を選択した場合でも、一定の条件にあえば後から物納に切り替えることもできます。また、反対に物納から延納に切り替えることも可能です。

■ 相続税の物納とは

税金は、金銭で納付することが原則ですが、不動産しか相続しなかった場合など、相続税を延納によっても金銭で納付することが困難な場合には、申請により物納をすることができます。

物納は、納税者の売り急ぎによる不利益を回避するために設けられている制度です。たとえば、相続税が課税された土地を、被相続人の死亡時の路線価等で評価した額で納税する方法です。路線価等で評価した額が実際の売却予定額を上回る状況では物納が有利となります（物納の要件については次ページ欄外参照）。

延納するための要件

・納付する金額が10万円を超えること
・金銭で一度に納付することが難しい理由があること
・延納税額に見合う担保を提供すること（担保に提供できるものは国債などの有価証券や土地などの一定のものに限られている。なお、延納する税額が100万円以下で、かつ、延納期間が3年以内の場合には担保は不要）
・相続税の納付期限（相続の開始を知った日の翌日から10か月以内）までに延納申請書を提出すること

延納から物納に変更するための条件

延納の許可を受けた後で支払いが難しくなったなど、延納する約束が守れなくなった場合に、申告期限から10年以内であれば、まだ納めていない税金分に関して延納から物納に変更できる。

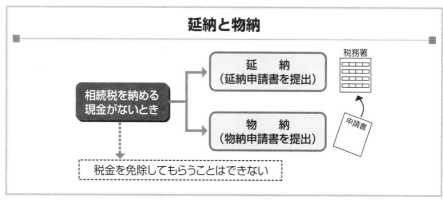

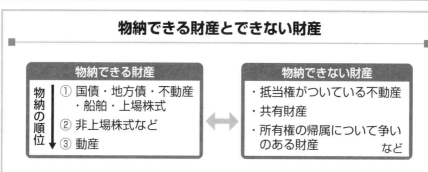

　ただし、物納申請期限までに物納手続関係書類を提出することができない場合は、「物納手続関係書類提出期限延長届出書」を提出することにより、1回につき3か月を限度として、最長で1年まで物納手続関係書類の提出期限を延長することができます。物納申請書が提出された場合には、税務署では、その物納申請に係る要件の調査結果に基づいて、物納申請期限から3か月以内に許可または却下を行います。申請財産の状況によっては、許可または却下までの期間を最長で9か月まで延長する場合があります。

　なお、物納できる財産と物納できない財産は上図のようになっています。

物納の要件

① 延納によっても金銭で納付することが困難な事情があること
② 納期限または納付すべき日（物納申請期限）までに物納申請書に物納手続関係書類を添付して提出すること

Column

連帯納付制度とはどんなものなのか

　相続人の1人が相続税を支払わず、税務署からの督促にも応じない場合には、他の相続人が代わりに支払う義務を負います。これを連帯納付義務といいます。つまり、相続税の支払いについては、相続人全員が連帯して支払う責任を負うということです。この連帯納付義務は、借金の連帯保証とよく似ています。滞納した本人が支払いに充てるだけの財産を持っているかどうか、税務署が本人から回収する努力を尽くしたかどうかに関わりなく、他の相続人は、相続税を支払わなければならないからです。

　しかも、連帯納付の相続税については、延滞も物納も認められておらず、現金で一括払いしなければなりません。この支払いを怠れば、財産を差し押さえられる可能性もあります。

　さらに、連帯納付制度は、同一の被相続人から相続または遺贈によって財産を取得したすべての人を対象にしています。つまり、遺言によって財産を受け取った人が相続税の支払いを怠った場合でも、相続人である妻や子どもが、代わりに支払わなければならないということです。この連帯納付制度は、その廃止を求める意見が以前から根強くあります。この声を反映し、平成23年度の税制改正で、連帯納付義務を負わされてしまった相続人が相続税を（本来、相続税を納めるべき人の）代わりに払う場合、延滞分の利子を軽減する改正が行われました。また、平成24年度の税制改正では、相続税の申告期限から5年を経過していて、税務署から納付書が届いていない時、納税猶予を受けた時、延納を受けた時には、連帯納付義務が解除されることになりました。しかし、連帯納付制度そのものは、現在のところ廃止には至っていません。

PART 9

事業承継と相続対策

PART9-1 事業承継と相続対策

事業承継で自社株式を引き継ぐ意味

ヒト・モノ・カネのそれぞれに問題がある

■ 事業承継で自社株式を引き継ぐ意味

事業承継とは、会社の今までのオーナーから次の世代の新オーナーに経営を引き継ぐことです。具体的には、創業者の保有する株式をその子どもに引き継ぐ場合などが挙げられます。

この際、気をつけなければならないことは、単に親から子へ自社株式が相続されるだけではないということです。事業継承とは、会社を引き継ぐことだからです。

会社は「ヒト」「モノ」「カネ」で成り立っています。したがって、会社に関しては、この3つの動きを念頭に考えなければなりません。「ヒト」は次の世代の新オーナー、「モノ」は株式、「カネ」は税金となります。この3つの要素をスムーズに引き継ぎ、あるいは処理し、会社が今までどおりに機能していくようにすることが大切なのです。

■ 相続財産が自社株式だと何が問題なのか

相続財産が自社株式の場合には、他の株式や財産を相続するときと違った問題が起こります。典型的なケースは、①複数の法定相続人がいる場合、②相続税を納めるためのお金が必要になる場合の2つです。いずれも、相続はあくまで形式的なことで、事業承継が本来の目的であることから起こる問題です。

① 複数の法定相続人がいる場合

株式は会社の所有権そのものです。株式を所有する割合で会社の所有権の割合も変わります。ですから、事業を承継する場合、新オーナーが株式を集中して持つ必要があります。株式が

法定相続人

法の定めによって当然に相続人となる者のこと。法定相続人は、配偶者と血族相続人に大別される。法定相続人の間での相続分については民法で定められている(民法900〜901条)。

相続財産が自社株の場合の注意点

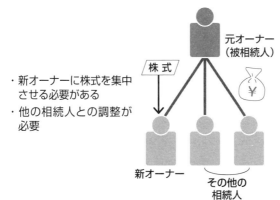

・新オーナーに株式を集中させる必要がある
・他の相続人との調整が必要

・株式を売却せずにすむように、相続税の支払費用を調達しないといけない

分散しては、会社の迅速な意思決定に支障をきたしてしまうからです。

しかし、法定相続人が複数いる場合、新オーナー以外の相続人にも当然に財産を相続する権利があります。新オーナー以外の相続人の権利を無視することは明らかに違法です。自社株式は分散させたくない一方で新オーナー以外の相続人に相続させる財産がない、という場合に問題が起こります。

② **相続税を納めるためにお金が必要な場合**

相続財産が自社株式の場合でも、当然に相続税が課されます。その際相続財産が自社株式以外にほとんどない場合、相続税を払うために、相続した株式を売却してお金を作らなければならなくなるケースも起こり得ます。

しかし、事業承継という本来の目的のためには新オーナーが株式を保有し続ける必要があり、売却してしまっては本末転倒です。こういった場合に、相続税を納めるためのお金をどうやって調達すればいいのかという問題が起こります。

> **法定相続人への対策**
>
> 他の法定相続人への遺産相続に関する対策として最も良い方法は、オーナーが生前から新オーナー以外の法定相続人の遺留分を金銭や他の財産などで確保しておくことである。これ以外の解決法はかなり困難と言わざるを得ない。
> 確かに、新オーナー以外の法定相続人から遺留分の放棄をしてもらう、「経営承継円滑化法」に基づいて自社株式を遺留分財産から外すなどの手段もある。しかし、これらには、家庭裁判所の許可が必要となり、何より、新オーナー以外の法定相続人が納得するかどうかが不確定である。納得するにしても、ほとんどの場合で遺留分に相当する相続財産が必要になる。

■ どんなことが問題になるのか

事業承継という側面から見ますと、典型例ばかりでなく、「ヒト（次世代の新オーナー）」「モノ（株式）」「カネ（相続税）」のそれぞれで問題が起こり得ます。

① ヒトについて

だれを次世代の新オーナーにするか、という問題があります。

先の典型例はいずれの場合も、新オーナーが旧オーナーの親族（子ども）で、相続によって事業承継することによって起こる問題でした。しかし、たとえば、新オーナーを子ども以外の他人にまかせ、株式の売買によって事業承継を行えば、典型例のような問題は起こりません。新オーナーが株式を受け取る対価として旧オーナー側には現金が入るからです。現金は分けることができますから、相続の際の財産の分割問題は起こりません。相続税の納付に必要なお金の工面に悩む必要もありません。

② モノについて

新オーナーにいかに円滑に株式を譲り渡すか、ということが大きな問題になります。譲り渡す方法には「相続」の他、生前贈与、売買などさまざまな方法がありますが、法的手続きも権利義務関係も違います。ですから、それぞれの利点・欠点を比較し、最もスムーズに譲渡できる方法を選択する必要があります。

なお、オーナーから子どもへの事業承継を税制の面から促進する「事業承継税制」の利用も検討すべきでしょう（238ページ）。

③ カネについて

前項の２つの典型例が、そのまま一番の問題となります。相続税対策と他の法定相続人への遺産相続です。

相続税対策には、自社内で手を打つことで軽減する方法と、法律で負担軽減制度を活用する方法の２通りあります。

自社内で手を打つ軽減対策には、ⓐ相続した株式を自社に売却する方法、ⓑオーナーの死亡退職金を自社から支給させる方法、ⓒ会社が金融機関からお金を借り、そのお金をさらにオー

他人に事業承継させる場合の注意点

他人に事業承継させる場合は、新オーナーが経営しやすい環境を作ってあげることが一番大切である。また、そのためにも、承継の際のタイミングを十分に考慮し、承継の際はできる限り大量の株式を集中して譲り渡すように心がけるべきである。

事業承継で問題となること

事業継承
- ヒトの問題
  - ・新オーナーは子どもか、
  - ・第三者を新オーナーとするのか
- モノの問題
  - ・円滑に事業承継できる対策を立てているか
  - ・事業承継税制は把握しているか
- カネの問題
  - ・相続税額について対策は立てているか
  - ・他の相続人への遺産相続でトラブルは生じないか

ナーの一族に貸し付ける方法、ⓓ会社の資産を売却する方法などが考えられます。しかし、いずれも会社のお金をオーナー一族の相続税の工面に使うという点で、会社にとっても従業員やその他の利害関係者にとっても決して推奨できる対策とはいえません。

また、一定の処理や手続きを必要としますが、相続する自社株の評価額を下げることによって相続税を抑えるという方法もあります。評価額を下げる方法には、株価を下げる方法と、株式数を減らす方法の2通りあります。相続する株式の評価額は「1株の株価×相続する株式の数」で算出するからです。株価を下げる方法としては、ⓔ配当金の減額、ⓕ不良資産の処分による含み損失の計上、ⓖ会社分割・合併などによる組織再編などが考えられます。また、株式数を減らす方法としては、ⓗ新オーナー以外への株式譲渡・売却、ⓘ従業員持ち株会など、会社関係者への売却、ⓙ自社への売却、ⓚ関連会社や得意先への売却などがあります。

一方、法律で決められた負担軽減制度を活用する方法においては、相続時精算課税制度、贈与税の納税猶予制度などの利用が考えられます。これらは、適用を受けるためにさまざまな要件を満たす必要がありますが、積極的に活用すべきです。

相続時精算課税制度

贈与税の課税方法は、暦年課税と相続時精算課税の2種類あり、親子の間で贈与を受ける場合は有利な方を選択できるようになっている。60歳以上の親から財産の贈与を受けた、推定相続人である20歳以上の子が選択できる制度が相続時精算課税制度である。

贈与税の納税猶予制度の注意点

・納税の「猶予」であって、「免除」ではない。
・特例を受けてオーナーを継いだ新経営者が、旧経営者の死亡によって、受贈していなかった残りの株式を相続する場合、相続した株式分に関しては、相続税の納税猶予の特例を受けることはできない。

生前贈与の活用

生前贈与には相続税対策としての効果がある

■ 生前贈与には相続税の節税効果がある

中小企業経営者が会社の自社株の大半を所有している場合、事業承継の際には、後継者に対する自社株の贈与や相続が発生し、贈与税や相続税の対象となります。

贈与税は、個人から財産を譲り受けた人が負担する税金で、通常は1月1日から12月31日までの1年間に贈与を受けた財産の合計額から、基礎控除の110万円を差し引いた残りを課税価格として課税する国税です。贈与税は、原則として暦年単位で課税されます。この課税方法を暦年課税制度といいます。

生前贈与とは、自分の生きているうち(生前)に、配偶者や子どもなどに財産を贈与することです。

生前贈与には相続税対策としての効果があります。相続税の節税のポイントは、贈与税の負担をいかに最小限に抑え、財産を移転するかです。その基本となるのは、年間1人あたり110万円の贈与税の基礎控除の積極活用です。仮に、配偶者と子ども2人の3人に対して、110万円ずつ10年間にわたって贈与したとすれば、無税で3,300万円までの贈与が可能になります。

ただし、このような連続した贈与(「連年贈与」といいます)は「定額贈与」とみなされる可能性がありますので注意が必要です。毎年110万円ずつ親族のひとりに贈与した場合、税務当局は「向こう10年間にわたり合計1,100万円を贈与するという権利を最初の年に贈与した」とみなし、その評価額を課税対象とし、高額の贈与税を課税する場合があります。

税務当局から連年贈与と疑われないためには、①贈与する金

贈与と相手方との合意

贈与として扱われるためには相手方との間で「贈与します」「受け取ります」という合意が必要となる。一方的に「贈与します」と伝えただけで贈与が成立するわけではない。

暦年贈与課税制度

贈与税 = (1月1日から12月31日までの1年間に贈与を受けた財産の合計額 − 基礎控除額(110万円)) × 贈与税率

生前贈与の加算
相続開始前3年以内に贈与を受けた財産を、贈与を受けた人の相続税の課税価格に加算すること

額を毎年変更する、②贈与する時期を毎年変える、③贈与するごとに贈与契約を結ぶといった対策が有効です。

また、住宅取得等資金、教育資金、結婚・子育て資金の贈与税非課税枠も、後継者の状況により活用することは有効です。

■ 生前贈与加算に注意

相続により財産をもらった人が、被相続人からその相続開始前3年以内に贈与を受けた財産がある場合には、贈与を受けた財産の贈与時の価額を受贈者の相続税の課税価格に加算しなければなりません。これを生前贈与の加算といいます。その際、その加算された財産に課されていた贈与税の額は、加算された人の相続税の計算上控除されることになりますので、二重課税にはなりません。

この制度は、相続が近くなってから生前贈与を行うような、過度な節税を防止するためのものです。対象になれば生前贈与による節税効果はなくなりますので、生前贈与を行う場合には早い時期から計画的に進めることが重要です。また、孫への生前贈与など条件によっては加算の対象にならない相手もいますので、そういった点を利用した対策も考えられます。

PART9-3 贈与による事業承継を行う場合の注意点

事業承継と相続対策

自社株を生前贈与するタイミングが重要である

■ 生前贈与により相続財産を減少させる

事業承継にあたって自社株を移動する場合、最もポピュラーな手法は贈与による移動です。いつ起こるかわからない相続と違って、旧オーナーが自分の意志で、タイミングを見計らって承継を行うことができます。また、相続財産を減少させておくことで相続税を抑える効果があります。

ただし、贈与税には年度ごとに110万円の非課税枠があるため、この範囲内で行おうとすると自社株の移動に時間を要する点には注意が必要です。

もちろん、贈与税を払ってでも贈与するメリットがある場合は基礎控除を超えて贈与してもかまいません。事業承継という面で考えると、仮に相続税の方が安いとしても、相続後にトラブルが生じることの方が心配です。このようなときは、贈与税が少しばかり高くついても、生前に問題を解決してしまう方がよいこともあるでしょう。

■ 株式の評価額上昇による相続税の増加を抑えられる

自社株式の評価額が上昇する要因として、利益の増加、配当の増加、類似業種の上場株式の株価上昇、会社所有の不動産・有価証券の価格上昇等があります。将来に向けて会社がますます成長を続け、さらに上場株や土地の価格も上昇に転じれば、自社株式の評価額も何倍・何十倍と跳ね上がり、将来の相続時には多額の相続税が課されることが予想されます。そうなる前の早い時期に自社株を贈与しておくことで、相続税を抑える効

> **贈与税の基礎控除**
> 贈与税は、1人の人が1月1日から12月31日までの1年間に受け取った財産の合計額から基礎控除額（110万円）を差し引いた残額に対してかかる。

事業承継にあたって生前贈与をする場合のメリット・注意点

生前贈与のメリット
・相続財産を減少させることができる
・株式の評価額の上昇にともなう
　相続税の増加を抑えることができる

生前贈与の注意点
自社株の生前贈与の場合は、贈与する相手を限定し、
自社株の分散を避けること

※暦年課税で課税する場合を想定

果が期待できます。

　この点、現金等のように将来においても価値の増加しない財産よりも、将来価値の増加するものの贈与を先に行った方が相続税の節税メリットは格段に大きくなるといえるのです。

■ 自社株贈与ではどんな点に注意が必要か

　贈与税対策の基本は、贈与する相手を多くし、少額を贈与することが原則ですが、株式をどんどん分散していくと会社の経営に関係しない人も株主になり、何かと問題が生じやすくなりますので、自社株の贈与にはこの原則があてはまりません。

■ 手続をしっかりしないと贈与が否認されることもある

　自社株の贈与手続を確実にしておかないと、贈与として認められない可能性もあります。対策として、①贈与契約書を2通作成し、贈与した者と贈与を受けた者がそれぞれ1通ずつ保管すること、②譲渡制限のある会社の場合には、贈与についても株式の譲渡承認が必要ですので、贈与する人が会社に対して譲渡承認申請をすることの2点を忘れないでください。

> **譲渡制限のある会社**
> 株式の譲渡についてその株式会社あるいは、その株式会社の機関の承認を要するとされている会社のこと。株式譲渡制限会社ともいう。

相続税の納税猶予特例

PART9-4 事業承継と相続対策

オーナー企業の事業承継を円滑に行うための制度

■ 事業承継税制とは

急速な高齢化が進む中、中小企業が代替わりによって経営困難に陥るケースが起こるようになりました。そのため、健全な中小企業を保護し経済を活性化する目的で、事業承継をスムーズにするための「事業承継税制」が創設されました。具体的には、相続税と贈与税の納税猶予特例があります。

■ 相続税の納税猶予特例とは

非上場会社の後継者(新オーナー)が相続等によってその会社の株式等を取得した場合、一定の要件を満たすと、取得した株式等に係る相続税の納税が猶予されます。これを相続税の納税猶予特例といいます。

猶予される期間は、後継者となった相続人が死亡した時までなど、複数設定されています。

■ どんな要件が必要なのか

相続税の納税猶予特例を利用には、おもに下のような要件があります。相続開始の日から8カ月以内に都道府県知事に申請を行い、要件を満たしていることについて認定を受ける必要があります。

① 会社の要件
・非上場会社であり、資産管理会社や風俗営業会社にあたらないこと

② 相続人(新オーナー)の要件

5年間納付猶予を受けるための要件

1. 後継者である新オーナーが代表者であり続けること
2. 常時雇用者の8割以上の雇用を維持すること
3. 新オーナーと同族関係者とで総議決権の50%を超える決議権を持ち続けていること
4. 新オーナーが同族内で筆頭株主であり続けること
5. 会社の収入金額がゼロでないこと
6. 従業員が1人以上いること
7. 会社が資産保有型や資産運用型会社に該当しないこと(例外あり)

・相続開始の日から5か月後に会社の代表権を有すること
・相続開始の時において新オーナーとその同族関係者とで総議決権数の50%超を有し、その中で新オーナーが筆頭株主であること
・相続開始の直前において、会社の役員であること

③ 被相続人(旧オーナー)の要件

・会社の代表権を有していたこと
・相続開始の直前において旧オーナーとその同族関係者とで総議決権数の50%超を有し、その中で旧オーナーが筆頭株主であったこと

その他の手続として、相続税の申告期限(相続開始の日の翌日から10か月以内)までに、納税猶予の特例を受けることを記した納税申告書などの必要書類を、所轄の税務署に提出する必要があります。さらに、猶予を受けるための担保も提出しなければなりません。

小規模宅地等の課税価格の計算の特例との関係

会社の後継者とそれ以外の法定相続人との財産分割で争いが起こらないようにするため、相続税の納税猶予の特例を受けても、「小規模宅地等の課税価格の計算の特例」(146ページ)を受けることができる。

担保は、猶予される納税額とその利子税に相当する金額分となります。ただし、特例の適用を受ける非上場株式のすべてを担保として提供すれば、別の担保は必要ありません。

■ 猶予を受けた後に注意すべき点

相続税の納税猶予の特例を受けたからといって、その後は何もしなくてよいわけではありません。特例は、あくまで納税の「猶予」ですから、猶予を続けてもらうために一定の要件を満たす必要があります。

猶予を続けてもらうための要件は、相続税の申告期限の翌日から5年間とそれ以降とで違います。

まず、相続税の申告期限の翌日から5年間は、「経営承継期間」と呼ばれる期間になります。この5年間における猶予のための要件としては前ページ図のようなものがあります。

つまり、新オーナーが、しっかりと会社を経営し続けなければならないということです。さらに、新オーナーは、これら要件を満たしていることを証明するために、1年ごとに税務署に「継続届出書」、都道府県知事に「事業継続報告書」をそれぞれ提出しなければなりません。

5年間の「経営承継期間」以降は、「株式保有期間」と呼ばれます。納税猶予のために必要な要件は、最初の5年間よりも緩くなりますが、株式の保有継続などの要件は満たす必要があります。また、所轄の税務署へ3年ごとに「継続届出書」を提出しなければなりません。

納税猶予のための要件を満たせなくなったり、税務署や都道府県知事に必要書類の提出を怠った場合には、猶予が打ち切られ、猶予されていた相続税の全部または一部と、申告期限の翌日から納税猶予を受けた日までの利子（税）が徴収されることになります。

一方、新しいオーナーが死亡したような場合には、相続税納

雇用者維持の条件の緩和

平成30年度税制改正により、平成30年1月以降の相続より、雇用者維持の条件が5年間平均8割を下回ったとしても、その条件を満たせなかった理由を記載し、認定支援機関が確認等を行った書類を都道府県に提出することで、納税猶予が継続されるようになった。

平成30年税制改正による特例措置

	通常の事業承継税制	特例事業承継税制
対象株式数	発行済み株式数の3分の2まで	全株式
納税猶予割合	80%	100%
後継者の人数	1人のみ	3人まで
雇用確保要件	承継後5年間平均8割の雇用維持が必要	雇用維持8割が未達でも猶予は継続（理由報告が必要。指導助言を受ける場合もある）
事前の計画策定	不要	特例承継計画の提出が必要 平成30年4月1日から平成35年3月31日まで
適用期限	なし	平成30年1月1日から平成39年12月31日まで

付の「免除申請書」か「免除届出書」を税務署に提出することによって、納税が全部または一部、免除されます。

■平成30年税制改正による特例措置

　平成30年税制改正により10年間限定の特例措置が設けられ、従来の措置に加え、内容の拡充や要件の緩和が行われています。おもな内容は上表の通りです。納税猶予の対象となる株式数が全株式（従来は総議決権数の3分の2まで）とされ、また、猶予される税額の割合も100％（従来は80％）となったことで、実質的に相続税を負担することなく事業の承継が可能になりました。対象となる中小企業にとっては非常に有益な措置といえます。この特例措置を受けるためには、平成30年4月1日から5年以内に、都道府県知事に「特例承継計画」を提出する必要があります。

納税が全部または一部免除される場合

相続税納付の「免除申請書」か「免除届出書」を税務署に提出することによって、納税が全部または一部、免除されるのは以下のケースである。
① 新オーナーが死亡した場合
② 経営承継期間経過後に会社が破産または特別清算した場合
③ 経営承継期間経過後に新オーナーが贈与税の納税猶予の特例を受ける「次のオーナー」に株式を贈与した場合
④ 経営継承期間経過後に新オーナーが納税猶予の適用を受けた株式の全部を一定の人に一括譲渡し、譲渡価格または時価のいずれか高い価格が納税猶予額を下回る場合

PART9-5 贈与税の納税猶予特例

事業承継と相続対策

オーナー企業の事業承継を円滑に行うための制度

■ 贈与税の納税猶予特例とは

　オーナー企業のオーナーが長男に会社を継がせるために自分の保有する株式を長男に贈与するということはよくあることです。この場合、贈与には贈与税がかかりますので、長男は、譲り受けた株式の価値に応じた贈与税を、金銭や株式そのものの一部により納めなければなりません。しかし、株式で相続税を支払うということになりますと、長男に会社を継がせるという、贈与の本来の目的が実現できなくなってしまいます。

　そこで、このようなことが起こらないように、贈与税の納税猶予の特例が設けられています。会社の後継者が、経営者から非上場株式を一括して受贈した場合、後継者がその事業を継続するといった一定の条件を満たせば、その非上場株式に課せられる贈与税の全額の納税が猶予される制度です。

　贈与税の納税猶予特例を受ける要件は次ページの図のとおりです。

　この特例の適用を受けるためには、贈与を実行した年の翌年の1月15日までに都道府県知事に申請書を提出し、認定を受ける必要があります。また、期限までに贈与税の申告を行い、併せて納税猶予額及び利子税に見合う担保を提供します。贈与を受けた株式を担保とすることもできます。

　なお、贈与前3年以内に会社が後継者から現物出資または贈与により取得した資産合計が総資産の70％以上の場合には、特例の適用はできません。

全部または一部の免除

次のような事態が起こった場合、納税が全部または一部免除される。平成27年1月から、民事再生・会社更生・中小企業再生支援協議会での事業再生の際にも、納税猶予額を再計算し、一部免除を行う緩和的規定が施行されている。
・贈与者が死亡した場合（納税猶予の対象となった株式は相続税の課税対象に変わる）
・贈与者の死亡前に受贈者が死亡した場合・経営継承期間経過後に会社が破産または特別清算した場合
・経営継承期間経過後に受贈者が納税猶予の適用を受けた株式の全部を一定の人に一括譲渡し、譲渡価格または時価のいずれか高い価格が納税猶予額を下回る場合

贈与税の納税猶予特例を受けるための要件

贈与税の納税猶予特例を受けるための要件

① **会社の要件**
・非上場会社であり、資産管理会社および風俗営業会社に
　あたらないこと　　　　　　　　　　　　　　　　など

② **後継者である受贈者の要件**
・20歳以上であり、会社の代表権を有していること
・会社の役員等に就任して3年以上経過していること　など

③ **先代経営者である贈与者の要件**
・会社の代表権を有していたこと　　　など

■ 猶予を受けた後に注意すべき点

　贈与税の納税猶予の特例を受けたら、その後5年間は、「経営継承期間」と呼ばれる期間になります。この5年の間は、納税を猶予されるための数々の要件を満たさなければなりません。
　おもな要件としては以下のようなものがあります。
・受贈者が納税猶予の株式を保有し続けること
・受贈者が受け継いだ会社の代表者であり続けること
・常時雇用者の8割以上の雇用を維持すること
・従業員が1人以上いること
・受贈者と同族関係者で会社の議決権の50％超を持つこと
　つまり、受贈者がオーナーの立場を継ぎ、しっかりと会社を経営し続けなければならないということです。
　受贈者は、これらを証明するために、1年ごとに税務署に「継続届出書」、都道府県知事に「事業継続報告書」を提出しなければなりません。さらに、この5年間を経過した後も、納税猶予のために一定の要件を満たし続ける必要があります。税務署へは3年ごとに「継続届出書」を提出しなければなりません。

猶予の打ち切り

納税猶予のための要件を満たせなくなったり、税務署や都道府県知事に必要書類の提出を怠った場合には、猶予が打ち切られ、猶予されていた贈与税の全部または一部と、申告期限の翌日から納税猶予を受けた日までの利子（税）が徴収されることになる。
平成27年1月から、利子税率の引き下げ（現行2.1％→改正後0.9％）および承継5年超で5年間の利子税を免除という利子税負担軽減が図られている。

PART 9　事業承継と相続対策

PART9
6

事業承継と相続対策

納税資金が不足する場合の対策

自社株式は、譲渡制限がなければ原則として物納できる

■ 発行会社に譲渡して納税資金を調達する

オーナー会社で相続が発生したときに、持ち株を発行会社に売却することで資金調達を行うケースが少なくありません。被相続人が所有していた財産の大半が自社の持ち株というケースでは、換金性の低い非上場株式の譲渡先を発行会社とすることで、納税資金を調達することが会社の支配権維持の観点からも都合がよいからです。

通常、個人が非上場株式をその発行会社に売却した場合「みなし配当課税」が生じ、最高50％もの高率で課税されます。しかし、それが相続により取得した非上場株式である場合には、相続税の申告期限から3年以内であれば、譲渡益全体について譲渡益課税20％（所得税15％・住民税5％）が適用されます。いわゆる金庫株の活用です。

さらに相続により取得した自社株式を金庫株として取得してもらう場合に「相続財産を譲渡した場合の取得費加算の特例」を使うことができます。この特例は、相続税の申告期限から3年以内に株式を他者に譲渡した場合、相続税額のうちの一定の金額を譲渡した自社株式の取得費に加算できる制度です。取得費が増えるわけですから、その分、納税額が減ることになり、有利に納税資金の確保ができます。

この特例を受けるための手続きとして、譲渡所得の確定申告書に、相続税の申告書の写しや計算明細書など一定の書類を添付して提出する必要があります。

金庫株
株式の発行会社が外部の株主から買い戻して保管している自社株式。

特例を受けるための要件
この特例を受けるためには以下の3つの要件を満たす必要がある。
① 相続や遺贈により株式を取得していること
② その株式を取得した人に相続税が課税されること
③ その株式を相続が開始した翌日から相続税の申告期限の翌日以後3年を経過する日までに譲渡していること
なお、③の相続が開始した日とは被相続人が死亡した日のことで、相続税の申告期限はその翌日から10か月以内のことである。

非上場株式のみなし配当課税の特例

相続または遺贈により取得した非上場株式を譲渡した場合、一定の要件を満たせば、みなし配当課税とせず、譲渡所得課税とされる

適用要件

平成16年4月1日以後の相続等により取得した非上場株式を、同日以後3年10か月以内に、その発行会社に譲渡すること

※相続税額の取得費加算特例も適用できる

■ 自社株式は物納できる

相続税については、延納によっても金銭での納付が困難と認められる場合には物納が認められています。譲渡制限株式でない限りは、非上場株式も物納できます。

前述のように、相続により取得した自社株を発行会社に売却した場合は譲渡益課税の対象として20％が課税されます、一方、物納による資産譲渡は非課税として扱われます。よって、売却より物納の方が、税負担という観点からは有利です。

また、物納した株式を、後に会社が買い戻すことも可能です。物納された資産は国が競争入札により売却することになるため、株式が第三者の手に渡ってしまう可能性があります。それを防ぐためにも会社自身が買受資金を用意して買い戻すことが必要です。会社が買い取る際の価額は買取時の評価額になるので、物納後に株式の評価額を下げる対策をしておくことで、物納時より低い価額で株式を買い戻せるケースもあります。物納できる財産には優先順位が付けられています。非上場株式は第2順位にあたり、不動産や国債証券といった第1順位にあたる資産に適当なものがない場合に限って、物納に充てることができます。

取得費の限度額

取得費の額は、まずその人が相続により取得した全財産（債務がある場合は差し引く）の内、相続した株式の評価額の占める割合を算出し、相続税額をこの割合で按分して計算する。ただし、この特例を適用しなかった場合の譲渡所得の金額を限度とする。

譲渡制限株式

株主が株式をだれかに譲渡するときに、株式の発行会社から承認を受けないと譲渡できない株式。

PART9-7 事業承継と相続対策

相続によらない事業承継

自社株を売買するのも事業承継の効果的な方法である

■ 株式を売買するのも事業承継の効果的な方法である

事業承継対策として株式を贈与すると、贈与した人の財産から株式がなくなります。しかし、株式を売却した場合には売買の対価として他の財産が増えますので、財産の合計額はまったく同じです。「それなら株式の売買効果はないのではないか」と思う人もいるでしょうが、売却時は財産価額が同じでも、自社株評価が今後上昇すると予測されるのであれば、早く売却しておいたほうが有利です。

したがって、会社の中長期的な計画との関わりあいで、株価もある程度の予測も可能ですので、株価の低い時期に売買すれば効果があるといえます。贈与ほど直接的ではありませんが、立派な事業承継対策になります。しかし、贈与では贈与を受ける人に資力は不要ですが、売買では買う人に資金が必要です。

■ 親子間売買はどんな点に注意が必要か

一般的に、親子間で自社株を売買するのは、相続税対策のため親が持っている自社株を子どもに売買するというケースです。

親子間で売買するのであれば他人に売るわけではないので、なるべく安い値段で売りたいと思うのが人情です。なぜなら売った親の譲渡所得に対する所得税が安くなり、子どもの方でも買取資金が少なくてすむからです。

売る側の譲渡所得に対する所得税の計算ではそれで問題ないのですが、時価以下で売買した場合、買う子どもの方には経済的利益が生じますので、その利益に対して贈与税が課税されます。

親子間売買のメリット・デメリット

親子間での自社株の売買は、親が生前に自分の意思で子どもに株を渡すことができるという点で確実な事業承継対策となるが、子どもは買取資金が必要になる。また、親の財産から自社株はなくなるが、代わりに子どもからの買取資金が手元に入ってくるので、相続財産の合計が減少するわけではない。その上、売った親には所得税や住民税がかかるというデメリットもある。ただし、親が自社株の売却資金を利用して新たな相続税対策をしたり、自分の生活資金として使ってしまうとすれば、結果として相続財産は減少することになり、メリットが生じるといえる。

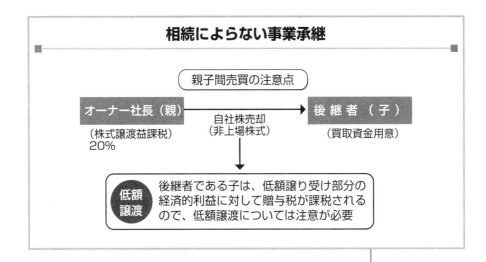

自社株の生前贈与が節税対策になるというのはどういうことなのか

「事業承継税制における納税猶予制度」を活用できるということです。非上場のオーナー企業が、例えば自分の子どもなど次世代の新オーナーに、円滑に事業を承継できるようにする目的で平成22年からスタートした制度です。

非上場企業のオーナーが法定相続人のうちのひとりに自社の株式を贈与する場合、一定の要件を満たせば株式に関して、贈与税の納付が猶予されます。

ただ、これはあくまで、後継ぎを探すのが難しい中小企業の現状を考慮して、税制の面から支援することを目的とした制度です。したがって、制度の適用を受けるためにはいろいろな要件を満たす必要がありますし、制度の適用を受けた後でもいろいろな要件を満たし、税務署などに対して書類を提出するといった義務を果たさなければなりません。たとえば、納税猶予制度の適用を受けるためには、制度を受けることができる会社の要件、相続人の要件、被相続人の要件などをクリアする必要があります。

納税猶予制度の適用を受けた後の要件

納税猶予制度の適用を受けた後は、相続人である新しいオーナーが事業をしっかりと行っていること、従業員を一定割合以上、雇用し続けること、などの厳しい要件を満たす必要がある。
これらの要件を満たさないと、猶予が取り消されてしまう上に、猶予期間中の利子に当たる利子税を上乗せして贈与税を納付しなければならなくなる。

Column

税務調査を受けることもある

　税務署の税務調査には「強制調査」と「任意調査」があります。2つはいずれも脱税や申告漏れを調査するのが目的ですが、調査を行う部門も手法も違います。税務署が行うのは、ほとんどが任意調査で、相続税の税務調査も任意調査で行われます。

　税務署は、まず、提出された申告書に誤りがないか、申告漏れはないかを調べます。同時に、今まで提出された所得税や贈与税の申告書など、過去のいろいろな提出書類をもとに、被相続人の財産を推測します。税務調査の対象になるのは、おもに金融資産、具体的には預貯金や有価証券などです。とくに金融資産については、被相続人名義のものだけでなく、家族名義のものについても調査が行われます。税務調査に入る前、資料による調査で以下の点が判明した場合に任意調査で申告漏れの有無を調べることになるのが一般的です。

・被相続人から相続人に3年以内に生前贈与が行われている
・被相続人の生前の収入に比べて金融資産が多い
・家族名義の預貯金が被相続人名義の預貯金に比べて多い
・被相続人が死亡する前に多額の預貯金がおろされている

　税務調査の対象となるのは、相続税を申告した人の約30％、つまり、3人に1人という高い割合になっています。また、調査を受ける相続財産の基準は3億円以上がひとつの目安となっているようです。そして、税務調査を受けた人のうち、実に80～90％が申告漏れを指摘されています。

　税務調査を受けないためには、申告漏れを指摘されないように万全の準備をしてから申告する以外にありません。生前贈与などを行った場合は、その都度、しっかりと申告しておくことが必要ですし、相続税の申告の際には相続が得意な税理士に依頼するということも必要でしょう。

巻末

書式サンプル集

参考資料 遺言書の作成方法

遺言書

> 遺言書とわかるようにはっきりと「遺言書」と書きます

　遺言者○○○○は本遺言書により次のとおり遺言する。

1　遺言者は妻○○に次の財産を相続させる。

> 相続人に対しては「相続させる」、相続人以外に対しては「遺贈する」と書きます

　① 遺言者名義の土地
　　所在　静岡県伊東市一碧湖畔二丁目
　　地番　25番
　　地目　宅地
　　地積　100.25平方メートル

> 土地や建物の表示は登記簿に記載されている通りに記載します

　② ○○銀行○○支店遺言者名義の定期預金（口座番号×××××）すべて

> 受遺者の氏名、生年月日、遺贈する財産を記入します

2　遺言者は、東村和子（東京都世田谷区南玉川１－２－３、昭和30年８月23日生）に、遺言者の東都銀行玉川支店の普通預金、口座番号1234567より金弐百万円を遺贈する。

3　その他遺言者に属する一切の財産を妻○○に相続させる。

> 具体的に記載しなかった財産の相続人についても記載しておきます

4　本遺言の遺言執行者として次の者を指定する。

> 預貯金の場合には支店名・口座番号も記載しておきます。改ざんを防ぎたい場合には算用数字より多角文字を使用した方がよいでしょう

　　住所　東京都○○区○○町○丁目○番○号
　　氏名　○○○○

> 遺言執行者を指定する場合には遺言執行者の住所・氏名を書きます

5　付言事項

　　妻○○は、苦しい時代にも愚痴ひとつこぼさず、ひたすら遺言者を支え続け、子どもたち２人を立派に育ててくれた。子供たち２人はこれからも、お母さんの幸せを温かく見守ってやってほしい。

> 家族への思いなどについては、最後に「付言事項」として書き残します

平成○○年○月○日

　　　　　　　　　　　東京都○○区○○町○丁目○番○号
　　　　　　　　　　　　遺言者　　○○○○　㊞

> 作成日付・遺言者の住所・氏名を、正確に記載し、押印します

書式　公正証書遺言

遺言公正証書

　本公証人は、遺言者○○○○の嘱託により、証人△△△△、証人××××の立会いの下、下記遺言者の口述を筆記し、この証書を作成する。

　遺言者○○○○は、本遺言書により次のとおり遺言する。

第1条（長男の相続分）
　遺言者の長男○○△△に、下記の預金を相続させる。

記

① 　○○銀行○○支店に遺言者が有する普通預金債権（番号○○○○）の元金及び利息
② 　××銀行○○支店に遺言者が有する定期預金債権（番号××××）の元金及び利息

第2条（妻の相続分）
　遺言者の妻○○××に、第1条記載以外の遺産のすべてを相続させる。

第3条（遺言執行者の指定）
　遺言者は、本遺言の遺言執行者として下記の者を指定する。

記

　　住所　　東京都○○区○○町○丁目○番○号
　　　　　　弁護士　　××○○

以上

本旨外要件

　　住　所　　東京都××区○○町○丁目○番○号
　　職　業　　会社員
　　遺言者　　○○○○　㊞
　　　　　　　大正○年○月○日生

上記の者は印鑑証明書を提出させてその人違いでないことを証明させた。
　　住　所　　東京都××区××町○丁目○番○号
　　職　業　　会社員
　　証　人　　△△△△　㊞
　　　　　　　昭和○年○月○日生
　　住　所　　○○県○○市○○町○丁目○番○号
　　職　業　　会社員
　　証　人　　××××　㊞
　　　　　　　昭和○年○月○日生
　上記遺言者及び証人に閲覧・読み聞かせたところ、各自筆記の正確なことを承認し、下記に署名・押印する。
　　　　　　　　　　　　　　　　　　　　○○○○　㊞
　　　　　　　　　　　　　　　　　　　　△△△△　㊞
　　　　　　　　　　　　　　　　　　　　××××　㊞
　この証書は民法第九百六拾九条第壱号ないし第四号の方式に従い作成し、同条第五号に基づき下記に署名・押印する。
　平成参拾年○月×日下記本職の役場において
　　　　　　　　　　　　　東京都○○区○○町○丁目○番○号
　　　　　　　　　　　　　東京法務局所属
　　　　　　　　　　　　　　公証人　　○○○○　㊞

　この正本は、平成参拾年○月○日、○○○○の請求により下記本職の役場において作成した。
　　　　　　　　　　　　　　　　　　東京法務局所属
　　　　　　　　　　　　　　　公証人　　○○○○　㊞

書式 相続した場合の登記申請書

```
┌─────────────────────────┐
│                         │
│                         │
│                         │
└─────────────────────────┘
```

登　記　申　請　書

登記の目的　　所有権移転
原　　　因　　平成〇〇年〇月〇日相続
相　続　人　　（被相続人　鈴　木　隆　志）
　　　　　　　東京都〇〇区〇〇町〇丁目〇〇番地
　　　　　　　　　鈴　木　広　志　㊞
　　　　　　　　　連絡先の電話番号　００-００００-００００
添付書類
　　登記原因証明情報　住所証明書
□ 登記識別情報の通知を希望しません。

平成〇〇年〇月〇日申請　　〇〇法務局　　〇〇支局
課税価格　金〇〇〇〇万円
登録免許税　金〇〇万円
不動産の表示
　　所　　在　　〇〇市〇〇町〇丁目
　　地　　番　　〇〇番〇
　　地　　目　　宅地
　　地　　積　　〇〇.〇〇㎡
　　　　　　　　　　価格　金〇〇〇〇万円

　　所　　在　　〇〇市〇〇町〇丁目〇番地
　　家屋番号　　〇〇番〇
　　種　　類　　居　宅
　　構　　造　　木造瓦葺2階建
　　床　面　積　　1階　〇〇.〇〇㎡
　　　　　　　　　2階　〇〇.〇〇㎡
　　　　　　　　　　価格　金〇〇〇〇万円

書式　遺産分割協議書

遺産分割協議書

　本　　　籍　東京都〇〇区〇〇町〇丁目〇〇番地
　最後の住所　東京都〇〇区〇〇町〇丁目〇〇番〇〇号
　被 相 続 人　鈴 木 隆 志（平成〇〇年〇〇月〇〇日死亡）

　上記の者の相続人全員は、被相続人の遺産について協議を行った結果、次のとおり分割することに合意した。
1．相続人鈴木広志は次の財産を取得する。
　【土地】
　　　所　　　在　東京都〇〇区〇〇町〇丁目
　　　地　　　番　〇〇番〇
　　　地　　　目　宅地
　　　地　　　積　〇〇〇.〇〇㎡
　【建物】
　　　所　　　在　東京都〇〇区〇〇町〇丁目
　　　家 屋 番 号　〇〇番〇
　　　種　　　類　居宅
　　　構　　　造　木造瓦葺2階建
　　　床 面 積　1階　〇〇.〇〇㎡
　　　　　　　　　2階　〇〇.〇〇㎡
　【預貯金】
　　　〇〇銀行〇〇支店　普通預金　口座番号〇〇〇〇
2．本協議書に記載のない遺産及び後日判明した遺産については、
　相続人鈴木広志が取得する。

　以上のとおり、遺産分割協議が成立したので、本協議書を2通作成し、署名押印の上、各自1通ずつ所持する。

平成〇〇年〇〇月〇〇日
　住　　　所　東京都〇〇区〇〇町〇丁目〇〇番〇〇号
　　　　　　　相続人　鈴 木 広 志　㊞
　住　　　所　東京都〇〇区〇〇町〇丁目〇〇番〇〇号
　　　　　　　相続人　鈴 木 恭 子　㊞

書式　相続関係説明図

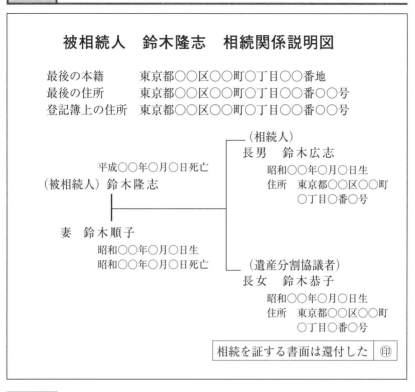

書式　相続分皆無証明書

証明書

私は、生計の資本として被相続人から、すでに財産の贈与を受けており、被相続人の死亡による相続については、相続する相続分の存しないことを証明します。

平成○○年○月○日
　（本籍）東京都○○区○○町○丁目○番地
　　　　被相続人　鈴木隆志
　（住所）東京都○○区○○町○丁目○○番○○号
　　　　右相続人　鈴木恭子　㊞

【監修者紹介】
森 公任(もり こうにん)
昭和26年新潟県出身。中央大学法学部卒業。1980年弁護士登録(東京弁護士会)。1982年森法律事務所設立。おもな著作(監修書)に、『図解で早わかり 倒産法のしくみ』『不動産契約基本法律用語辞典』『民事訴訟・執行・保全 基本法律用語辞典』『契約実務 基本法律用語辞典』『中小企業のための会社法務の法律知識と実務ポイント』など(小社刊)がある。

森元 みのり(もりもと みのり)
弁護士。2003年東京大学法学部卒業。2006年弁護士登録(東京弁護士会)。同年森法律事務所 入所。おもな著作(監修書)に、『図解で早わかり 倒産法のしくみ』『不動産契約基本法律用語辞典』『民事訴訟・執行・保全 基本法律用語辞典』『契約実務 基本法律用語辞典』『中小企業のための会社法務の法律知識と実務ポイント』など(小社刊)がある。

森法律事務所
弁護士16人体制。家事事件、不動産事件等が中心業務。
〒104-0033 東京都中央区新川2-15-3 森第二ビル
電話 03-3553-5916
http://www.mori-law-office.com

図解で早わかり 改正対応!
相続・贈与のしくみと手続き

2018年12月30日 第1刷発行

監修者	森公任 森元みのり
発行者	前田俊秀
発行所	株式会社三修社
	〒150-0001 東京都渋谷区神宮前2-2-22
	TEL 03-3405-4511 FAX 03-3405-4522
	振替 00190-9-72758
	http://www.sanshusha.co.jp
	編集担当 北村英治
印刷所	萩原印刷株式会社
製本所	牧製本印刷株式会社

©2018 K. Mori & M. Morimoto Printed in Japan
ISBN978-4-384-04802-5 C2032

JCOPY〈出版者著作権管理機構 委託出版物〉
本書の無断複製は著作権法上での例外を除き禁じられています。複製される場合は、そのつど事前に、出版者著作権管理機構(電話 03-5244-5088 FAX 03-5244-5089 e-mail: info@jcopy.or.jp)の許諾を得てください。